Ernst Kappe

Kleine Weltgeschichte

oder Geschichten aus der Geschichte

Ernst Kappe

Kleine Weltgeschichte
oder Geschichten aus der Geschichte

ISBN/EAN: 9783743364837

Hergestellt in Europa, USA, Kanada, Australien, Japan

Cover: Foto ©ninafisch / pixelio.de

Manufactured and distributed by brebook publishing software (www.brebook.com)

Ernst Kappe

Kleine Weltgeschichte

Kleine Weltgeschichte

oder

Geschichten aus der Geschichte

von

Ernst Kapp.

~Amerikanische Ausgabe.~

Durchgesehen und fortgeführt bis auf die neueste Zeit
von
G. Köppen.

Ein Lesebuch fürs Volk und seine Jugend.

Vorwort.

Der Verleger hofft mit der Herausgabe dieses kleinen Buches den deutschen Lehrern in Amerika und ihren Schülern, nicht minder aber auch den deutschen Familien einen Dienst zu erweisen. Kinder wollen ja am liebsten mit Geschichten unterhalten sein, was liegt also näher, als ihnen neben der biblischen Geschichte auch Züge aus der Geschichte der Völker und Volkshelden alter und neuer Zeit zu bieten?

Von diesem Gesichtspunkte ist der längst verstorbene Verfasser dieser kleinen Weltgeschichte ausgegangen, und ebenso auch die Bearbeiter, die bei neuen Auflagen das Büchlein jedesmal bis auf die neueste Zeit fortgesetzt haben. Und die vielen Auflagen, die dieses anspruchslose Buch seither in rascher Folge erlebt hat, zeugen wohl hinreichend für seine Brauchbarkeit, sowohl als Leitfaden für den ersten Geschichtsunterricht, wie als Sammlung von Lesestoff für Schule und Haus.

Für die vorliegende Auflage galt es, die Weltereignisse seit dem Jahre 1866 nachzutragen. Der Bearbeiter hat dabei zum Theil die etwa bis zum Jahre 1880 reichende in Deutschland erschienene 18. Auflage des Werkes (ergänzt von Herrn Oberpfarrer G. Huyssen zu Altona) benutzt, dann aber namentlich auf die neuere Geschichte Amerikas mehr Gewicht gelegt, als in den bisher erschienenen Auflagen geschehen war. Wenn er bei seiner Bearbeitung von der Methode des ursprünglichen Verfassers, zumeist nur einzelne Züge aus der Weltgeschichte zu eingehenderer Erzählung auszuwählen, abgewichen ist, so schien das geboten, weil jenes Verfahren bei der neuesten Geschichte ungenügend erschien. In den früheren Bogen sind ebenfalls einige Kapitel, die mit Rücksicht auf die in Amerika geborene Jugend mindestens veraltet erschienen, neu bearbeitet worden.

So möge denn auch die vorliegende Auflage unter Gottes Segen ihren Nutzen stiften. Möge das Büchlein unserer deutschamerikanischen Jugend dazu dienen, die Wege und Führungen Gottes in der Weltgeschichte kennen zu lernen. Möge es aber auch durch die Vergleiche, zu denen es anregen möchte, die Liebe zu der unvergleichlichen amerikanischen Heimath und zu ihren freiheitlichen Einrichtungen befestigen in den Herzen seiner Leser. Das walte Gott.

Milwaukee, Wis., im Mai 1884.

G. K.

Einleitung.

Die große Erde, auf der wir wohnen, war nicht von Ewigkeit her, sondern wurde vor noch nicht 6000 Jahren erst geschaffen. Gott sprach: „Es werde!" und sogleich war die Erde, dieser große Klumpen, da, der vorher noch nirgend war. Es war aber die Erde Anfangs eine weiche Schlammmasse, wie wenn zerstoßene Steine und Erde und Schlamm unter einander gerührt werden. Und auf diesem Chaos war es finster, wie im Keller, und dunkel, wie die Nacht. Da machte Gott das Licht, und die Schlammerde fing an, sich um ihre eigene Achse zu wälzen. Das ward der erste Tag.

Seitdem sind viele Tage verschwunden, und an jeglichem Tage hat Gott viel gethan, und die Menschen haben viel gethan. Und etliches Wenige von dem Vielen, was geschehen, sollt ihr eben in diesem Büchlein lesen.

Der neugeschaffene Mensch war **Herr** der Erde, war **unschuldig**,—war **unsterblich**. Und wenn er nicht gesündigt hätte, so wäre nimmer Unfriede und Sünde in der Welt gewesen, und keine Armuth und keine Noth und kein Tod. Und Adam und alle seine Kinder lebten noch, und wir könnten mit ihnen reden. Und dem allmächtigen Gott würde es ein Leichtes und eine Lust sein, alle Menschenkinder neben und bei einander zu sehen und zu ernähren.

Aber die Sünde kam in die Welt und der Tod und die Feindschaft. Ein Bruder erschlug den andern, und jede Schlacht ist eine Erneuerung und Wiederholung solchen Brudermordes. Kain und seine Nachkommen hatten keinen Frieden in ihrem Herzen. Sie suchten Ruhe und Frieden, und fanden sie nicht. Sie erfanden das Spielen auf **Geigen** und **Flöte**, sie machten Musik und fanden noch immer keine Ruhe.—Sie zerstreuten sich auf Erden und trieben Viehzucht. Sie erfanden **Zelte**, tragbare Häuser, und konnten nun ihre Heerden begleiten und waren gegen Sonnenbrand geschützt. Wurden sie und ihr Vieh von wilden Thieren angegriffen, so wehrten sie sich mit der Faust, mit Steinwürfen, mit abgebrochenen jungen Bäumen und dann mit Kupfer und Eisen. Sie erfanden das Schmieden der Metalle und den Gebrauch der Waffen.— Was sie erfunden hatten, nahmen die Kinder Gottes an, wenn es nur gut war. Hätten sie doch immer nur das Gute angenommen! Die Freundschaft mit den Bösen wurde aber leider immer inniger. Die Frommen verheiratheten ihre Kinder mit den Kindern der Gottlosen, und das neue Geschlecht war ein böses. Die ganze Welt war voller Gottlosen. Da ließ Gott der Herr die Menschen 120 Jahre ermahnen und warnen. Aber das half nichts. Da ließ er die Berge und die Erde zerbersten und aus den Wasserhöhlen eine so große Menge Wassers hervorbrechen, daß die höchsten Berge bedeckt wurden. Gott der Herr hat viel Wasser!

Bis dahin war's auf der Erde anders als jetzt. Palmbäume wuchsen in Holland, und Elephanten und Nashörner lebten in Sibirien. Ueber Alles strömte das Wasser hin, und Schlamm bedeckte Pflanzen und Thiere. Der Schlamm ward zu Stein, und die Thiere und Pflanzen darin wurden auch zu Stein. In der ganzen Welt findet man im Gestein in der Erde versteinerte Pflanzen und versteinerte Landthiere zwischen Seethieren. Die Thiere in Sibirien aber wurden nicht zu Stein, sondern plötzlich ward's dort kalt, und ehe sie verfaulten, ward das Wasser, in dem sie schwammen zu Eis und thaute nimmer auf. Und noch jetzt findet man in jenen kalten Gegenden zuweilen solche Thiere mit Haut und Haaren im Eise, und Eisbären und Wölfe fressen ihr faules, viertehalbtausendjähriges Fleisch.

Noah ward erhalten in der großen Fluth sammt Weib und Kind, und Gott zeigte ihm den Regenbogen, daß er den Menschen wieder gnädig sei. Die Erde aber war nicht mehr wie sonst, und die Luft auch nicht. Die Menschen aßen zwar Fleisch und tranken Wein, aber dennoch starben sie früher dahin. Und die Lust zum Bösen nahm wieder überhand und verdrängte die Lust zum Guten und den Gehorsam gegen Gott. Einer und der andere meinte: „Wer weiß ob's wahr ist, daß nur ein einziger Gott sei, der von uns verlange, demüthig und friedsam und züchtig und mäßig zu sein. Vater Noah sagt's zwar, aber wer hat diesen Gott gesehen?" So meinte Mancher und äußerte das gegen Andere. Da meinten's Andere gleich auch, denn sie waren Alle nicht gern demüthig und friedsam und züchtig und mäßig, und dachten immer weniger an Gott und vergaßen seiner endlich ganz. Aber da waren sie auch noch nicht ruhig und glücklich. Die Gedanken in ihrem Herzen verklagten sich unter einander. Sie fühlten, daß Hochmuth, Zank und Unmäßigkeit nicht recht sei vor Gott. Sie suchten Ruhe und wollten doch nichts von dem rechten Gotte wissen. Sie sahen die Sonne an, die uns wärmt, und die Erde, die uns nährt und trägt. Sie gewannen diese Dinge lieber und immer lieber. Sie setzten ihr Vertrauen darauf und erwarteten von ihnen allein ihre Hilfe. Ihre Sinne und Gedanken wurden zerrüttet, —sie beteten Geschöpfe an: die Sonne, die Erde, verstorbene Menschen, nützliche und schädliche Thiere u. s. w. (s. § 2, 4, 8.) Solche Götter waren den Leuten eben recht, denn die verlangen keinen Haß gegen die Sünde und keine Selbstverleugnung.

Noah's Nachkommen verbreiteten sich über die ganze Erde. Die Semiten blieben in der jetzigen asiatischen Türkei wohnen, die Japhetiten bevölkerten Europa, Amerika, Nord- und Mittel-Asien, und die Hamiten setzten sich in Afrika und Süd-Asien fest. Aber unter ihnen allen ward der Götzendienst wieder einheimisch. Da offenbarte sich Gott dem Semiten Abraham als den einigen, wahren und lebendigen Gott und schickte ihn in ein fremdes Land. In diesem fremden Lande wohnten Abrahams Nachkommen fast 2000 Jahre. Doch was ihnen da widerfahren ist, erzählt euch Gottes Wort so schön, wie es kein Mensch nachzuerzählen vermag. Darin leset es. — Ich aber will euch erzählen, was nicht in Gottes Wort geschrieben steht, sondern was man in andern glaubwürdigen, wenn auch blos menschlichen, Büchern erzählt findet, und euch Ein und das Andere erklären mag, das in Gottes Wort nur eben angedeutet ist.

§ 1. Von den alten Aegyptern.

In der heiligen Schrift, liebe Kinder, habt ihr gewiß schon Manches von den alten Aegyptern gelesen, und mich dünkt, es wird euch nicht unlieb sein, wenn ihr hier noch Einiges mehr davon findet.

Die alten Aegypter wußten eben so gut, wie wir, daß in diesem unserm sterblichen Leibe ein unsterblicher Geist wohne; aber daß dieser Geist zu Gott komme, wenn der Leib stirbt und begraben wird, das wußten sie nicht. Sie meinten dagegen: Wenn ein Mensch stirbt, so fährt seine Seele in einen Thierleib; die Seele des Muthigen in einen Löwen, des Unreinlichen in ein Schwein, des Listigen in einen Fuchs u. s. w. Aber in diesem neuen Leibe, meinten sie ferner, bleibe die Seele natürlich nicht ewig, sondern wandere immer und immer wieder in einen andern, bis sie nach 3000 Jahren in ihren alten, ersten Leib zurückkehre. Sie nannten das: die Seelenwanderung. — Aber wie dann, wenn bei der endlichen Rückkehr der Seele der alte Leib nun schon vermodert war? — Daß es einen allmächtigen Gott gebe, der den verwes'ten Leib wieder frisch und schön machen könne und wolle, das wußten sie nicht. Sie suchten sich also auf andere Weise zu rathen und zu helfen.

Wenn Jemand starb, so nahmen sie demselben das Gehirnmark aus dem Kopfe und die Eingeweide aus dem Leibe, weil diese Stücke am leichtesten faulen. Dann salzten sie den übrigen Leichnam mit Salpeter oder andern scharfen Salzen tüchtig ein — 40 bis 70 Tage lang — füllten nun die leere Leibeshöhle mit wohlriechendem Balsam an und überzogen außen die Haut mit durchsichtigem Firniß. Solche einbalsamirte Leichname hießen Mumien, und man hat deren viele aus Aegypten weggeholt und hie und da, unter Anderm auch in Bonn am Rhein, zur Schau aufgestellt. Sie sehen aber gar nicht schön aus, solche zusammengedörrte

Menschenleiber, sondern braun und häßlich. Die alten Väter Israel und Joseph sind auch einbalsamirt worden.—

Weil nun der Mensch länger im Grabe liegt, meinten die Aegypter, als er auf Erden lebt, so muß auch sein Todtenhaus schöner und dauerhafter sein, als das, welches er bei seinen Lebzeiten bewohnte. Und wer darum irgend konnte, ließ sich eine schöne Grabeshöhle aushauen im Felsgebirge; —und manche Könige ließen sich gar noch bei ihren Lebzeiten einen großen, vierseitigen Steinberg aufbauen, der unten breit und oben spitz und mitunter gegen 800 Fuß hoch war. Und wenn sie nun starben, wurden ihre Mumien in Särge gelegt und in die finstern Keller jener Steinberge oder **Pyramiden** hineingesetzt. Wer noch jetzt nach Aegypten kommt, staunt über die ungeheuern Bauwerke, und bedauert die armen ägyptischen Leute, die sie ihren harten Königen aufbauen mußten. Wenn er aber hörte, daß an der größten jener Pyramiden 36000 Maurer 20 Jahre gearbeitet und für ungefähr 2 Millionen Thaler Zwiebeln und Knoblauch dabei aufgegessen haben, so kann er sich die Sache schon besser erklären. Wie klein sind dagegen die höchsten und größten Bauwerke, die wir gesehen haben. Die Alten wollten Alles gern groß und gewaltig haben und sich dadurch, wie in Babel, einen großen Namen machen — der doch eitel ist.

Von den Mumien merkt euch noch das Eine: Wenn die lebendigen Aegypter bei irgend einem Mahle fröhlich beisammen saßen, so wurden auch die Todten herbeigebracht und mit in die Reihe gesetzt. Und wozu das? Dabei sollten sich die Gäste erinnern, daß sie auch einmal sterben müßten. Und es wäre wohl gut, wenn wir Christenleute hier von den Heiden etwas lernten, und das Gebet Mosis: **Herr, lehre uns bedenken, daß wir sterben müssen, auf daß wir klug werden!** öfter und inniger nachbeteten.

§ 2. Noch etwas von den alten Aegyptern.

Die Aegypter stammen von Ham ab, darum schrieben sie auch, wie alle Nachkommen desselben, nicht von links nach rechts, wie wir Japhetiten, sondern von oben nach unten. Auch hatten sie nicht blos **Lautzeichen**, Buchstaben, sondern auch noch besondere **Wortzeichen**, d. h. Bilder, jedes für einzelne Worte. Diese Bilder, Laut= und Wortzeichen, heißen **Hieroglyphen**. Man sieht ihrer noch viele in Aegyptenland auf den **Obelisken**, den thurmhohen vierkantigen Spitzsäulen aus einem Stein, — und wundert sich sehr über diese sonderbare Schrift: über die Vögel und Schlangen und Beine und Thierköpfe und Hände und Dreiecke und Krenze u.s.w., u.s.w. Es gibt aber nur wenige Leute, die sie zu lesen verstehen. Vor einigen Jahren ist ein Mann (Champollion) in Frankreich gestorben, der hat es gekonnt; und in Leipzig lebt auch ein Mann, Seyffarth heißt er, der soll's noch besser verstehen.

Wie sah's nun aber mit der Gotteserkenntniß in Aegypten aus? Traurig! traurig! Was den alten Aegyptern nützte oder schadete, das beteten sie an. So hatte einst unter ihnene in verständiger König, mit Namen Osiris, gelebt und sie das Pflügen des Ackers mit Ochsen, das Säen und Pflanzen, das Ernten, mit einem Wort: den Ackerbau gelehrt. Der Mann war gestorben, und gleich nach seinem Tode hieß es: Seine Seele ist gewiß in sein Lieblingsthier, in einen Ochsen gefahren. Und richtig! man fand auch einen schwarzen Ochsen mit weißen Flecken, von dem man behauptete: Gewiß in diesem wohnt die Seele des Osiris!" Sogleich wurde das unvernünftige Thier in einen prächtigen Tempel, an marmorne Krippen geführt und wußte gar nicht, wie ihm geschah. Und die vornehmsten Leute dienten dem neuen Gotte. Starb derselbe, so trauerte ganz Aegyptenland. Aber die Trauer verwandelte sich in die ausgelassenste Freude, sobald wieder ein anderer Ochse, eben so gefärbt wie der vorige, gefunden war. Denn in dem, meinten sie, wohne jetzt Osiris' Seele.

Außer diesem Ochsen beteten sie noch mehrere andere Dinge als Götter an, die mitunter noch unverständiger waren, z. B. den Nil. Dieser Strom fließt nämlich von Süden nach Norden durch Aegypten, schwillt, wenn im Sommer auf seinen Quellgebirgen der Schnee schmilzt, so gewaltig an, daß er das ganze Thal überfluthet und feucht und fruchtbar macht, nährt dabei eine zahllose Masse wohlschmeckender Fische und hat endlich dabei ein so liebliches Wasser, daß die Aegypter sonst wohl sagten: „Wir möchten nicht im Himmel sein, wenn es dort kein Nilwasser zu trinken gäbe!" — Wie mögen nun wohl die Aegypter erschrocken sein, als der wahrhaftige Gott durch Moses diesen ihren Götzen blutig und stinkend machte! Möchten es da doch viele zu ihrem Heile erfahren haben, daß alle Götzen nichts seien! — Die Katzen waren den Aegyptern ebenfalls heilig, so heilig, daß sie in Feuersbrünsten eher diese retteten, als ihre Kinder. Auch verehrten sie den Ibis, einen Sumpfvogel mit langen Beinen, der die giftigen Schlangen wegfraß, — das Ichneumon, ein wieselartiges Raubthier, das die Krokodileier aussäuft, — die nahrhafte Meerzwiebel, — und das Krokodil. Eins oder mehrere der letzteren Thiere thaten sie in ihre Tempel, pflegten es sorglich und meinten, nun würden die andern Krokodile im Nilstrom sie und ihre Kinder nicht fressen. — Die ägyptischen Könige hatten alle den Beinamen Pharao. In der Schrift wird von mehreren etwas erzählt.

§ 3. Von den Phöniciern.

Im Norden des heiligen Landes liegt ein hohes, einst mit Cedernbäumen dicht bewachsenes Gebirge, der Libanon genannt, und an dessen westlichen Abhängen, so wie in der von Natur unfruchtbaren, schmalen und sandigen Uferebene am mittelländischen Meere wohnten einst die Phönicier, Nachkommen Ham's. Von ihren spätern Hauptstädten heißen sie in der heiligen Schrift gewöhnlich Tyrer oder Sidonier. Da ihr Land sie unmöglich ernähren konnte,

§ 3. Von den Phöniciern.

so suchten sie ihre Speise im Wasser, fingen an zu fischen und zu schiffen, und da sie das feste Cedernholz so nahe hatten, bauten sie sich lauter kleine Archen und trieben damit Fischerwerk. Nach und nach wagten sie sich weiter fort von ihrem Vaterland. Aber wie fanden sie die Wege? Fahrgeleise gibt's doch auf dem Wasser nicht, und immer am Ufer hinzufahren, ist unmöglich, weil das Meer gewöhnlich schäumend gegen das Ufer hinwogt und die Schiffe zerschmettern würde. Die Phönicier wußten sich aber doch zu helfen;—sie richteten sich nach den Sternen. Die ersten Menschen schauten nämlich gern die Werke Gottes an, und besonders gefielen ihnen die lieblichen Lichtpünktlein am schönen blauen Himmel und ihr stiller regelmäßiger Gang. Manche heitere Nacht durchwachten sie, sahen nach den Sternen, gaben ihnen Namen und dachten sich allerlei Schönes und Gutes dabei. Das thaten besonders die Chaldäer, und von ihnen lernten auch die Phönicier die Sterne kennen, und lernten es um so begieriger, da sie es zur Schifffahrt und zum Geldgewinn so gut gebrauchen konnten. Ueberhaupt muß man ihnen das zur Schande nachsagen, daß sie nicht blos dem sichtbaren Baalgötzen dienten und dem ihre Kinder lebendig verbrannten; sondern daß sie auch noch einen schlimmen unsichtbaren Götzen anbeteten und dem ihre Herzen zum Opfer brachten:—dem G e i z e. Geldgewinn war der Hauptgrund aller ihrer Handlungen; für Geld waren sie zu allem fähig. So fuhren sie erst nach der Insel Cypern, stahlen dort Leute weg und verkauften sie anderswo in die Sclaverei. Sie fuhren dann weiter bis nach Spanien (T a r s i s) und fanden dort eine unbeschreibliche Masse Silber. Das mochten sie nicht liegen lassen, obwohl es ihnen nicht gehörte. Zuerst füllten sie ihre Schiffe damit an, dann knüpften sie die dicken Steine, die sie als Anker jedes Mal an's Ufer warfen, wenn sie still liegen wollten, los von ihren Stricken, banden Silberklumpen daran und kamen reich beladen nach Hause zurück. Ja sie wagten sich sogar in's Atlantische Meer nach England, wo sie Zinn stahlen und eintauschten — wie es gerade gehen wollte —,

§ 3. Von den Phöniciern. 15

und nach Preußen, woher sie den Bernstein holten. Und damit anderer Leute Schiffe ihnen nicht folgen möchten, erzählten sie daheim: „Ja ihr solltet nur einmal hinaus kommen, über die Säulen des Herkules,* wie gräulich es da aussieht. Die Sonne brennt, wie ein Schmelzofen; das Meer ist so dickschlammig, wie Mehlbrei; und Schilf wächst darin, so hoch wie die Mastbäume. Und nun noch die gräulichen Drachen dazwischen mit vielen Köpfen und spitzigen Zähnen, welche schreckliche Flammen aus dem Rachen blasen, — und wer sie ansieht, wird augenblicklich zu Stein!" — Die Leute glaubten auch den Lügnern und blieben lieber zu Hause.

Unter den vielen Erfindungen, welche die Phönicier theils gemacht haben sollen, theils wirklich gemacht haben, mögt ihr euch nur folgende merken: 1. **das Glas**. Thyrische Schiffer landeten einst an dem sandigen Ufer des Belusbaches, waren hungrig und wollten sich eine Suppe kochen. Gleich wurde der Kessel aus dem Schiffe an's Ufer getragen und angefüllt. Da keine Steine in der Umgegend waren, trug man, ebenfalls vom Schiffe her, etliche Salpeterstücke herbei, setzte den Kessel darauf und machte ein tüchtiges Feuer darunter. Bald war die Suppe fertig und noch bälder von den hungrigen Schiffern verzehrt. Und nach dem Essen rührte Einer, vielleicht zum Zeitvertreib, in der noch warmen Asche umher. Auf einmal! — was sieht er? Ein durchsichtiges, glänzendes Stückchen Stein, so glatt und schön, wie er es nimmer gesehen. Was ist das? fragt er die Anern. Sie wußten's auch nicht, merkten aber bald, daß das neue, schöne Gestein wohl aus der Asche, dem Salpetersalz und Sande zusammengeschmolzen sein müsse, und hatten Recht. Sie versuchtens noch öfter — und das Glas ward erfunden. Anfangs wurde dasselbe so kostbar gehalten, wie Gold und Bernstein, und wer ein Stückchen hatte, vielleicht

---

* So nannte man damals die felsigen Vorgebirge der Nordspitze Afrika's und Südwestspitze Europa's, zwischen denen sich die (jetzt sogenannte) Straße von Gibraltar befindet.

wie eine Erbse groß, freute sich und that's in einen Fingerring. Zu Fenstern brauchte man es damals noch nicht.

2. Das Rechnen wollen die Phönicier auch erfunden haben; eben so wie 3. das Geld. Vorher tauschte man nämlich für irgend ein rohes Stück Kupfer oder Silber oder Gold ein Schaf, eine Kuh, oder was man sonst gebrauchte ein. Die Tyrer drückten aber auf jene Metallstücke von bestimmtem Gewicht irgend ein Thierbild, und eben solch' ein Thier oder etwas desselben Werthes konnte man dann für jenes „Geldstück" bekommen.

4. Die Buchstabenschrift. Manche sagen aber, die Tyrer hätten dieselbe von den Chaldäern gelernt, und diese wären mithin die eigentlichen Erfinder derselben.

5. Die Purpurfarbe. Aber genau genommen hat ein phönicischer Hund dieselbe erfunden. Derselbe war nämlich bei einem Schäfer im Dienste, ging aber, wenn er Zeit hatte, fleißig an's Meer und fraß sich satt an den stacheligen Purpurschnecken. Davon bekam er ein rothes Maul. Sein Herr wischte ihn mit Wolle ab und bemerkte, daß diese schön roth—nicht garstig blutroth gefärbt wurde, — ging dem Hunde nach, und die kostbare Purpurfarbe war entdeckt. Seht, Kinder, das sind die wichtigsten der Erfindungen, welche die Phönicier gemacht haben.—Sie kamen weit in der Welt umher, und darum lernten sie auch Vieles; die immer zu Hause hinter dem Ofen sitzen, lernen in der Regel auch wenig. Alles, was sie arbeiteten, war so sauber und nett, daß man's gern kaufte, und phönicische Arbeiten waren damals eben so gesucht und geschätzt, wie jetzt die englischen ungefähr. Darum ließ auch König Salomo den prachtvollen Tempel des lebendigen Gottes von diesen seinen geschickten Nachbarsleuten erbauen und gab ihnen Gold und Getreide dafür. Aber bei all' dem Reichthume und bei aller Geschicklichkeit waren sie doch ein gottloses Volk. „Der Mensch kann lügen und trügen wie ein Tyrer!" sagte man im Sprüchwort von einem, der auf das Frechste zu lügen verstand. Was konnte es ihnen nun helfen, daß sie fast die ganze Welt gewannen und nahmen doch Schaden an ihrer

Seele? Was konnte es ihnen helfen, daß sie dem wahren Gott einen Tempel bauten und bei dem Dienste der falschen Götzen verblieben? Beide Hauptstädte nahmen ein Ende mit Schrecken, wie die Propheten Gottes (Hesek. 26, 28 u. a.) geweissaget hatten. Sidon wurde von Nebukadnezar zerstört und Tyrus dreihundert Jahre später von Alexander dem Großen. Die reichen Kaufleute wurden todtgeschlagen und gekreuzigt oder verkauft, und statt der schönen Städte, die zwar nachher wieder aufgebaut wurden und eine Zeit lang blühten, sieht man jetzt nur elende Schutthaufen und dazwischen hie und da eine jämmerliche Hütte, von einem sehr armen und unheimischen Volke bewohnt.

§ 4. Die alten Griechen.

Diese stammten, wie wir, von Japhet ab und wohnten in demselben Lande, das noch heutiges Tages Griechenland heißt und von ihren Nachkommen bewohnt wird. Sie waren Anfangs gar rohe Leute, liefen nackt in den Büschen umher wie das Vieh, aßen Eicheln und Wurzeln, und wenn sie froren, hingen sie die Haut eines Thieres um, das sie erschlagen hatten. Da kamen aber fremde Leute aus fernen Landen zu ihnen — aus Aegypten und Phönicien — und sagten: „Ihr müßt Euch betragen, wie wir, und nicht mehr so thierisch dahin leben!" — und machten's ihnen vor, und die Griechen machten's nach und wurden endlich, was ihre Lehrer waren: geschickte, feine, tapfere, — aber auch arme, bedauernswürdige Götzendiener. Sie beteten die Götzen Jener an und machten sich neue dazu. Starb ein mächtiger König oder sonst ein wichtiger Mann unter ihnen, sogleich hieß es: „Der ist unter die Götter versetzt!" Und flugs waren künstliche Hände bereit, dem neuen Gotte prachtvolle Tempel zu bauen und sein Bild, aus Holz oder Stein, aus Gold oder Silber angefertigt, hinein zu setzen. Und Priester schlachteten bekränzte Schafe und Ochsen und verbrannten sie auf kostbaren Altären zum Opfer. Und Dichter dichteten Lieder und lobten darin die Thaten des Gottes, und das Volk sang die Lieder und betete an. — Was für Thaten aber schrieb man diesen Götzen — von denen man freilich sagte: sie lebten — zu? — Der eine Gott, hieß es, war immer betrunken, ein anderer zankte und schlug sich fast immer mit seiner Frau, ein dritter war ein Erzspitzbube und Betrüger, — alle Götter und Göttinen waren in stetem Zank, warfen sich mit Steinen und schlugen sich mit Knüppeln. — Und was thaten die Menschen, — die Kinder, die so etwas von ihren Göttern hörten? Die machten es eben so wie die Götter oder sagten: „All' jene Geschichten sind Lügen und Fabeln!" und glaubten nun an gar keinen Gott. Die Meisten aber glaubten an sehr viele, wohl 3000 Götter und Göttinnen, und beteten sie an. Und doch fürchteten sie, es möchte noch einer vergessen sein, dem sie keinen Tempel gebaut hätten, und er würde sich für diese schreckliche Verachtung nun auch schrecklich rächen. Um dessen muthmaßlichen Zorn zu stillen, bauten sie in der Stadt Athen einen Altar und schrieben daran:

Dem unbekannten Gotte,

und beteten davor den „unbekannten" Gott auch an. Ach, hätten sie doch Alle dem Paulus aufmerksam zugehört, als der sie mit dem ihnen unbekannten Gotte bekannt machen wollte. Apostelg. 17.

Ihren obersten Gott nannten die Griechen Jupiter und den Gott der Kaufleute und Spitzbuben, der auch zugleich Bote und Redner war, wenn die Götter etwas an die Menschen zu bestellen hatten, Merkurius (Apostelg. 14, 12.) Der Gott, der nach ihrer Meinung tagtäglich auf einem zweirädrigen Wagen den feurigen Sonnenball vom Aufgang bis zum Niedergang fahren mußte, hieß Apoll (2. Kön. 23. 11) und seine Schwester Diana. Diese wurde besonders in Ephesus in einem ausgezeichnet prachtvollen Tempel angebetet, und ihre Priester wiesen dem abergläubischen Volke ein Bild der Göttin, von dem sie behaupteten, es sei vom Himmel gefallen. Apostelg. 19, 35.

§ 5. Die Spartaner.

Die beiden wichtigsten Städte und Staaten in Griechenland waren lange Zeit At h e n und S p a r t a. Ihre Macht war ungefähr gleich, aber ihre Sitten waren desto verschiedener. Schon früh hatten auch die Heiden erkannt, daß es lauter Zank und Schlägerei unter den Menschen gäbe, wenn Jeder thun dürfe, was er wolle, und daß am Ende der obenauf wäre, der die stärkste Faust habe. Damit das nun nicht der Fall werde, ließen sie sich — da sie das göttliche Gesetz des Ewigen nicht kannten — von einem oder mehreren weisen Männern Gesetze vorschreiben, und vereinten sich durch Eidschwur, nach diesen Gesetzen zu leben. Die Spartaner ließen sich auf solche Weise auch Gesetze vorschreiben, und zwar durch einen redlichen Königssohn, L y k u r g mit Namen. Um aber g u t e Gesetze geben zu können, war dieser Lykurg erst weit in der Welt umher gereis't, hatte sich nach den Gesetzen anderer Völker erkundigt, dieselben geprüft und die besten davon für sein Volk aufgeschrieben. Und als er nun zurück kam, gab er denn seine Gesetze und Rathschläge, und die Spartaner nahmen sie bereitwillig an. Wir wollen einige derselben uns merken und prüfen, ob wir sie nach Gottes Gesetzen gut oder schlecht heißen müssen.

Lykurg wollte, daß seine Mitbürger ein starkes, tapferes, ernstes Volk würden; darum mußten schon die Kinder von aller Weichlichkeit entwöhnt werden. Sie durften keine Schuhe und Strümpfe an den Beinen, keine Kappe auf dem Kopfe haben, durften sich nie satt essen und mußten auf bloßer Erde oder auf Brettern schlafen. Nichts, sagte Lykurg weiter, verweichlicht den Menschen mehr, als leckere Gerichte. Sie reizen den Appetit, verführen zur Fresserei und verderben den Magen. Das darf unter uns nicht sein. Wir wollen gemeinschaftlich, an langen Tafeln liegend, einfache Kost genießen — nie der Eine besser als der Andere — und zur Fleischsauce eine schwarze Blutsuppe gebrauchen. Zu unseren Gerichten liefert jeder Spartaner monatlich eine bestimmte Portion Käse, Gerstenmehl, Feigen, Wein und Geld.

Damit sich nicht Einer über den Andern erheben möge, sollen alle Aecker und Güter gleichmäßig unter uns vertheilt werden. Das Geld wird aus schwerem Eisen geprägt, damit Keiner viel bei sich tragen kann. — Unsere Stadt darf keine Mauern haben; der Muth der Bürger soll unsere Mauer sein. Unnütze Worte muß Jeder sorgfältig vermeiden, und ehe er spricht, wohl bedenken und überlegen, was er sagen will. — Die Alten muß man ehren, bescheiden schweigen, wenn sie reden, und ihnen überall den Vorsitz ehrerbietig einräumen.

Was sagt ihr aber, liebe Kinder, zu folgenden Gesetzen?

Lykurg sagte, die Kinder gehören nicht den Eltern, sondern dem Staate. Sobald ein Knabe geboren wird, muß ihn ein dazu bestimmter Aufseher unterrichten. Ist er schwach oder gebrechlich, so werft ihn nur ohne Weiteres ins Wasser; was soll er in der Welt? Ein tapferer, kräftiger Vaterlandsvertheidiger kann er nimmer werden, und wer das nicht ist, verdient nicht zu leben. Bis in sein siebentes Jahr bleibt der Knabe bei Vater und Mutter; dann aber wird er zu den andern Knaben in ein großes Haus gethan und mit diesen gemeinschaftlich erzogen. Seine Eltern geht er nun nichts mehr an. Und in diesem großen Staatserziehungshause muß Alles rauh und hart hergehen. Lykurg meinte selbst, es gäbe keine bessere Uebung, als die des Leibes, und keine größere Tugend, als körperliche Tapferkeit. Darum mußten denn die Zöglinge tüchtig springen, laufen, klettern, und an bestimmten Feiertagen wurden sie im Tempel dermaßen durchgepeitscht, daß das Blut vom Leibe rann. Und wehe der Memme, die nur eine Miene verzog! Das Stehlen wurde nur dann bestraft, wenn es einer nicht klug genug angriff. Damit die Kinder einen Abscheu an dem gräulichen Laster der Trunkenheit empfinden lernten, machte man Sklaven, die doch (nach ihrer Meinung) zu Andern nichts nütze waren, trunken und ließ dieselben in ihrem viehischen Zustande vor den Kindern herumtaumeln. — Damit die Knaben auch das Menschenschießen tüchtig einübten, mußten sie es gleichfalls erst an Sklaven versuchen und alljährlich auf die Sklavenjagd gehen.—

Seht, das waren die hauptsächlichsten Gesetze, die Lykurg gab und die Spartaner haben sich treulich darnach gerichtet.

§ 6. Die Athener. Solon.

Bei den Athenern sah es ganz anders aus. Sie wußten eben so gut, wie die Spartaner, daß der Mensch einen Leib habe, und daß man diesen üben und abhärten müsse, wenn er nicht verweichlicht werden solle, und übten ihn auch wacker durch anstrengende Spiele, durch Hunger und Arbeit. „Aber," sagten sie, „der Mensch hat auch eine Seele, und die ist mehr werth, als der Leib." Und darum bemühten sie sich auch, so weit sie es verstanden und einsahen, die Seele mehr auszubilden, als den Leib, und die Hand noch zu andern Dingen zu gebrauchen, als zum Kampfe. Sie bauten sich schöne Häuser und Paläste, malten kostbare Bilder, schnitzten kunstvolle Bildsäulen, dichteten treffliche Lieder und schrieben gelehrte Bücher, so daß Athen die berühmteste Stadt in der ganzen Welt wurde, und wer etwas Schönes sehen oder hören wollte, nach Athen reisen mußte. Mitten in der Stadt war ein Markt und auf dem Markte eine schöne, große, weite Kanzel. Wer nun etwas Neues vorzubringen hatte, der stellte sich darauf und das müßige Volk stand begierig, etwas Neues zu hören, drängte sich umher und hörte zu — hörte auch damals zu, als der heilige Paulus predigte. (Apostelg. 16, 13 und 33.) Dessen Predigt mochte aber nicht sonderlich gefallen, denn er lobte nicht, wie die andern Fremden, ihren Reichthum und Glanz, sondern war ergrimmt im Geiste, daß er an allen Straßenecken Götzenbilder erblickte, und predigte ihnen den „unbekannten Gott."

Ihre Gesetze hatten die Athener von einem weisen Manne, mit Namen Solon, erhalten. Da sie sich aber nicht nach seinen Gesetzen richteten, ging er voll Kummer außer Landes, reiste in der Welt umher und kam unter andern nach der

Stadt Sardes in Lydien. Hier wohnte der reiche König **Krösus**, der in seiner Unvernunft meinte, er sei der glücklichste Mensch in der Welt, weil er der reichste wäre. Nun, er war ein **Heide**, und so darf man sich denn über seinen Wahn nicht sonderlich wundern. Kaum hörte dieser: „der weltberühmte **Solon** ist in Sardes angekommen!" so ließ er ihn auch schon zu sich bitten. Solon kam. Vor Freuden beinahe außer sich, führte ihn Krösus in seinem Palaste umher und zeigte ihm die Pracht seiner Gebäude, aber Solon blieb stumm und gleichgültig. Krösus zeigte ihm die Herrlichkeit seiner Zimmer und Möbel, aber Solon blieb stumm und gleichgültig. Krösus zeigte ihm seinen großen Haufen Geldes, aber Solon sah es an, als wären es Kieselsteine, und blieb stumm und gleichgültig. Darüber wunderte sich Krösus und fragte ärgerlich: „Aber, du sonderbarer Mann, bist ja so gleichgültig; hältst du mich denn nicht für den glücklichsten Menschen in der Welt?" „Bewahre," antwortete Solon, der Heide, „dein Glück kann sich bald wenden, und du kannst noch der elendeste Mensch unter der Sonne werden. Von keinem Menschen kann man, so lange er noch lebt, behaupten, er sei glücklich; erst, wenn er gestorben ist, kann man sagen: er war glücklich oder unglücklich!" — Das Wort that dem übermüthigen Könige gut und hat ihm später sein Leben errettet und einen andern König vor seiner Grausamkeit bewahrt. (§ 11.)

§ 7. Sokrates.

Wir haben schon an dem **Solon** gesehen, daß nicht jeder Athener so leichtsinnig war, **wie der große Haufen**. Es gab rühmliche Ausnahmen. Eine solche Ausnahme machte auch Sokrates, eines Bildhauers Sohn und seines Geschäftes selber ein Bildhauer. Der dachte wie manche andere Weisen seiner Zeit darüber nach: „Worin mag wohl des Menschen höchstes Glück bestehn, und wann wird er wohl schon hier auf Erden vollkommen selig sein können?" und meinte am Ende: „Dann, wenn er pünktlich und ge=

nau den Willen der Götter erfüllt." Von nun an bemühte er sich ernstlich, heilig und ganz untadelhaft zu leben. Er verkündete seine Meinung Jedem, der sie hören wollte. Lernbegierige Jünglinge sammelten sich als seine Jünger um ihn, hörten ihm zu, wie ihrem Meister, und begleiteten ihn, wenn er ausging. Da dankte ihm nun einst ein grober Mensch nicht, den er freundlich gegrüßt hatte. Seine Jünger wurden darüber ärgerlich und sagten: "Du wußtest doch, daß der Mensch so grob ist; warum grüßest du ihn denn nun?" Aber Sokrates antwortete sanft: "Wollt Ihr denn, daß ich eben so grob sei, wie er?" — Ein ander Mal zankte seine böse Frau Xantippe mit ihm. Sokrates blieb ruhig und wollte zur Thüre hinausgehen. Da goß die wüthende Frau einen Topf voll schmutzigen Wassers ihm über den Kopf und Leib, und siehe! auch da noch blieb er ruhig und sagte zu seinen verwunderten Jüngern: "Ich dachte es wohl, daß nach dem Gedonner ein Regen folgen würde!" Man sieht daraus, wie eifrig sich Sokrates bemühte, unsträflich einherzugehen. Und doch mußte er am Ende bekennen: "daß in jedem Menschenherzen die Lust zu jedem Bösen läge, — daß der Mensch in eigner Kraft, ohne die Hülfe der Götter, eben so wenig tugendhaft sein, wie die Zukunft vorher wissen könne, — und daß darum endlich einer von den Göttern herabkommen und den armen kranken Menschen heilen müsse, wenn er genesen solle!" Solches lehrte Sokrates seinen Landsleuten, aber sie mochten's nicht hören, sondern schrieen: "Sokrates verführt das Volk!" warfen ihn in's Gefängniß und verurtheilten ihn zum Tode. Und seine Jünger klagten: "Ach, wenn du doch nur nicht unschuldig sterben müßtest: Sokrates antwortete aber: "Wollt Ihr denn lieber, daß ich schuldig sterbe?" Und als die Jünger sagten: "Wir haben die Wächter bestochen, entflieh' aus dem Gefängniß, du unschuldiger Mann!" engegnete er: "Ich will aber nicht, sondern will dem Gesetze des Vaterlandes gehorchen!" — und trank ruhig, in Hoffnung auf ewiges Leben, den Schierlingsbecher und starb 400 Jahre vor Christi Geburt.

§ 8. Andere griechische Weise.

Sokrates hatte, wie ihr eben gelesen habt, viele Jünger, und die suchten auch, wie ihr Meister, Glückseligkeit,—aber auf sehr verschiedenen Wegen.

Einer von ihnen hieß Epikur, und seine Anhänger nannte man Epikuräer (Apostelg. 17, 18.) Einige Lehren derselben waren: Der Mensch ist dazu in der Welt da, daß er sich so viel Vergnügen und Lustbarkeiten mache, als nur immer möglich. Böses muß er aber nicht thun, denn dann straft ihn sein Gewissen, und das stört sein Vergnügen.—Die Götter sitzen in seliger Unthätigkeit im Himmel an stets gedecktem Tisch, sagen immer: „O, wie wohl ist mir!" und bekümmern sich nicht um die Menschen; denn diese Arbeit und Mühe würde ihre Seligkeit stören. Wer darum zu den Göttern betet und ihnen opfert, ist ein Narr, und wer sich vor ihnen fürchtet, stört unnützer Weise sich selbst in seiner Freude. „Lasset uns essen und trinken: denn morgen sind wir todt."—Die Götter haben die Welt nicht erschaffen; sie ist von selber entstanden. Und bald nach ihrer Entstehung bekam sie dicke Geschwüre. Diese brachen auf, und Menschen und Thiere krochen daraus hervor und nährten sich noch eine Zeit lang von der Milch, die ihnen aus jenen Geschwüren nachfloß.—So lehrt Epikur. Was meint ihr, ob es jetzt auch wohl noch Epikuräer gibt?

Ein anderer Schüler des Sokrates hieß Zeno. Seine Anhänger, die Stoiker, merkten wohl, wie gut es sei, wenn der Mensch kein Knecht der Lust und in Trübsal gelassen ist; aber weil sie die Wahrheit nicht erkannten, so lehrten sie: „Nur dann wird der Mensch vollkommen glücklich, wenn er gleichgültig bleiben kann bei Allem, was ihm widerfährt. O, den Elenden! den die Freude fröhlich und der Schmerz traurig machen kann!"

Ein dritter Schüler war Antisthenes. Der merkte richtig, daß der Mensch weniger von unnützen Sorgen gedrückt wird, wenn er weniger nöthig hat. Nun fuhr er aber und seine Anhänger darauf fest: „das bringe das

wahre Glück, wenn man nichts brauche." Da nun seine
Anhänger auch das verschmähten, was zum gesitteten Leben
gehört und sich auf der Straße oft hündisch zu betragen
pflegten, so wurden sie Cyniker, d. h. Hunde, genannt.
Einer von ihnen, Diogenes, besaß nichts weiter als ein
Faß, in welchem er auf der Straße von Athen wohnte, und
einen Brodsack. Seine Trinkschale hatte er weggeworfen,
weil er gesehen, daß ein Hund auch ohne Trinkschale aus
dem Bache trinken konnte. Als diesen sonderbaren Mann
einmal der mächtige Kaiser Alexander (§ 13.) vor seiner
Tonne besuchte und bewunderte, und ihm anbot: „Bitte
von mir, was ich dir geben soll!" antwortete Diogenes:
„Daß du mir da ein wenig aus der Sonne gehst!" — Bei
alledem war er aber ein gar hochmüthiger Mann und hielt
alle Menschen, die nicht so dachten, wie er, für Narren.
Einst lief er am hellen, lichten Tage mit der brennenden
Laterne auf dem menschenvollen Markte von Athen suchend
umher und als man ihn fragte: „Was suchst du?" antwortete er: „Einen verständigen Menschen!" — Das sei genug von den griechischen Weisen. Ihr werdet mit leichter
Mühe finden, was an ihnen zu loben und was zu tadeln war.

§ 9. Die griechischen Spiele.

Wenn in Jerusalem die Israeliten von allen Seiten an
den großen Festen zusammentrafen, Gott dienten und von
ihm hörten, so lernten sie sich dabei als Brüder kennen und
lieben, und freuten sich um so mehr, Gottes Volk zu sein.
Auch die Griechen hatten solche Feste, wobei sie Alle einander kennen lernten. Da sie aber von einem lebendigen,
heiligen Gotte nichts wußten, um dessentwillen allein wir
Alles thun sollen und müssen, so thaten sie natürlich Alles
um der Ehre willen vor den Leuten. Sie kamen zusammen,
um Spiele zu spielen und zu glänzen. Solche Spiele wurden alle vier Jahre bei der Stadt Olympia gehalten
und daher die olympischen genannt. Wer irgend von
seinem Geschäfte abkommen konnte, kam dann, — wer weiß,

wie weit, hergereis't, und sah mit an, was da geschah. — Da liefen nämlich auf einem mit Sande dick bestreuten Platze kräftige Jünglinge nach einem bestimmten Ziele, und wer von ihnen zuerst bei demselben ankam, erhielt einen vergänglichen Kranz (Krone) von Oelzweigen und die eben so vergänglichen Ehrenbezeigungen der zahllosen Menge. Und um solcher nichtigen Dinge willen übten sich die Renner schon lange Zeit vorher und aßen durchaus keine Speisen, die den Magen beschwerten oder die Leibeskräfte schwächten. — Nach jenem Rennen wurde geworfen, und wer mit einem schweren Steine am weitesten oder mit einem leichtern am genauesten traf, war darin Meister. — Dann rangen nackte, starke Jünglinge mit einander so lange, bis einer den andern zu Boden warf, und wer oben blieb, ward gekrönt. — Zuletzt fuhr man in zweirädrigen, hinten offenen Wagen stehend nach einem Ziele, und wer zuerst anlangte, bekam den Kranz. — Von diesen Spielen und solchem mühevollen Trachten nach eitler Ehre nimmt der Apostel Paulus treffliche Ermunterungen her in seinem Briefe an die Corinther (1. Cor. 9, 24. 25.), die auch Griechen waren und mithin jene Spiele wohl kannten.

§ 10. Babylon.

Wie nach der Sündfluth die Leute darauf gekommen sind, die Stadt Babel zu erbauen, wißt ihr, liebe Kinder. Das Wort Gottes erzählt uns davon und von dem hohen Thurme in der Stadt, der aber nicht fertig geworden ist. Als Gott die Sprache der Bauleute verwirrte, zerstreuten sich diese, und nur ein Theil von ihnen blieb in Babel und baute die Stadt weiter aus. Und ihr erster König war Nimrod, der gewaltige Jäger vor dem Herrn, — aber für den Herrn war er wohl nicht. Die Babyloner waren und blieben ferne von dem lebendigen Gott, und Diener selbstgemachter Götter. Besonders beteten sie den Sonnengott Bel an und richteten ihm oben auf dem Thurme ein kostbares Stübchen ein, ganz mit Gold ausgelegt, und stellten ein unvergleichlich schönes Bett hinein und hofften unablässig, Gott Bel würde einmal kommen und darin schlafen. Er kam aber nicht.

Lange Zeit stand Babylon und wurde immer größer und immer schöner. Rings um die vierseitige Stadt her führte eine kostbare Mauer, 100 Fuß hoch, viermal sechs Stunden lang und oben so dick, daß 16 Mann zu Pferde bequem neben einander herreiten konnten. Auf der Mauer standen viermal 250 Kriegs- und Soldatenthürme, und in derselben waren 100 Thore. Die Straßen der Stadt waren alle schnurgerade und jede derselben, von einem Thore bis zu dem gegenüberliegenden, sechs Stunden lang. Nicht wahr, das war eine gewaltige Stadt? Welche zahllose Menschenmasse mag darin gewohnt haben! Und wovon ernährten sich diese? Vielfältig vom Handel. Mitten durch die Stadt strömte der Euphrat, unablässig kamen herauf und herab reich beladene Schiffe und brachten der Stadt ihre Schätze. Von allen Seiten kamen zahlreiche Carawanen, Tausende schwer beladene Kameele, und mehrten den Reichthum. So wurde Babylon eine unvergleichlich mächtige, reiche und schöne Stadt — „das goldene Haupt" des Bildes, das Nebukadnezar im Traume sah. (Dan. 2, 38.)

Von allen Königen aber, die über Babel geherrscht haben, ist keiner wichtiger, als N e b u k a d n e z a r. Doch von ihm erzählt die heilige Schrift, namentlich der Prophet Daniel, schon so Vieles und Schönes, daß ich euch nur noch eben sagen will, daß er, nach Gottes gerechten Strafandrohungen, nicht blos das abgefallene Volk Israel, sondern auch die Verführer desselben: die Philister, die Phönicier, Ammoniter, Moabiter und Aegypter züchtigte, und unter seine Herrschaft brachte. — Und wie er endlich, nachdem er sogar hoch gestiegen, von Gott gedemüthigt und von Ihm wieder erhoben wurde: das könnt und müßt ihr Alles ja recht umständlich im Propheten Daniel nachlesen.

Dabei merkt euch nun noch, daß die babylonischen Götzenpriester gewöhnlich C h a l d ä e r genannt werden, und daß die Schrift unter diesem Namen zuweilen auch alle Gelehrten Babels, die sich namentlich mit der Sternkunde beschäftigten, zuweilen aber auch alle Babyloner ohne Ausnahme darunter versteht. (Baruch 6.)

§ 11. Kores oder Cyrus, der Perser. 555 v. Chr.

Ein großes Land in Asien, am Südufer des Caspischen Meeres gelegen, hieß vor Zeiten Madai oder Medien, und der vorletzte König desselben nannte sich Astyages. Dieser verheirathete seine Tochter Mandane an den König des unbedeutenden persischen Landes im Süden von Medien. Mandane's erstgeborner Sohn hieß Cyrus und war ein gar munterer, frischer Knabe. Noch war er nicht zehn Jahre alt, da brachte ihn die Mutter zum ersten Male zum Großvater, und dieser hatte solche Freude an dem hübschen, fröhlichen Knaben, daß er ihn bei Tische neben sich setzte. Aber was machte der junge Cyrus für große Augen, als er einen Diener nach dem andern hereintreten und eine Schüssel voll Speise nach der andern auf den Tisch setzen sah. „Lieber Großvater," sagte er, „ich bitte dich, sag' mir doch nur einmal, was willst du denn eigentlich mit der unendlichen Masse von Gerichten?" „Wunderliches Kind," entgegnete der Alte, „die will ich essen!" — „Ach, du armer Mann," sagte darauf der Knabe, „dann bedaure ich dich von Herzen. Was hast du doch für eine unsägliche Mühe um satt zu werden! In Persien wird's uns lange so sauer nicht. Da essen wir ein Stück Brod und Fleisch und trinken Wasser dazu; dann sind wir fertig und gehen munter wieder an unsere Arbeit!" Das hörte Astyages dann ruhig an und meinte Cyrus ist ein Kind; ein Kind spricht kindisch. Dann fuhr er fort: „Nun, liebes Kind, vertheile einmal die Speisen." Cyrus that's — dem Mundschenk Sakas gab er aber nichts. „Und warum das nicht?" fragte ihn Astyages. „Weil der nichts Sonderliches kann," entgegnete Cyrus. „Dir den Wein reichen, kann ich besser als Sakas!" „Nun, das möchte ich sehen," sagte Astyages, und sogleich reichte ihm Cyrus gar zierlich den Becher dar, ohne ihn jedoch zu kre-

denzen. „Gut gemacht! aber du hast vergessen, vorher zu
trinken, ehe du mir den Becher darreichtest," äußerte der
Alte. „Davor werde ich mich auch schon hüten, es ist Gift
im Becher!" war des Knaben Antwort. „Was? — was
sagst du? Gift im Becher? Woher weißt du das?" stieß
erschrocken Astyages heraus. „Ja gewiß, es ist Gift im
Becher," erwiederte Cyrus, „ich weiß es genau. Gestern
Abend, lieber Großvater, trankst du auch so viel Wein, und
da sprachst du so kühn und sagtest immer: „Ich kann die
ganze Welt bezwingen; wer Muth hat, komme nur her, ich
nehme es mit ihm auf." Und als du aufstandest, warst du
so elend, daß du nicht einmal stehen konntest, sondern fielst
immer um und mußtest dich am Tisch festhalten. Sieh, lieber Großvater, da habe ich denn gedacht, daß wohl Gift im
Weine sein müßte." Darüber lachte der Alte und gewann
den Knaben immer lieber und behielt ihn bei sich. Cyrus
wurde nun in Allem unterrichtet, was man damals lehrte:
in der Sternkunde, im Reiten, im Jagen, im Kriegführen
und wurde der Liebling des ganzen Volkes. Sein Großvater machte ihn zum Obergeneral aller seiner Heere, und das
blieb er auch, als jener starb und dessen Sohn Chaxares
(in der heil. Schrift Darius von Meden genannt)
König über Medien wurde. Als Obergeneral hatte Cyrus
wenig Ruhe. Fast beständig war er im Kriege gegen die
Feinde des medischen Reiches.

Der mächtige Nachbar von Medien, der reiche König
Krösus von Lydien (§ 6.), war ein stolzer und neidischer
Mann, fing Krieg mit Darius an, wurde aber von Cyrus
gefangen und stand schon auf dem Scheiterhaufen, um lebendig verbrannt zu werden; da dachte er in seiner Todesangst
an Solon und was der ihm gesagt, und schrie: „O Solon,
Solon, Solon!" Cyrus hörte das, ließ den Krösus von
dem Scheiterhaufen herabsteigen, vernahm die Ursache des
Rufes, dachte ernstlich nach über das, was Solon dem Krösus gesagt hatte, und behielt diesen als Freund und weisen
Rathgeber alle Zeit bei sich. Danach eroberte Cyrus noch
viele Länder und unter anderen auch die große Stadt Ba-

bylon in der Nacht, als König Belsazar das große Mahl
gab und Finger an die getünchte Wand die wunderbaren
Worte schrieben, die nur Daniel lesen und deuten konnte
(Dan. 5.) Nach Cyaxares Tode folgte Cyrus in der
Herrschaft über Medien und Persien. Schon im ersten
Jahre seiner Regierung erkannte dieser, indem vielleicht
Daniel ihn mit den Propheten bekannt machte, daß der
Gott Israels ihm sein Reich gegeben und schon 150 Jahre
vorher durch den Propheten Jesaias (44, 8.) von ihm hatte
weissagen lassen. Er gehorchte dem Könige aller Könige,
erlaubte den in seinem Reiche zerstreuten Juden, wieder in
ihr Vaterland zu gehen, gab ihnen alle Tempelgefäße wie=
der, ja schenkte ihnen sogar Geld und Opferthiere (Esra 6.)
und bekannte endlich demüthig (2. Chron. 36, 23.): „Der
Herr, der Gott vom Himmel, hat mir alle Königreiche im
Lande gegeben und mir befohlen, ihm ein Haus zu bauen
zu Jerusalem." So hatten sich vor ihm auch zwei andere
heidnische Könige, welchen Gott die Herrschaft über sein
Volk Israel gegeben, vor Gott gedemüthigt und ihren Völ=
kern befohlen, daß sie ihn ehren sollten: Nebukadnezar und
Darius von Meden (Dan. 4 u. 6.); — und unter den
Heiden blieb (sich fortpflanzend vom Vater auf den Sohn)
eine Erzählung vom kommenden Heilande und König Is=
raels — bis auf die Zeit, da der Herr erschien und die
Weisen aus Morgenland ihn begrüßten.

§ 12. Einige andere Könige der Perser.

Cyrus theilte sein Reich, ehe er starb, unter seine beiden
Söhne Kambyses und Smerdis. Kambyses war
aber ein böser Mann und wollte gern allein König sein.
Darum ließ er seinen Bruder Smerdis heimlich umbringen.
Hierauf zog er nach Aegypten, unterjochte dasselbe und er=
füllte hiermit unbewußt, was Gott den Aegyptern gedroht
hatte. Auf einmal aber hieß es: „Smerdis lebt noch und
hat viele Kriegsleute zusammengebracht, um seinen Bruder
zu bekriegen." Kambyses eilte ihm entgegen, stach sich aber

unterwegs beim Hinabsteigen vom Pferde unversehens das Schwert in die Seite und starb ein paar Tage danach. Nun war natürlich Smerdis alleiniger König. Wie war der aber wieder aufgelebt? — Er war nicht aufgelebt, sondern der rechte Smerdis war und blieb todt. Ein Priester aber mit abgeschnittenen Ohren sah dem rechten Smerdis ähnlich und machte bekannt, er sei der rechte, und die Leute glaubten es. Bald bemerkte man indeß trotz seiner Kappe, die weit über den Kopf herab ging, daß er keine Ohren habe, erkannte in ihm einen bekannten Priester und setzte ihn ab. „Wer soll aber nun König werden?" Das war die Frage. Bald waren die sieben Obersten im Reiche darin eins: „Wir wollen an einem bestimmten Tage auf dem Markte zusammen kommen, und wessen Pferd zuerst wiehert, der ist König!" Und das Pferd des Darius wieherte zuerst, und er wurde König. Eine sonderbare, aber glückliche Wahl! Darius hat treulich für das Wohl seines Landes gesorgt. Besonders war er ein großer Freund der Juden und war ihnen behülflich zum Bau des Tempels. Mit den Griechen in Europa gerieth er in Krieg und hätte sie gern unterjocht. Es wollte aber nicht gehen; sie besiegten sein Heer. Sein Sohn Xerxes, der vierte König nach Cyrus (Dan. 11, 1.), ein hochfahrender Mensch, setzte den Krieg wider die Griechen fort und rüstete ein so großes Kriegsheer wider dieselben aus, wie es nie in der Welt gesehen worden — weder vorher, noch nachher. Man sagt: Beinahe drei Millionen Krieger sammelten sich in Kleinasien an der Straße der Dardanellen und sollten nach Europa gegen die Griechen ziehen. Xerxes ließ mit vieler Mühe zwei gewaltige Schiffbrücken über die Meerenge schlagen, aber Gott schickte einen Sturm, der sie im Nu zerstörte. Da ward der König voll Grimm, ließ die Baumeister kreuzigen, ließ das Meer durchpeitschen, damit es ihm künftig desto besser gehorche, und danach neue Brücken bauen. Die blieben stehen, und sieben Tage und sieben Nächte marschirten in Einem fort das ganze Heer hinüber. Das war ein Zug! Aber hört, wie es ihm weiter ging. Was von

§ 12. Einige andere Könige der Perser.

den Griechen laufen konnte, lief. Die Perser drangen ihnen immer weiter nach bis an den Engpaß Thermopylä. Hier mußten sie Halt machen, denn der König Leonidas von Sparta hatte sich mit 300 Mann aufgestellt und wollte sie nicht durchlassen. Die Perser schlugen und schossen zwar wacker auf den kleinen Haufen los, aber der wich nicht. Und rechts konnten sie nicht herum, denn da ist ein steiles Felsgebirge; und links auch nicht, denn da ist ein tiefer Morast und das Meer. So standen denn die drei Millionen gegen die dreihundert und konnten nichts machen, als sich todtschlagen lassen. Da aber zeigte ihnen der schändliche Grieche Ephialtes einen steilen, wenig bekannten Fußpfad durch und über die Felsen. Die Perser kletterten ihm mit Händen und Füßen nach und kamen den Spartanern in den Rücken. Nun war es freilich aus mit Leonidas. Er ward mit allen seinen Soldaten erschlagen. Das unermeßliche Perserheer überschwemmte, wie eine Wasserfluth, ganz Griechenland und brannte die Stadt Athen nieder. Die Griechen flüchteten auf ihre Schiffe. Aber Gott erbarmte sich der Bedrängten. Er gab ihnen Sieg, als sie unter ihrem Feldherrn Themistokles, einem listigen und tapfern Manne, mit der persischen Flotte zusammentrafen, und ein Sturm zerstreute die stolzen Schiffer. Das Landheer ging auch zurück, kam aber meistentheils vor Hunger und Kälte und an der Pest in unbekannten, rauhen Gegenden voll wilder Einwohner um; und Xerxes fuhr, mit Todesangst im Herzen, in einem Fischernachen über die Dardanellen zurück. Ueber die Brücke konnte er nicht mehr kommen, denn die Winterstürme hatten sich an das Peitschen nicht gekehrt und die Brücke zerstört. Xerxes war nun freilich wieder zu Hause; aber, aber die armen drei Millionen Soldaten! Seine Schmach und das böse Gewissen quälten ihn arg. Da machte er's, wie es oft solche Leute mit bösem Gewissen machen. Er feierte glänzende Feste und betrank sich fleißig im Weine. Man findet das Alles im Buche Esther, wo er mit seinem Beinamen Ahasverus genannt wird, umständlich beschrieben.

Zuletzt wurde der schwelgerische König noch von dem Obersten seiner Leibwache A r t a b a n u s, umgebracht.

§ 13. Alexander, der Macedonier. 333 v. Chr.

Die Griechen waren gegen die Perser siegreich gewesen. Nachher aber zankten und bekriegten sie sich unter einander, und da unterjochte sie der schwache König Philipp von Macedonien mit leichter Mühe. Ihm folgte sein 20jähriger Sohn, Alexander, ein kühner, eroberungssüchtiger junger Mensch. Kaum war er König geworden, so ließ er Krieger in Macedonien und Griechenland zusammenkommen, wählte 35,000 von ihnen aus und beschloß, damit das ungeheure Perserreich zu unterjochen. Die Perser rückten ihm mit großer Heeresmacht entgegen, Alexander aber besiegte sie kurz hintereinander zweimal. In der zweiten Schlacht geriethen sogar des Perserkönigs (Darius Codomannus) Mutter, Gemahlin und Kinder in seine Gefangenschaft. Der junge Sieger ging aber leutselig in ihr Zelt, tröstete sie und drückte die Kleinen an sein Herz und küßte sie freundlich. Als das Darius erfuhr, betete er: „O Götter, wenn ich das Perserreich nun einmal nicht mehr behalten soll, so gebt's doch ja keinem Andern, als diesem leutseligen Helden!" — Alexander zog nun gegen Tyrus und that ihr, wie S a c h a r j a (9, 1—4.) und H e s e k i e l (26, 4.) gedroht hatten. Sieben Monate belagerte er die Stadt; dann wurde sie gestürmt, und die Bürger wurden größtentheils umgebracht. (§ 3.) Die Juden waren auch bange vor Alexanders Zorn, denn sie hatten bisher treulich an ihrem Herrn, dem Perserkönige, gehangen. Als sich nun Alexander der Stadt Jerusalem näherte, gingen ihm die vornehmsten Juden entgegen, und an ihrer Spitze stand J a d d u a, der Hohepriester, mit dem Brustschildlein. Und man muß sich wundern, wie Alexander sich benahm. Er ging an der Hand des Mannes Gottes in die Stadt und in den Vorhof des Tempels und opferte, und las mit Verwunderung, wie genau der Prophet Daniel (Cap. 7, 6—8 u. 11, 3) von ihm geweissaget hatte. Hätte er sich doch von ganzem Herzen zu dem Gott gewandt, dem seine Hand hier Opfer brachte! — Von Jerusalem zog er weiter nach Aegypten, eroberte dies Land mit leichter Mühe und baute darin eine neue Stadt, die er nach seinem Namen Alexandrien nannte, und die von der Zeit an lange der Sitz des Welthandels gewesen ist. Als Alexander sich noch einige Zeit in Afrika aufgehalten und die Leute beunruhigt hatte, wandte er sich eilig zurück, dem Darius entgegen. Auch in der dritten Schlacht wurde dieser besiegt, mußte fliehen und wurde unterwegs von seinem Diener Bessus erstochen, der sich selbst zum Könige zu machen gedachte. Alexander kam zur Leiche und weinte bitterlich, zog dann dem Bessus nach und ließ ihn umbringen. Nach diesen Zügen gebrach es ihm und seinem Heere einmal in einer brennenden Sandwüste an Wasser. Ein Soldat hatte etwas gefunden und brachte es im Helme dem durstigen König. Die Soldaten lagen rings umher und sahen mit schmachtendem Blicke nach dem Helme und dem Wasser darin. Alexander bemerkte es und sagte: „Kinder, Ihr könnt nicht trinken, nun will ich auch nicht!" und goß den Labetrunk in den dürren Sand. Das erfreute die Macedonier, und gern folgten sie solchem Könige von Land zu Land. Mit unbegreiflicher Schnelligkeit flog Alexander von Abend her erobernd über die Erde, wie Daniel von ihm geweissaget (Cap. 8, 5—8), und gewann Städte über Städte. Nicht wahr, du möchtest auch wohl solch ein Held sein? Geduld, du kannst ein noch größerer werden. Die Schrift agt (Spr. 16, 32): „Ein Geduldiger ist besser, denn ein Starker, und der seines Muthes Herr ist, besser, denn der Städte gewinnt." Alexander war nicht Herr seines Muthes, nein, sein Hochmuth war Herr über ihn, und dazu ergab er sich der Schwelgerei. In der Trunkenheit ließ er die schöne, große Stadt Persipolis niederbrennen, und in der Trunkenheit erstach er auch bei einer großen Mahlzeit seinen treuen Freund Klitus, der ihm in der ersten Schlacht das Leben gerettet, einen Säbelhieb abgewehrt hatte, den ein Perser so eben nach des Königs Kopfe ausführen wollte. Förmliche Saufkämpfe ließ er anstellen, bei welchen es darauf ankam, wer am meisten saufen konnte; und da geschah es denn, daß bei einem solchen Kampfe sich vierzig auf der Stelle todtsoffen. Und Alexander's Hochmuth war nicht minder stark, als seine Saufwuth. Darum wollte er auch die ganze Welt erobern, ließ sich einen Sohn des Gottes Jupiter, Ammon, nennen, und sich als solchen anbeten. Er hat aber die Erde nicht erobern können, sondern hat sich durch sein liederliches Leben einen frühen Tod bereitet. Erst 32 Jahre alt starb er zu Babylon. Da zerbrach das große Horn (Dan. 8, 8), und da sein Söhnchen nicht groß wurde, so wuchsen aus demselbigen Einen Horn vier; d. h. seine Generale theilten sich in sein großes Reich, und es entstanden aus demselben vier kleinere. Uebrigens ist durch Alexanders Zug die griechische Sprache in der ganzen Welt bekannt geworden, und dadurch wurde die Ausbreitung des Evangeliums außerordentlich erleichtert.

§ 14. Rom's Ursprung. 753 v. Chr.

In dem schönen Lande Italien lag vor grauen Jahren eine Stadt, die hieß Alba longa, und ein König herrschte darin, mit Namen Numitor. Numitor hatte aber einen bösen Bruder, Amulius. Dieser wollte gern König sein und stieß daher den Numitor vom Throne, brachte dessen Sohn um und ließ, als Numitor's Tochter Zwillinge gebar, diese in einer Badewanne auf den Tiberfluß setzen, daß sie ertränken. Aber sie ertranken nicht, sondern ihr Schifflein blieb am Ufer stehen. Die Knäblein weinten bitterlich. Das hörte eine Wölfin, lief herbei, und — war barmherziger als der Großohm. Sie legte sich auf die Knaben und säugte sie. Nach einiger Zeit kam ein Hirt des Weges und sah die Wölfin und die Knaben, die daran sogen, jagte jene fort und nahm diese mit, brachte sie seiner Frau, zog sie auf und nannte sie Romulus und Remus. Da mit der Zeit aus den Knaben große, schöne Jünglinge geworden waren, erzählte ihnen ihr Pflegevater: „Nicht wahr, ihr meint, ich sei Euer Vater? Es ist aber nicht so. Ihr seid Prinzen. Der arme Numitor ist euer Großvater, und Amulius hat ihn abgesetzt!" Das betrübte die kühnen Jünglinge. Sie sammelten die Hirten der Umgegend, ihre Freunde, erzählten ihnen die ganze Geschichte, gingen nach Alba, erschlugen den Amulius und setzten ihren Großvater wieder auf den Thron. Keiner war nun natürlich froher, als Numitor, und in seiner großen Freude sprach er zu seinen Enkeln: „Bittet Euch aus, was ihr wollt; Ihr sollt es haben! Romulus und Remus begehrten nichts Großes, sondern sagten blos: „Lieber Großvater, sei uns behülflich, an der Stelle eine Stadt zu bauen, wo der Hirt uns unter der Wölfin gefunden hat!" „Von Herzen gern!" antwortete der Alte und war ihnen behülflich. Und nun machten die Brüder bekannt: „Wer irgend Lust hat, hierher zu kommen, wem es irgend in seiner Heimath nicht gefällt, der komme nur zu uns. Wir nehmen ihn mit Freuden auf!" Sogleich strömte aus allen Städten eine große Menge entlaufener Sklaven, verachteter Spitzbuben, verabscheuter Zänker u. dgl. Gesindel mehr hinzu und fing an zu bauen. Bald entstand auch Lehmhütte an Lehmhütte in großer Zahl, — jede mit Stroh bedeckt. Das war der Anfang der neuen Stadt. „Nach wessen Namen soll nun die Stadt genannt werden?" fragten die Brüder. Jeder verlangte: „Nach dem meinen." Darüber stritten sie sich, und der Streit endete mit — Todtschlag. Romulus schlug seinen Bruder todt und nannte die Stadt nach einem Namen Rom. Dem Brudermörder ging's indeß am Ende, wie er's verdiente. Er war zwar König der neuen Stadt, aber die Aeltesten (lat. Senatores) hatten auch ein Wort mitzureden. Und als Romulus ihnen einmal nicht recht zu Willen sein wollte, stachen sie ihn todt und sagten aus Furcht vor dem Volke: „Die Götter haben ihn abgeholt und zu einem Mitgotte gemacht."—Und fortan hieß der Brudermörder Romulus ein Gott.

§ 15. Numa Pompilius.

Nicht fern von Rom wohnte ein vornehmer Mann, mit Namen Numa Pompilius. Der fürchtete sich vor den Göttern und suchte ernstlich die Sünde zu meiden. Die Vornehmsten von Rom fühlten, daß sie einen solchen Mann nöthig hätten, gingen zu ihm und baten ihn: "Sei du unser König!" Er wollte aber lange nicht, bis sie ihm endlich sagten: "Nun, so thue es denn doch aus Mitleiden mit uns." Da that er's. Und die Römer waren ihm auch gehorsam und richteten sich viele Jahrhunderte nach seinen Gesetzen und Lehren. Soll ich euch nicht einige derselben nennen? Nun, so hört denn. "Die Götter sind nicht blos im Himmel, lehrte Numa, sondern auf Erden und sehen und strafen das Böse, und sehen und lohnen das Gute. — Ehe du etwas beginnst, es sei, was es wolle, rufe die Götter um Beistand an, sonst wird es dir nimmer gelingen. — Hast du dich, oder hat sich das ganze Volk versündigt, so lassen die heiligen Götter Alles mißlingen, schicken Krieg, Pest u. dgl. und werden nicht anders versöhnt, als durch Demüthigung und Buße und durch blutige Opfer geschlachteter Thiere. Tänze und Schauspiele schicken sich für keinen ehrlichen Römer (Heiden), und die Wohlgefallen daran haben, sind den Göttern ein Gräuel!"

Und welche Frucht schafften diese Gesetze? In den ersten 500 Jahren schied sich kein Mann von seinem Weibe. Und als einst ein römischer Gesandter bei einem Könige von Aegypten speis'te und dieser ihn fragte: "Was ist das Löblichste in Rom?" konnte jener antworten: "Die Römer fürchten die Götter, gehorchen der Obrigkeit und strafen die Laster!"

§ 16. Der letzte König von Rom.

Der sechste römische König hieß Servius Tullius und hatte zwei Töchter, eine gute und eine böse. Nun waren auch noch von einem frühern Könige zwei Prinzen da.

§ 16. Der letzte König von Rom.

Tarquinius, ein sehr böser, und Arnus, ein guter. Nach des Königs Wunsch heirathete der Tarquinius die gute, — und sein Bruder Arnus die böse Prinzessin. Das gab aber eitel Zwietracht und Herzleid in den ungleichen Ehen und endete damit, daß das gute Paar von dem bösen heimlich umgebracht wurde, und daß nun der böse Tarquinius die eben so schändliche Tullia zum Weibe nahm. Damit war er noch nicht zufrieden. Er wollte auch noch König werden, und — er ist's geworden.

Einmal in der Erntezeit ließ er seine Anhänger auf dem Rathhause zusammenkommen und setzte sich auf den königlichen Stuhl. Der alte Servius erfuhr das, lief nach dem Rathhause und wollte zornig den Schwiegersohn am Mantel vom Throne reißen. Dieser ergriff ihn aber wüthend bei der Brust und warf den alten, schwachen Schwiegervater Hals über Kopf die hohe Rathhaustreppe hinunter. Doch der Alte lebte noch und wollte nach Hause wanken. Der böse Schwiegersohn schickte ihm aber Mörder nach, die ihn in einer engen Straße erstachen. Tarquinius wurde nun mit lauter Freude von seinen Genossen zum Könige ausgerufen. Seine Frau erfuhr es, ließ anspannen und wollte eilig nach dem Rathhause fahren, um ihren Mann als König zu begrüßen. Der Kutscher fuhr zu und kam in die enge Straße, wo der blutige Leichnam des Königs lag. Da bäumten sich die Pferde, und der Kutscher wollte zurück, aber Tullia befahl, und er mußte über die Leiche ihres ermordeten Vaters fahren. — Tarquinius war nun freilich König, aber die stete Angst, seine Verwandten möchten's mit ihm gerade eben so machen, wie er's mit seinen Vorgängern gemacht hatte, und das strafende Gewissen machte ihm das Leben zur Qual. Viele, viele — jeden, den er fürchtete, ließ er umbringen. Und seine Söhne waren eben so schlecht und verübten Gräuel. Das wollten am Ende die Römer nicht mehr leiden, sondern als der König aus der Stadt in den Krieg gezogen war, schlossen sie die Thore zu und ließen ihn nicht wieder hinein, er mochte bitten und drohen, so viel er immer wollte. Und fortan kam auch kein König wieder auf in Rom, sondern alle 2 Jahre wählte sich das Volk 2 Rathsmänner (lat. Consuln). Und diese Einrichtung dauerte gegen 500 Jahre.

§ 17. Fabricius.

Die Römer geriethen in Krieg mit dem Könige Pyrrhus von Epirus. Derselbe war aber ein mächtiger Fürst und kam mit vielen Truppen und 20 Kriegs=Elephanten nach Italien. Die Römer wehrten sich zwar tapfer gegen ihn, aber ihre Pferde erschraken, als sie die großen Thiere mit den langen Rüsseln sahen und die hölzernen Thürme darauf, aus denen scharfe Pfeile hervorflogen, — und liefen davon. Dadurch kam es, daß die sonst so tapfern Römer zweimal besiegt wurden. Damals war aber ein Mann Consul in Rom, der hieß Fabricius. An den schrieb der Leibarzt des Königs Pyrrhus einen Brief des Inhalts: „Nicht wahr, euch Römern könnte jetzt nichts angenehmer widerfahren, als daß König Pyrrhus stürbe? Was gebt Ihr mir, dann will ich ihn vergiften?" Fabricius empfing den Brief, las ihn, faltete ihn wieder zusammen, schickte ihn an Pyrrhus und schrieb dabei: „Daraus erkenne die Treue Deiner Diener. — Fabricius." — Pyrrhus erstaunte ob solcher Verrätherei und solcher Feindesliebe und rief aus: „Nein, eher bringt man die Sonne aus ihrer Bahn, als den Fabricius von seiner Redlichkeit!" — Den abscheulichen Leibarzt ließ er hinrichten. Danach lieferte er den Römern eine dritte Schlacht. Da kam's aber anders. Die Römer warfen brennende Pechkränze zwischen die Elephanten, welche schmerzlich in die Haut brannten. Da wurden die großen Thiere wüthend, warfen die hölzernen Thürme ab sammt den Leuten darin, zertraten die Soldaten umher und liefen davon. Und Pyrrhus mußte froh sein, daß er mit heiler Haut in seinem Lande wieder ankam, und dachte nicht wieder an's Kriegen mit den Römern.

§ 18. Regulus.

Während die Macht und Größe des römischen Reiches immer mehr heranwuchs, ward auch Karthago, ein anderer Staat und von den Tyrern gegründet, immer mächtiger. Je reicher sie wurden, desto mehr trachteten auch beide, Römer und Karthager, nach immer mehreren Ländern. Besonders schauten sie mit sehnsüchtigen Blicken nach der kornreichen, schönen Insel Sicilien, und sie hätten sie beide gern den rechtmäßigen Eigenthümern weggenommen. Bei solchem Streben geriethen sie untereinander selbst in Streit und Krieg. Bald siegten die Einen und bald die Andern, und man konnte lange nicht muthmaßen, wer wohl die Oberhand behalten würde. Einmal nun waren die Römer unter ihrem Consul Regulus so verwegen, daß sie über das mittelländische Meer segelten und die Karthager in ihrem eigenen Lande angriffen. Das ging Anfangs gut. Die Römer siegten. Da aber mietheten sich die Karthager in ihrer Noth ein Heer spartanischer Krieger und schickten das gegen die Römer. Nun wandte sich das Blatt. Die Spartaner fingen die Römer, verkauften sie als Sklaven, und die Karthager steckten den alten Consul in's Gefängniß. Vier traurige Jahre hatte Regulus schon darin geschmachtet und sich vergeblich nach Frau und Kind gesehnt. Da ließ man ihn unvermuthet aus dem Loche und führte ihn auf's Rathhaus. Und die vornehmen karthagischen Herren redeten ihn an: „Regulus, reise nach Rom und berede dein Volk zum Frieden. Bringst du den zu Stande, so bist du frei und kannst zu Hause bleiben. Wo nicht, so kehrst du zurück! Das beschwöre und, uns dann magst du ziehen!" Regulus antwortete: „Ich schwöre: ich will zurückkehren, wenn die Römer keinen Frieden machen!" Und nun reis'te er ab. Als er in Rom ankam und die Senatoren versammelt waren, redete der alte, ehrwürdige Consul also zu ihnen: „Hört, ihr Römer! Karthago will Frieden, aber ich rathe euch: macht keinen Frieden. Karthago ist ohnmächtig, ihr aber seid stark!" Da setzten die Römer natürlich den Krieg fort. Als nun aber Regulus nach Karthago zurückkehren wollte, sprachen seine Freunde: „Aber bedenkst du denn gar nicht, daß die Karthager wüthend auf dich sind und ihre ganze Rache an dir ausüben werden?" — Und sein Weib weinte und seine Kinder weinten und seine Anverwandten weinten, und die ganze Stadt bat ihn: „Bleibe!" „Ich hab's geschworen, ich darf nicht!" antwortete Regulus. „Wir sprechen dich von deinem Eide los!" sagten die Priester. „Das könnt und dürft ihr nicht!" erwiederte Regulus und — reis'te. Die Karthager hatten's schon vernommen, was er zu Rom im Senate geredet, und warteten mit Ingrimm auf ihn. Und als er ankam, schnitten sie ihm die Augenlider ab, und stellten ihn gegen die Sonne. Dann legten sie ihn in eine Lade auf die Spitzen durchschlagener Nägel, und zuletzt kreuzigten sie ihn.

§ 19. Hannibal. Karthago's Ende. 146 v. Chr.

Römer und Karthager blieben fortwährend arge Feinde. Wie groß der Haß war, kann man unter Anderm daraus sehen, daß der karthagische General Hamilkar beim Opfer zu seinem achtjährigen Knaben sprach: „Hannibal, wir sind hier im Tempel der Götter. Nun umfaß mir den Altar dort, und schwöre dem Unsichtbaren, nie anders als feindselig gegen das arge Römervolk zu handeln!" Hannibal schwur, und hat seinen Eid treulich bis an sein Ende gehalten. Was dünkt euch aber von einer solchen Gewissenhaftigkeit? — Als der achtjährige Knabe ein Mann und Anführer eines karthagischen Heeres geworden war, machte er mit diesem den Römern einen traurigen Besuch in ihrem eigenen Vaterlande. Aber wie kam er dahin? Schiffte er schnurstracks drüben von Afrika herüber nach Italien? Nein, das hätten die Römer wohl verhindert, sondern er kam von Spanien her, marschirte unvermuthet über die Pyrenäen und durch Frankreich und kletterte dann über das gewaltige, unwegsame Alpengebirge. Dabei ging's aber gar schlimm her. Bald stürzte ein Haufen seiner Soldaten in ungesehene, tiefe Felsspalten und kam nie wieder an's Tageslicht; bald donnerte eine Lawine vom Berge herab und begrub Hunderte; bald brauste ein Sturmwind daher und begrub ganze Massen in unergründliche Tiefen. Als daher Hannibal unten ankam und seine Krieger zählte, hatte er nur noch 26,000. Vier und dreißig Tausend waren in den Alpen begraben. Dennoch siegte er ein Mal über das andere, kam der Stadt Rom immer näher, und Alles zitterte und bebte vor dem kleinen Heere der Karthager. Noch hundert Jahre nachher wurden die weinenden Kinder gleich gestillt, wenn man ihnen drohete: „Still, Hannibal kommt!" — Einmal hatten ihn die Römer in ein tiefes, enges Thal gelockt, stellten sich mit ihren Waffen oben auf die Berge und dachten: „Warte, nun haben wir dich, nun sollst du uns nicht entwischen!" Aber was geschah! In einer finstern Nacht sahen sie plötzlich viele Feuer da unten zwischen den Karthagern entbrennen. Die Feuer liefen den Berg hinauf und brüllten entsetzlich. Da ward den Römern bange, und sie liefen davon; denn so etwas hatten sie nimmer gesehen. Wie ging das aber mit jenen Feuern zu? Hannibal hatte 2000 starken Ochsen Reisigbündel zwischen die Hörner binden, hatte sie anzünden und die Ochsen den Berg hinauftreiben lassen. Durch diese List kam er aus dem Netz. — Einige Zeit nachher bekam er von Karthago den Befehl: „Komm' eilig mit deinem Heere nach Hause, denn die Römer sind uns in's Land gefallen!" Er mußte gehorchen. In der Heimath wurde er von den Römern besiegt und mußte vor diesen aus einem Lande in's andere fliehen. Zuletzt, als er nicht mehr entkommen konnte, vergiftete er sich selbst, um seinen Todfeinden nicht lebendig in die Hände zu fallen. Ein sündliches Ende! — Ein schrecklicher Anfang!

Mit Karthago dauerte es nun nicht lange mehr. — Die Sündengräuel nahmen überhand, und das Blut der geopferten Kinder schrie wie Abels Blut gen Himmel. Da ließ es Gott den Römern zu, ihren Muth an Karthago zu kühlen und die Stadt schmählich zu Grunde zu richten. — Es ist wahr, die Karthager vertheidigten sich noch zuletzt au-

ßerordentlich tapfer, wie später die Juden in Jerusalem
Die Häuser wurden niedergerissen und aus den Balken
Schiffe gebaut. Die Weiber gaben ihre schönen, langen
Haare zu Bogensehnen her. Wer stark war, zog in's Feld
wider die Römer, und wer nicht konnte, schmiedete zu Hause
Waffen für die Krieger. Es half aber Alles nichts. Karthago's Stunde hatte geschlagen. Die Römer drangen in
die Stadt, erkämpften unter vielem Blutvergießen in 6 Tagen und 6 Nächten eine Straße nach der andern, plünderten
die Häuser und steckten sie in Brand. Siebenzehn Tage
lang brannte die schöne, große Stadt; — da war sie nichts
mehr als ein dampfender Schutthaufen, und von ihren
700,000 Einwohnern waren nur noch 40,000 am Leben.

§ 20. Die Cymbern und Teutonen.

Vor 2000 Jahren sah es in unserm Vaterlande ganz
anders aus, wie jetzt. Ueberall war nichts als Wald und
darunter Sumpf. Und zwischen den Bäumen herum brüllte
der Bär und der Auerochs. Ueberall heulte der Wolf und
über den tiefen Morast schob sich das Elennthier. Die Menschen in diesem großen Walde waren stark und kräftig und
gingen beinahe ganz nackt. Nur eine Bären= oder Ochsenhaut hatten sie über die Schultern geworfen. Das war
ihre einzige Kleidung. Und des Thieres Kopf mit offenem
Rachen und seine Hörner blieben gewöhnlich daran sitzen.
Es sah erschrecklich aus! Ackerbau fand man wenig unter
den alten Deutschen. Viehzucht war fast ihr einziges Geschäft, oder richtiger, das Geschäft der Weiber und Sklaven
Der freie Mann jagte, trank, spielte und schlief. Wie der
Spartaner, ehrte auch der Deutsche das Alter hoch und mehr,
als alle andere Heiden, das Weib. Was die Deutschen
versprachen, hielten sie treulich. „Hier hast du meine Hand
darauf!" sagten sie bieder und reichten die Rechte dar.
Und das galt so viel, wie ein Eidschwur. — Von dem
lebendigen Gott wußten sie nichts. Sie beteten die
Götzen an: die S o n n e. den M o n d, ihren Stammva-

ter **Teut**, den **Wodan** (Guodan, Guten, Allvater), den Donnergott **Thor**, die Ehegöttin **Freia**, den **Saturn** und noch manche andere. Von den genannten sieben haben unsere Wochentage ihre Namen. — Die Deutschen glaubten an ein ewiges Leben, aber sie hatten wunderliche Vorstellungen davon. „Die Tapfern," sagten sie, „kommen in **Walhalla** (den Himmel), und da ist ewige Freude, ewige Lust. Die Seligen schmausen einen unbeschreiblichen, großen leckern Eber, an dem Nachts wieder anwächst, was am Tage davon abgegessen wird. Den ganzen Tag über werden Luftkämpfe gehalten, und des Nachts heilen alle Wunden wieder zu. Die Feigen aber kommen in die **Hela** (Hölle) und müssen ewig Hunger leiden und können nimmer sterben!"

113 Jahre v. Chr. fielen die ersten Deutschen in das römische Reich ein. Auf ihren großen, bretternen Schilden glitten sie zum Schrecken der Römer pfeilschnell die steilen, schnee= und eisbedeckten Alpen hinab. Der Etschstrom war ihnen im Wege. Da wälzten sie große Massen Bäume und Steine hinein und gingen darauf hinüber. Die Römer erschraken schon genug, wenn sie nur die Riesengestalten mit den knochigen Körpern erblickten. Brüllten ihnen diese aber vollends durch ihre hohlen Schilde entgegen, als wären sie grimmige Löwen: dann stieg ihre Angst auf's Höchste. Ganz Italien zitterte und bebte vor den schrecklichen **Cimbern und Teutonen** — so nannte man diese schlimmen Feinde —, und Niemand begehrte mehr Heerführer gegen sie zu sein; denn noch Jeder hatte sammt seinem Kriegsheere vor ihnen fliehen müssen. Da fand sich noch endlich ein alter, berühmter General, **Marius** mit Namen, aus niederm Stande. Der wagte es, gegen die Gefürchteten zu kämpfen. Er stellte sich so, daß die Augustsonne den Cimbern in's Angesicht brannte und der Sturm ihnen Sand und Staub in's Auge wehte. Das half. Obgleich die vorderste Reihe sich mit einer Kette Mann an Mann festgebunden hatte, obgleich die Weiber hinter den Reihen jeden Flüchtling mit Beilen niederhieben: so wurde doch das deutsche Heer geschlagen und beinahe gänzlich vertilgt. 140,000 sollen auf der Stelle umgekommen sein.

§ 21. Sulla und Crassus.

Durch seine glänzenden Siege über so schreckliche Feinde war Marius der Liebling des Volkes geworden. Aber zu derselben Zeit that sich in andern Kriegen ein anderer Mann hervor, der hieß Sulla und war von vornehmer Geburt und darum ein Freund der Vornehmen. Beide Männer hatten nur ein Verlangen, Jeder wollte der Erste in Rom sein. Das ging natürlich nicht. Da führte Sulla seine Truppen gegen Rom und wollte den alten Marius daraus vertreiben. Marius gerieth darüber in Angst und — soff sich zu Tode.

Seine vielen und mächtigen Anhänger aber ließen den Sulla nicht gutwillig in die Stadt. Er mußte mit römischen Soldaten erst Straße für Straße erobern. Endlich, da er sie inne hatte, ließ er seinem Hochmuthe und seiner Rache freien Lauf. Jeder, der es mit Marius gehalten hatte, wurde umgebracht, und über 100,000 Bürger verloren auf die Weise durch den grausamen Sulla ihr Leben. Die Güter der Gemordeten schenkte der Räuber seinen Freunden, und einer derselben, Crassus, wurde so reich, daß er in seinem Stolze sagte: „Das ist ein Bettelbube, der nicht einmal eine Legion Soldaten (6000 Mann) auf eigene Kosten ausrüsten und ernähren kann!" — Die schrecklichste That des Sulla war aber folgende: Er hatte 12,000 Anhänger des Marius unbewaffnet in die Rennbahn sperren lassen. Auf einmal drangen, auf seinen Befehl, bewaffnete Truppen dort hinein und hieben die Unglücklichen alle nieder. Daneben waren die Senatoren versammelt und hörten das Knirschen der Schwerter und das Gestöhn und den Weheruf der Sterbenden und Lebenden. Erschrocken sprangen sie auf und fragten in großer Angst: „Was ist das?" „O, nichts," antwortete Sulla. „Ich lasse blos ein paar Empörer abstrafen!"—Sulla war geworden, was er hatte werden wollen: der unumschränkte Oberherr in Rom. Er ließ sich auch fortan „den Glücklichen" nennen. Er war aber nicht glücklich: denn das böse Gewissen ließ ihm keine Ruhe. Nach zwei Jahren legte er zwar die Oberherrschaft nieder; aber noch immer schrie das böse Gewissen. Und zuletzt schickte Gott Läuse über ihn; die fraßen und quälten ihn, bis er starb. Er verfaulte aber schon bei lebendigem Leibe.

Crassus war also, wie ihr oben gesehen habt, ein steinreicher Mann. Aber er war ein Nimmersatt und konnte des Geldes nicht genug kriegen. Darum zog er auch in's jüdische Land und plünderte den Tempel Gottes. Darum zog er wider die Parther, ein noch unbesiegtes, reiches, kriegerisches Volk in Asien zu Felde. Da ging's aber zu Ende mit ihm. Die Parther schlugen sein Heer fingen ihn lebendig, — schnitten ihm den Kopf ab, gossen ihm geschmolzenes Gold in den Mund und sagten dabei: „Nun trinke dich satt Gold, wonach dich immer so sehr gedürstet hat!"

§ 22. Pompejus der Große.

Ein Bürgerkrieg war vorüber, — und der zweite nahete heran. Nach Sulla's Tode war der mächtigste Mann in Rom Pompejus; denn er hatte viele Kriege geführt, 15 Königreiche erobert und 800 Städte eingenommen. Zu den 15 gehörte auch das jüdische Land. Denn Pompejus war es eben, der dasselbe der römischen Herrschaft unterwarf, einen römischen Landpfleger darüber setzte, römische Kriegsknechte hineinlegte und römische Gesetze und römisches Geld einführte. Sonst aber ließ er die Juden bei ihrem Glauben, ließ sich Alles, selbst das Allerheiligste, zeigen, und behandelte das Volk sehr milde. — Damals wurden die Sklaven in Rom oft ganz abscheulich behandelt. Wenn sie nur das Geringste versahen, konnte der Herr sie tödten und zum Fischfutter zerhacken lassen. Das Schlimmste war aber, daß man diese armen Menschen förmlich abrichtete, einander todt zu machen. An großen Festtagen ging das müßige, schauluftige Volk hinaus aus der Stadt. Da waren rings um einen großen, freien Platz steinerne Bänke hinter einander erbaut, — eine immer höher als die andere, wie in den Kirchen. Auf jene Bänke setzte sich das Volk, Mann bei Mann, oft 80,000 an der Zahl, und sah zu, wie die armen Sklaven da unten auf dem freien Platze mit scharfen Schwertern gegen einander kämpfen mußten, bis viele von ihnen todt darnieder fielen. Und wozu das? Blos zum Vergnügen des Volkes. — Solcher gefangenen Sklaven, die zu Kampfspielen aufbewahrt wurden, durchbrachen einst 70 ihre Ketten und befreiten immer mehr ihrer Unglücksgenossen. Es ward ihrer ein sehr großer Haufen, der, Alles verheerend, wie ein Feuerstrom, auf Rom losmarschirte. Aber Pompejus eilte ihnen entgegen, besiegte sie und brachte die meisten um.

§ 23. Julius Cäsar.

Zu Pompejus Zeit lebte ein junger Mann in Rom, mit Namen Julius Cäsar. Der schmierte sich fleißig mit wohlriechenden Salben ein und duftete schon von Weitem. Er sah blaß aus, war schwächlich, und Niemand achtete sonderlich auf ihn. Desto mehr trachtete er aber darnach, daß Andere auf ihn achteten; desto mehr bewarb er sich um die Liebe des Volks. Sämmtlichen Einwohnern der Stadt gab er mehrere Male die glänzendsten Feste, ließ z. B. einmal bei einem Kampfspiele 320 Paar Sklaven in silberner Rüstung gegen einander auftreten, und machte am Ende — 15 Millionen Thaler Schulden. Nun, das können freilich mehr Leute. Er hat aber auch Alles wieder bezahlt, und das können nicht alle Leute.

Einmal fuhr unser Cäsar über's Meer, und siehe: da kam ein Schiff mit Seeräubern herangesegelt und nahm das Schiff weg, auf dem sich Cäsar befand, und die Leute, die darauf waren, auch. Da fragte Cäsar die Räuber: „Was geb' ich euch, wenn ihr mich frei laßt." „Vierundzwanzig tausend Thaler," antworteten sie, denn sie merkten, daß sie einen vor sich hatten, der es konnte. „Was?" antwortete

Cäsar, „nur 24,000 Thaler! Meint ihr, ich sei nicht mehr werth? Ich will euch sechszig tausend Thaler geben!" Und die Räuber hatten nichts dagegen. Wenn er Abends auf dem Schiffe zu Bette gehen wollte, sagte er: „Nun, ihr Spitzbuben, seid mir ja ordentlich stille, daß ich gehörig schlafen kann, sonst geht's euch schlecht!" Und das rohe Matrosenvolk war mäuschenstill. Hatte er Gedichte gemacht, so las er sie seinen Wächtern vor. Und da sie dieselben nicht lobten, drohte er ihnen: „Nun wartet, sobald wir an's Land kommen, laß ich euch Alle mit einander kreuzigen!" — Sie kamen auch bald an's Land. Cäsar ging zu seinen reichen Freunden und erhielt von ihnen Geld und Schiffe. Mit dem ersten bezahlte er redlich die schuldigen 60,000 Thaler, und mit den letztern segelte er den Räubern nach, nahm ihnen das Geld wieder ab, führte sie gefangen zurück und ließ sie allesammt, Mann bei Mann, am Ufer kreuzigen; denn er war ein Mann von Wort. — Aber bald verrichtete er noch größere Kriegsthaten. Wären es doch auch eben so rühmliche gewesen! — In Gallien (Frankreich) wohnten damals wilde, kriegerische Völker. Mit den Römern wollten sie freilich nichts zu thun haben, wohl aber die Römer mit ihnen; denn sie konnten durchaus kein freies Volk an ihren Grenzen dulden. Cäsar wurde als Feldherr dahin gesandt, sie zu unterjochen. Und es gelang ihm, wiewohl mit vieler Mühe. Eine Million Gallier fiel im Kampfe gegen ihn. Die zweite wurde gefangen und zu Sklaven gemacht. Da erst gehorchte die dritte, die noch übrig war, und Gallien gehörte nun mit zum römischen Reiche.

§ 24. Cäsar und Pompejus im Kampfe.

Die Gallier waren ein sehr kriegerisches Volk. Um so größer war nun natürlich auch Cäsar's Ruhm, der sie besiegt hatte. Und auf diesen Ruhm war Niemand neidischer, als — Pompejus der Große. Bald wurde dessen Neid auch offenbar. Er wußte es so einzurichten, daß die Senatoren an Cäsar nach Gallien schrieben: „Lege dein Amt nieder und komme ohne Heer eilig nach Rom!" Vorher warnte man den Pompejus wohl: „Nimm dich in Acht!" aber der stolze Mann antwortete: „Ich brauche nur mit dem Fuße auf die Erde zu stampfen, und es erstehen Legionen!" Cäsar erhielt den Brief und kam — aber nicht allein, sondern mit seinen Legionen, wie ein Feind aus fernem Lande.

Damit begann der zweite Bürgerkrieg.

Pompejus hatte keine Legionen. Er mochte wohl mit dem Fuße stampfen, aber es wollten keine erstehen. Da floh er nach Griechenland und sammelte sich dort ein Heer. Aber Cäsar eilte hinter ihm her und besiegte ihn. Der „große" und der arme Pompejus eilte nun nach Aegypten, wie die Taube, die vor dem Habicht in eine Fuchshöhle sich zu retten sucht. Die Aegypter brachten ihn um, als er in einem ägyptischen Nachen von seinem Schiffe ab an das seichte Ufer fuhr. Und seine arme Gemahlin sah das vom Schiffe aus und konnte nicht helfen. — Die Mörder meinten wahrscheinlich, mit ihrer That ein gutes Trinkgeld beim Cäsar zu verdienen, aber Cäsar ließ sie umbringen und dem Pompejus eine Ehrensäule errichten.

§ 25. Cäsar, der Alleinherrscher.

Pompejus war nicht mehr. Nach wenigen Jahren waren auch alle seine Anhänger, waren alle Feinde des römischen Volkes von Cäsar, dem mächtigen Manne besiegt. Mit großem Triumphe und mit vielem, vielem Gelde kehrte ieser nun zurück nach der Hauptstadt der Welt, nach dem mächtigen Rom. Von dem mitgebrachten Gelde legte er 80 Millionen Thaler in den Staatsschatz; von dem übrigen bezahlte er seine Schulden, schenkte jedem gemeinen Soldaten 1000 Thlr., den Offizieren natürlich mehr, jedem Bürger 20 Thlr., jedem Miethsmanne die Miethe auf ein Jahr, gab kostbare, wochenlange Feste, und endlich, nach Allem, traktirte er das ganze Volk in Rom in 22,000 Zimmern, von denen jedes so voller Menschen war, daß zwei große Fässer

kostbaren Weines darin ausgetrunken wurden. Da ging
freilich erstaunlich viel Geld zu, aber Cäsar blieb dennoch
ein steinreicher Mann. Was muß der Alles zusammenge-
stohlen haben! Doch darum kümmerte sich das Volk nicht.
Das hing ihm mit unaussprechlicher Liebe an. Mehrere
unter den Reichern waren aber damit unzufrieden, daß Cäsar
nun Alleinherrscher war, denn sie wollten eine Republik, in der, wie bisher, Viele — die zwei Consuln und
die 900 Senatoren — herrschten. Ihrer Viele verschworen
sich deshalb im Geheimen: „Wir wollen den Ehrgeizigen
umbringen!" Seht, mit solchen Mordplänen waren die
unerleuchteten Heiden immer gleich bei der Hand. Der 14.
März 44 v. Chr. ward zum Mordtage bestimmt. Cäsars
Frau bat am Morgen desselben Tages ihren Mann dringend:
„O, gehe doch heute nicht auf's Rathhaus; denn ich sah
diese Nacht im Traume einen Adler auf dem Rathhausdache,
wie er jämmerlich von den Eulen zerrissen wurde. Und ich
fürchte, der Adler bedeutet Niemand anders, denn dich!" —
Bald aber kamen die Verschworenen zu Cäsar und sagten:
„Nun, Lieber, komm mit zum Rathhause." Da ging er mit
— wie er's alle Tage that. Einer der Verschwornen bat
ihn um etwas, aber Cäsar verweigerte es; jener bat noch
dringender und zog während des Bittens den Alleinherrscher
am Mantel. Da, mit einem Male, stach den Mächtigen
Einer von hinten mit dem Dolche. „Verruchter, was machst
du!" rief Cäsar und schlug nach ihm. Aber gleich fühlte
er von vorne und hinten, von links und rechts viele Dolch-
stiche; hüllte sich in seinen Mantel und fiel, von drei und
zwanzig Dolchstichen getroffen, todt zu Boden. Da war's
aus mit dem Unersättlichen! Die Mörder flohen, sammelten zwar Heere, wurden aber besiegt und nahmen sich selbst
das Leben.

§ 26. Augustus und Herodes.

Cäsar war nun freilich todt, aber, was die Mörder be-
zweckt hatten, geschah doch nicht — Rom blieb keine Repu

§ 26. Augustus und Herodes. 51

blik. Zwei Männer, Antonius und Octavianus, stritten sich mehrere Jahre auf das Schrecklichste um die Oberherrschaft, und viele, viele Menschen kamen um in diesem traurigen

dritten Bürgerkriege.

Vorher waren jene Beiden eins gewesen. Aber das hatte auch nicht getaugt; denn da ließen sie gemeinschaftlich alle Freunde der Republik und alle Reichen umbringen, damit sie doch recht viel Geld bekämen und ihre geldgierigen Soldaten reichlich beschenken könnten. Nach all' den schlimmen Zeiten unterlag endlich Antonius, floh nach Aegypten und erstach sich dort mit seinem Schwerte. Octavian behielt die Oberhand, und das Volk gab ihm den Beinamen: „der Erhabene," lateinisch Augustus. Er war auch wohl mit solcher Ehre zufrieden. Es ward einmal Friede in der Welt, jedoch nur auf sehr kurze Zeit.

Die Römer waren damals schon vom Rheine her in unserem Vaterlande bis an die Weser vorgedrungen, und der römische Statthalter Varus wollte unsere freien Vorfahren zwingen, lateinisch zu sprechen und die römischen Götter anzubeten. Auch ließ er sie oft, wenn sie sich vergingen, mit Ruthen peitschen. Das Alles wollte den Deutschen gar nicht gefallen. Ein junger Fürst der Cherusker, d. h. Härzer, Hermann mit Namen, der in Rom erzogen war, sandte daher im Jahre 9 nach Christo zu Varus und ließ ihm sagen: „Komm' nach der Elbe. Da gibt's Streit. Mache dort Frieden." Sogleich kam Varus mit den drei besten römischen Legionen und zog durch den finstern Teutoburger Wald. „Da gibt's wieder was zu erobern!" dachte er. Es ging ihm aber sehr schlimm. In jenem Walde standen die Cherusker schon oben auf den Bergen und warteten auf die Römer und warfen große Felsblöcke und Bäume und Regen von Pfeilen auf sie herab. Die armen Römer mußten sich auf sumpfigem Wege zurückziehen, und die Deutschen immer schießend und werfend hinter ihnen her, — 3 Tage lang. Da waren die meisten Römer erschlagen, und Varus erstach sich in der Verzweiflung selbst. Nur wenige Römer sahen Rom wieder und brachten die schreckliche Botschaft mit. Die ganze Stadt erbebte. Kaiser Augustus rannte öfter mit dem Kopfe gegen die Wand und schrie wie ein Rasender: „Varus, gib mir meine Legionen wieder!" Er fürchtete, die Sieger würden nun gleich auf Rom losgehen. Die waren aber schon zufrieden, daß sie die Römer aus ihrem Lande gejagt hatten, und blieben ruhig zu Hause.

Kurz vor eben jener Zeit waren die jüdischen Fürsten, Nachkommen der Makkabäer, uneins unter einander. Da setzte Augustus den Juden einen Fürsten, der hieß **Herodes** und war kein Jude von Geburt, sondern stammte von Edom, dem Bruder Israels ab. Somit war das Scepter von Juda entwandt, wie Israel 1. Mos 49, 10 geweissaget hatte. Aber da erschien auch der Held, dem die Völker anhangen. Ihr wißt ja wohl, wer der ist. Er heißet Jesus Christ, der Herr Zebaoth, und ist unser treuer Heiland.

Herodes war übrigens ein sehr böser Mann. Von jedem seiner Verwandten fürchtete er, vom Throne gestoßen zu werden, denn die Gottlosen fürchten sich immerdar. Darum ließ er seine Schwiegermutter, Gemahlin und zwei Stiefsöhne umbringen, und Augustus hatte wohl Recht, wenn er meinte: „Ich möchte lieber des Herodes Schwein sein, als sein Anverwandter!" Den bethlehemitischen Kindermord mögt ihr Matth. 2 nachlesen und auch daraus den blutgierigen Thrannen mit dem bösen Gewissen erkennen. Gottes Gerechtigkeit strafte ihn aber am Ende auch noch recht sichtbar. Noch bei lebendigem Leibe fing er an zu faulen und entsetzlich zu stinken. Würmer wuchsen in seinem Leibe. Niemand konnte ihm helfen, und Millionen Menschen erwarteten mit Freude und Sehnsucht sein baldiges Ende. Das wußte der Thrann. Darum befahl er noch voll Grimm und Tücke seinen Dienern: „Greifet die Vornehmsten des Landes, sperrt sie ein und bringt sie um, sobald ich sterbe, damit das Land bei meinem Tode doch was zu betrauern habe und nicht jubele!" Die Diener sagten: „Ja!" aber Herodes starb und die Vornehmsten blieben leben.

Augustus war zu all' den Gräueln des Herodes still, denn er dachte in seinem Sinn: „Meinetwegen mag er das elende, halsstarrige Volk der Juden plagen. Sollte ich mich um solche Kleinigkeiten noch bekümmern, dann hätte ich viel zu thun!" Ueberhaupt wurden die Juden von den Römern gehaßt und verachtet. Darum merkten diese auch das große Ding nicht, was Gott in dem verachteten Judäa that. Und als nachher alle Länder voll Christen waren, fuhren die Römer fort, auch diese zu verachten, und ihre Fürsten waren ferne davon, den lebendigen Gott und seinen Sohn, unsern Heiland, anzuerkennen. — Augustus hatte eine böse dritte Frau, Livia mit Namen; die wünschte ihren Sohn aus erster Ehe, den Tiberius, auf den Thron zu erheben, und vergiftete nach und nach heimlicher Weise alle Kinder des Augustus. Ja, und als der alte Mann sich noch immer nicht geneigt für den tückischen Tiberius erklären wollte, starb auch er plötzlich und nicht unwahrscheinlich an einem Tränkchen, das ihm seine Frau zubereitet hatte. So fand er hier auf Erden schon in seinem eigenen Hause eine Strafe für seine früheren Uebelthaten.

§ 27. Gott straft die Römer durch böse Kaiser.

Unter der Regierung des Augustus war das römische Reich ruhig und in gutem Wohlstande gewesen, so daß die Römer ganz vergaßen, wie er zur Herrschaft gekommen, und bis in die spätesten Zeiten seine Regierung als die glücklichste priesen. Aber nun suchte Gott das Volk mit bösen Fürsten heim. Angst und Noth mußte nun ihren Stolz und eitlen Sinn etwas demüthigen und sie nach einem Heilande begierig machen. Einer der nachfolgenden Kaiser, Caligula, sagte: „Wenn doch das ganze römische Volk nur Einen Hals hätte, ich möchte ihn gern mit einem Hiebe abhauen!" Er stellte sich auch in einen Tempel und ließ sich als einen Gott anbeten und Opfer darbringen. Aber wenn dieser armselige Götze die Donner des lebendigen Gottes hörte, verkroch er sich voll Angst hinter's Bett. Seine wilden Thiere fütterte der Unmensch mit unschuldigen Gefangenen, und bei Tafel ließ er zur Belustigung der Tischgenossen Menschen hinrichten. Ein anderer Kaiser:

Nero ließ seine eigene Mutter mit Knitteln todtschlagen und seinen Bruder vergiften, trat seine Frau zu Tode und ließ seinem alten Lehrer Seneka befehlen: „Du sollst sterben. Wähle dir, auf welche Weise!" Seneka empfing diesen grausamen Befehl, als er gerade im warmen Badewasser saß, und ließ sich die Pulsadern öffnen, also, daß er sich verblutete. Ein andermal wollte Nero gern eine große Stadt brennen sehen, und ließ das ganze Rom an vielen Enden anzünden, so daß es zum größten Theile niederbrannte. Als darüber das Volk empört wurde, und wider den Mordbrenner laut murrte, sagte er: „Ich bin nicht schuldig, das böse Christenvolk hat die Stadt angesteckt." Sogleich fielen die erzürnten Heiden wüthend über die Christen her und zersägten, verbrannten, zerrissen, zerhackten und kreuzigten derselben viele. So wütheten die Heiden, so wüthete Nero wider die Christen. So wüthete er aber auch gegen die heidnischen Unterthanen: und so gab es viele Kaiser, die es eben so machten. Das Volk aber mußte gehorchen, mußte sich das Alles gefallen lassen. Und warum das? Darum, weil es dem sanften Friedensfürsten nicht gehorchen wollte, den ein Petrus und Paulus und Andere ihm verkündigten, und für welchen in seiner Mitte Tausende von Märtyrern in sichtbar freudiger Erwartung der ewigen Herrlichkeit so geduldig und sanft ihr Leben dahin gaben.

§ 28. Titus.

Wenn das römische Volk in seinem unbeschreiblichen Elende unter der Herrschaft gekrönter Bösewichter schwer

§ 28. Titus.

seufzte, und die Christen in ihrer großen Noth zu dem lebendigen Gotte um Hülfe und Errettung schrieen: dann sandte der Herr wieder milde Regenten und mit ihnen bessere Zeiten. Solch' ein besserer Regent war auch Titus. Als kaiserlicher Prinz suchte er mit großer Milde das jüdische Volk wieder zu beruhigen, das sich gegen die römische Oberherrschaft empört hatte, und sah sich am Ende dennoch genöthigt, die Stadt Jerusalem zu zerstören.

Wie schrecklich ging damals das Wort der Juden bei der Kreuzigung des Herrn Jesu in Erfüllung: „Sein Blut komme über uns und unsere Kinder!" Die Christen dachten daran, was der Herr über Jerusalem geweissagt hatte, flohen und blieben verschont. Aber viele tausend Juden vom Lande, die am Osterfeste in Jerusalem beisammen waren, kamen mit in's Verderben. In der belagerten Stadt stritten die Juden wider einander selbst, und das Blut von Tausenden wurde durch ihre eigenen Brüder vergossen. Es entstand eine schreckliche Hungersnoth in der Stadt, so daß eine Mutter ihr eigenes Kind tödtete und aß. Und draußen stritt das römische Heer. Um die Juden zu schrecken, ließ Titus viele Gefangene aus dem Volk, das: Kreuzige ihn! kreuzige ihn! geschrieen hatte, rings um Jerusalem her kreuzigen. Sechshundert tausend Leichen wurden zu den Thoren der Stadt hinausgeworfen, und in der Stadt lag es in den Straßen und Häusern noch voller Todten. Endlich drangen die Römer in die Stadt und zündeten den Tempel an, den Titus gern geschont hätte. Es blieb kein Stein von ihm auf dem andern, Jerusalem wurde gänzlich zerstört und viele tausend Juden als Sklaven verkauft. Kinder, es ist schrecklich, in die Hände des lebendigen Gottes zu fallen. — Von der Zeit an sind die Juden unter die Völker zerstreut.

Nach seines Vaters Tode wurde Titus Kaiser und hatte keine größere Freude, als wenn er seinen Unterthanen Freude machen konnte. Ja, manchen Abend bekannte er mit wehmüthigem Herzen: „Diesen Tag habe ich wieder verloren; denn ich habe Niemandem etwas besonderes

Gutes gethan!" Darum nannten ihn auch seine dankbaren Zeitgenossen: „die Freude und Wonne des Menschengeschlechts!" und die Christen hatten Ruhe, so lange er lebte. — Der Berg Vesuv in Unteritalien fing damals nach einem Erdbeben entsetzlich an zu toben. Viele Meilen weit flog glühende Asche aus ihm hervor. Regengüsse verwandelten sie in Schlamm. Dieser floß immer weiter und weiter und begrub unter Anderm zwei Städte: **Herkulanum** und **Pompeji**. Erst vor hundert Jahren hat man diese Städte unter der Erde wiedergefunden und seitdem daran gearbeitet, ihre Straßen zu reinigen und den hart gewordenen Schlamm fortzuschaffen, hat auch Wirthshäuser, Tempel, Bücher, Hausgeräth u.s.w., wiedergefunden, und menschliche Gerippe in verschiedenen Stellungen, stehend und sitzend, so wie der schnelle Tod sie unerwartet überrascht hatte.

§ 29. Diokletian.

Der letzte römische Kaiser, welcher die Christen verfolgte, hieß **Diokletian**. Gegen das Ende seines Lebens sah er ein, daß aller Glanz der Erde den Menschen nicht glücklich machen könnte, und erklärte dem Volke: „Ich mag euer Kaiser nicht mehr sein!" „O, wir bitten dich dringend, bleibe doch unser Kaiser!" bat ihn das Volk. Aber er wollte nicht, sondern bezog ein einsames Schloß in Dalmatien und pflegte dort seines Gartens. Das Volk schickte ein Mal über das andere Boten an ihn und ließ ihn bitten: „Werde doch wieder Kaiser!" Aber er antwortete: „Wenn ihr die schönen Kohlköpfe in meinem Garten sähet, die ich mir selbst gezogen habe, dann würdet ihr nicht erwarten, daß ich so thöricht sein und noch ein Mal nach der Kaiserkrone verlangen könnte!" Nicht wahr, das war gewiß recht schön, daß Diokletian also das Nichtige des Irdischen erkannte? Schade aber, daß er das Wahre und Selige des Christenthums nicht erkennen mochte. Denn so war er auch in seiner Einsamkeit seines Lebens nicht froh, wie Keiner seines

Lebens froh werden kann, der den Herrn Jesum nicht lieb hat. Und zuletzt nahm er sich sogar selbst das Leben.

§ 30. Constantin der Große. 305—337.

Diokletian war also der letzte römische Kaiser, der als Heide die Christen grausam verfolgte. Sein Nachfolger, Constantin, ward selbst ein Christ, und die schrecklichen Verfolgungen hörten auf. Schon in seines Vaters Hause hatte Constantin viel Löbliches von den Christen gehört und war ihnen deshalb im Herzen zugethan. Als er Herrscher eines Theiles des römischen Reiches geworden war — denn damals war das römische Reich unter sechs Kaiser vertheilt, die neben einander regierten —, gerieth er in Streit und Krieg mit seinem Mitkaiser, Maxentius, einem schlimmen Christenfeinde. Und als er nun den Tag vor der entscheidenden Schlacht zur Mittagszeit sinnend und nachdenkend vor seinem Heere hin und her geht und überlegt, ob er auch wohl siegen könne und wie er das anzufangen habe: siehe, da erscheint ihm und dem ganzen Heere plötzlich über der Sonne ein Lichtball, heller als die Sonne. Und mitten in dem Lichte steht ein Kreuz und umher die deutliche Schrift: „Hierdurch siege!" Constantin erschrickt. Sein ganzes Heer erschrickt mit ihm. In der Nacht darauf erscheint dem Kaiser der Herr Jesus und befiehlt ihm: „Thue die Adler, die Jupitervögel, von deinen Fahnen ab, und laß statt deren Kreuzeszeichen darauf setzen, dann wirst du siegen!" Constantin gehorchte, und — siegte; — besiegte auch nach und nach die übrigen Mitkaiser, lauter Feinde des Christenthums, und wurde wieder einmal ein alleiniger Oberherr im ganzen römischen Reiche. Nun ging's aber mit den Christen anders. Der Kaiser that ihnen wohl, wo er nur konnte. Ueberall wurden ihnen Kirchen erbaut. Des Kaisers Mutter Helene reis'te nach dem heiligen Lande und ließ über dem Orte, wo man die Grabstätte des Herrn Jesu vermuthete, die schöne Kirche erbauen, die noch jetzt steht. Die Heiden geriethen immer mehr in Verachtung, und die Christen wurden geehrt.

Aber die viele Ehre that ihnen nicht gut. Viele lernten Pracht und Ehre lieb haben, hielten sich nicht mehr so wie vorher am Herrn Jesu und achteten nicht mehr so sorgfältig auf ihr Herz.—Constantin zog von Rom fort nach Byzanz am schwarzen Meere und ließ dort viele schöne Häuser aufbauen. Darum hat man ihm zu Ehren jene Stadt seitdem Constantinopel genannt. Kurz vor seinem Ende ließ er sich erst taufen; denn er fürchtete, noch zu sündigen, und die Sünden nach der Taufe hielt man für schwerer, als diejenigen vor der Taufe. Darum machten's die Meisten, die damals getauft wurden, so wie der Kaiser. Er starb im Jahre 337 n. Chr. und erhielt den Beinamen: der Große.

§ 31. Julian, der Abtrünnige. 361—363.

Auf Constantin folgten seine drei Söhne, die zwar Christen hießen, aber wie die Heiden lebten und wo möglich noch schlimmer. Nach ihrem Tode ward ihr junger Vetter Julian Kaiser. Dieser hatte die Gräuel mit angesehen, die seine Vettern verübten, und meinte nun, das Christenthum mache die Leute schlecht. Darum ließ er im ganzen römischen Reiche bekannt machen: „Wer irgend Lust hat, wieder Heide zu werden, der werde es. Ich sehe es gern, und will ihn ehren. Die verlassenen Tempel sollen wieder geschmückt und reiche Opfer in ihnen dargebracht werden. Mich selbst soll man mit einem guten Beispiele vorangehen sehn. Die Priester der Götter müssen sich aller Sünde und Uebelthaten enthalten, wie's die Priester der Galiläer (so nannte Julian spottweise die Christen) thun, und dürfen nie mit schlechten Leuten, Schauspielern, Tänzern u. dgl. umgehen!" Ihr könnt denken, daß da Viele, die sich vorher nur mit halbem Herzen zu den Christen gehalten hatten, wieder Heiden wurden. Und das eben wollte Julian. Gezwungen hatte er Keinen vom Christenthume abzufallen; denn er wußte aus den vorigen Zeiten her nur zu gut, daß sich das nicht erzwingen ließ. Aber seinen Spott mußten die Christen alle Wege erleiden. Bat einer von ihnen um ein Amt, so ant=

wortete Julian: „Trachtet nicht nach hohen Dingen!"
Die Bitte wurde nicht erfüllt. Beklagte sich ein Christ,
daß Heiden ihm ungerechter Weise irgend ein Gut entrissen
hätten, so entgegnete der Kaiser, anstatt ihm zum Recht zu
verhelfen: „Ihr sollt euch Schätze sammeln, da Diebe nicht
nach graben u.s.w. Euer Schatz soll im Himmel sein!"
Das that weh; aber auch wohl denen, deren Herz recht-
schaffen am Herrn ist, die kann der Spott nicht wirklich
treffen. — Es gibt leider jetzt noch Leute, welche die Sünde
begehen, das Bibelwort so spottweise zu gebrauchen (besonders, wenn sie eitles Leben damit entschuldigen wollen);
aber Kinder, Gott läßt sich nicht spotten. Um den Herrn
Jesum, der doch Luk. 21, 24 geweissaget hat: Jerusalem
solle zertreten bleiben! als Lügenpropheten darzustellen,
machte er überall bekannt: „Die Juden dürfen nach Jerusalem zurückkehren und die Stadt und den Tempel wieder
aufbauen!" Die Juden kamen auch. Auf Moria grub
man den Grund aus zum neuen Tempel. Aber Erdbeben
warfen die eben aufgeführten Mauern wieder ein, und Feuer
brach aus der Erde und vertrieb die Arbeiter. Der Tempel
konnte nicht wieder gebaut werden. — Julian hatte zwei
Jahre regiert, da mußte er in den Krieg ziehen wider die
Perser in Osten. Und siehe! in der Schlacht mit denselben
traf ihn ein Pfeil in die Brust. Er stürzte vom Pferde,
ballte aber noch im Stürzen die blutige Faust fluchend gegen
Himmel und schrie: „Endlich, Galiläer, hast du doch gesiegt!" Nach seinem Tode ward der fromme Jovian römischer Kaiser, und die Herrschaft des Heidenthums hatte
nun für immer ein Ende.

§ 32. Die Völkerwanderung. Rom's Ende.

Im Jahre 395 n. Chr. theilte Theodosius der Große,
der letzte fromme und kraftvolle römische Kaiser, sein gewaltiges Reich unter seine beiden Söhne. Denn er meinte:
„Zwei können das Reich besser übersehen, als Einer." Der
eine, Honorius, bekam den abendländischen Theil und

wohnte in Rom. Der andere, Arkadius, erhielt den morgenländischen Theil und nahm seinen Sitz in Constantinopel. Das letzte Reich bestand noch über tausend Jahre, das erste nicht mehr volle hundert. Die Stadt Rom war zwar dem Namen nach christlich, gehorchte aber dem Herrn Christus gar wenig, und es herrschten große Sünden in ihr. Darum wollte Gott die schlimme Stadt endlich für das viele Märtyrerblut züchtigen, das so fruchtlos in ihr vergossen war, und ließ es zu, daß lauter Kaiser auf einander folgten, von denen einer noch immer böser und kraftloser war als der andere. Längst schon waren deutsche Völker an den Grenzen des römischen Reichs gelagert — wie die Gothen in Südrußland am schwarzen Meere, die Allemannen an der obern Donau und die Franken am untern Rhein — und warteten auf gute Gelegenheit, über die blühenden Fluren des reichen Römerlandes herzufallen und sie einzunehmen. Diese Gelegenheit ließ Gott nun kommen. Das Alte sollte untergehen, und neue Völker sollten das Evangelium kennen lernen, nachdem sie den Römern gethan hatten, wie einst die Israeliten den bösen Kanaanitern hatten thun müssen. — Von Morgen her kam ein wildes Volk heran, die Hunnen, Leute mit schwarzem struppigem Haar, schmutzig-gelber Gesichtsfarbe, schiefen Augen, breitschultrig und klein von Leibe, und so fürchterlich wild, als sie häßlich von Ansehen waren. Von ihren Pferden waren sie unzertrennlich. Sie aßen, tranken und schliefen darauf. Wurzeln und rohes Fleisch waren ihre Speise. Ihre schmutzigen Weiber und Kinder führten sie auf Karren mit sich. So jagten sie durch die Welt, von Land zu Land, raubten, sengten und mordeten, und jagten die Völker vor sich her, wie ein Wolf die Heerde. Zuerst stießen sie auf die Gothen. Ein Theil derselben, die Westgothen, floh in's römische Reich, durchzog einige Zeit nachher plündernd das schöne Italien und ließ sich endlich in Spanien und dem südlichen Theile des heutigen Frankreichs nieder. Ein wilder Haufen nach dem andern drang plündernd in Italien ein, das so manches Jahrhundert die ganze gebildete Welt beherrscht hatte, und die schwachen Kaiser konnten es nicht hindern. Ja, am Ende setzten deutsche Völker — die **H e r u l e r** und **R u g i e r** — gar den letzten römischen Kaiser **R o m u l u s A u g u s t u s** ab und machten ihren Fürsten **O d o a k e r** zum König von Rom. Der wollte aber nicht einmal in der armen, fast ganz verwüsteten Stadt wohnen. So verachtet, so verfallen war das einst so mächtige Rom. Da war es ihr gegangen, wie all' den Städten und Ländern, welche vor ihr das Maß ihrer Sünden voll gemacht hatten. Denkt nur an Sodom, Thyrus, Karthago, Jerusalem, und bedenkt dabei, was Röm. 2, 4—6 steht. Das geschah im Jahre 476 n. Chr. und ist das Ende des abendländischen römischen Reiches.

Indeß waren die deutschen Völker in immerwährender Bewegung gewesen. Die **F r a n k e n** hatten das nördliche Gallien eingenommen. Von ihnen heißt das Land Frankreich. Die **B u r g u n d e r** die Gegenden um den Rhonefluß. Die **A n g e l n** waren vom Ufer der Nordsee nach Britannien gezogen, das nun von ihnen **E n g l a n d** (Angelnland) heißt. Die **L o n g o b a r d e n** setzten sich endlich in Oberitalien fest (daher die **L o m b a r d e i** genannt). Die Hauptvölker in Deutschland waren nun: die **A l l e m a n n e n** und **B a i e r n** in Oberdeutschland, und in Niederdeutschland die **T h ü r i n g e r**, die **S a c h s e n**, ein Theil der **F r a n k e n** und nach der Ostsee hin die **W e n d e n**. Diejenigen Völker, welche in das ehemalige römische Gebiet gedrungen waren, nahmen sehr bald das Christenthum an, von dem sie freilich nur die äußerlichen Gebräuche kannten; die Völker in Deutschland aber blieben noch eine Zeit lang Heiden. Mitten unter den Völkerzügen kamen die **H u n n e n** noch einmal heran und zwar bis über den Rhein und nach Italien. Sie hatten einen König über sich, der hieß **A t t i l a**. Er nannte sich aber am liebsten **G o d e g s i l**, d. h. Gottesgeißel. Denn wohin er kam, verwüstete er Alles, auch viele schöne Städte am Rhein, und züchtigte so, wie eine Geißel, den Rest der alten, lauen Christenheit. Er ist in Ungarn gestorben und in einem goldenen Sarge begraben. Man weiß aber nicht wo, denn die Sklaven, die ihn begraben hatten, wurden gleich nach der That umgebracht, damit Keiner das Grab des Helden erführe. Die Macht der Hunnen hat nachher ganz aufgehört.

§ 33. Muhamed.

Als die deutschen Völker in ihren neuen Ländern und Sitzen ein wenig zur Ruhe gekommen waren, dauerte es nicht sehr lange, und fast alle ohne Ausnahme hatten ihren harten Nacken unter das sanfte Joch des Evangeliums gebeugt. So dehnte sich das Reich Gottes im Abendlande zur Freude aller Frommen wunderbar schnell aus. Im Morgenlande aber sah es damit gar schlimm aus. Die Christen dort fingen an einzuschlafen. Sie beteten nicht mehr oder nur zu den Bildern der Heiligen. Sie lasen nicht mehr fleißig im Worte Gottes. Sie meinten, wenn man sich steif auf eine Säule stellte und nichts thäte oder in ein Kloster ginge und Mönch würde, das sei rechter Gottesdienst. Und weil sie den Weg des Friedens nicht mehr recht kannten, so machten sie auch in ihrem Leben dem Namen Christi lauter Unehre und wandelten nicht in Gottes Gebot. Das konnte der langmüthige, heilige Gott nicht länger dulden.

Unter Ismaels Nachkommen, den Arabern, lebte bei einer Kaufmannswittwe in Mecca ein reisender Diener mit Namen Muhamed. Er konnte zwar nicht lesen und nicht schreiben, war aber sonst ein pfiffiger kluger Mensch. Darum bewog er auch seine Herrin, ihn zu heirathen. Nun war er ein reicher Herr, legte den Handel nieder und lebte von seinen Zinsen. Dabei ward ihm aber die Zeit lang. Er machte sich gern etwas zu thun. Das Geräusch der Städte mochte er aber auch nicht leiden. Er zog sich daher in eine wüste Gegend zurück und dachte darüber nach: „Welches mag wohl die beste Religion sein? Die Christen lehren zwar manches Gute, die Heiden lehren manches Gute, die Juden lehren manches Gute. Aber auch Alle lehren Manches, was mir nicht gefällt. Ich will doch einmal dasjenige, was mir hübsch dünkt, aus allen drei Religionen zusammenstellen und

§ 33. Muhamed.

daraus eine neue machen. Aber werden es die Leute auch glauben und annehmen was ich ihnen sage?" So dachte er, und indem er so sann und die Lust in ihm stieg, eine neue Religion zu stiften, wie sie seinem Sinne anständig wäre, so gab ihm der Lügengeist (Joh. 8, 44) in's Herz, vorzugeben: Der Engel Gabriel ist mir erschienen und hat mich bis in den siebenten Himmel geführt, da hat mir Gott selbst gesagt, was ich euch verkünden soll. Muhamed kam wirklich nach Mecca und lehrte: „Es gibt nur einen Gott, und ich bin sein Prophet." Von Mose und von unserm Herrn Jesu sagte er, sie seien auch Propheten gewesen, nur geringer als er. Von einer Erlösung aus Gnaden und von einer völligen Umänderung des Herzens wollte er nichts wissen. „Gebet," sagte er, „führet bis auf halbem Wege dem Herrn entgegen, Fasten bis an die Thüre seines Hauses, und Almosen öffnet seine Pforten. — Alles, was in der Welt geschieht, es sei gut oder böse, ist von Gott unabänderlich vorher bestimmt. Geht nur toll und wild in die Schlacht. Wer nicht sterben soll, stirbt doch nicht." Vom Frieden im Herzen konnte er nun freilich auch nichts wissen. Er kannte nur fleischliche Freunde, erlaubte jedem Manne, mehr als eine Frau zu nehmen, und lehrte: „Wer meinen Worten glaubt und darnach lebt, der kommt nach dem Tode in das Paradies. Da ist die Erde von Weizenmehl, und der Baum Tuba hängt voll Granaten und Trauben. Wenn den Seligen nach Fleisch gelüstet, stehen alsbald gebratene Tauben vor ihnen. Und wer gern reiten will, gehe nur nach dem Tuba, da wachsen auch schöne Rosse d'ran, — gleich gesattelt und gezäumt. Man darf nur zugreifen!"

So lehrte Muhamed. Die Mekkaner wollten's aber nicht glauben, lachten ihn erst aus und jagten ihn endlich gar fort, 622 den 15. Juli (von dieser Flucht an — arabisch Hedschra — rechnen die Muhamedaner ihre Jahre.) Der Lügenprophet floh nach Medina und fing wieder an, dasselbe zu lehren. Eine Taube hatte er abgerichtet, ihm auf offenem Felde Erbsen aus dem Ohr zu fressen. Wenn das nun die zuhörende Menge sah, sagte Muhamed: „Jetzt hat mir dieser Bote Gottes wieder neue Befehle gebracht!" Und die Menge glaubte es, glaubte Alles, was Muhamed lehrte. Sein Anhang wurde immer größer. Bald zog er an der Spitze bewaffneter Schaaren nach Mekka und zwang seine dortigen Feinde und Freunde zur Annahme seiner Lehre. Ueberall, wohin er kam, in Arabien und den Grenzländern, siegte er, und zu den Besiegten hieß es: „Entweder ihr werdet muhamedanisch, oder niedergehauen!" Ihr könnt denken, daß da die Meisten muhamedanisch wurden. Selbst die Namenchristen im Morgenlande, die die Seligkeit des Evangeliums nicht geschmeckt hatten, dachten: O, es ist doch kein großer Unterschied. Warum sollten wir denn nicht auch muhamedanisch werden? Ohnehin können wir dann noch bequemer nach unserer Lust leben, als im Christenthum. Sollten wir also deshalb das Leben lassen? — Und die Unglückseligen verließen den Weg des ewigen Lebens und wurden Muhamedaner.

Eine von den 32 Frauen Muhamed's, eine Jüdin von Geburt, zweifelte noch in etwa daran, daß ihr Mann wirklich ein Prophet Gottes sei. Sie gab ihm eine Portion Gift ein und meinte: Einem Propheten könne das nicht schaden. Es schadete ihm aber doch. Muhamed starb und ward in Medina begraben. Und jedem Muhamedaner ist es zur Pflicht gemacht, wenigstens Ein Mal in seinem Leben nach Mekka und Medina zu reisen und dort zu beten.

Muhamed's Chalifen, d. i. seine Nachfolger im Herrscheramt, dehnten ihre Macht schnell weiter aus. Ein Stück wurde nach dem andern von dem schwachen morgenländischen Kaiserthume abgerissen, auch Jerusalem erobert, aber, als heilige Stadt, milde behandelt. Ja, selbst nach Europa drangen die Araber und unterjochten fast ganz Spanien und Portugal. Wer weiß, wie weit sie noch gekommen wären, wenn nicht der tapfere Heerführer der Franken, Karl Martell (d. i. der Hammer), sie zurückgeschlagen hätte.

Im Osten verband sich ein wildes Gebirgsvolk, die

Türken, mit ihnen und nahm ihren Glauben an. Und als später die Macht der Araber abnahm, fing die der Türken an zu wachsen. Sie führten beständige Kriege mit dem morgenländischen Kaiserthume, bis sie im Jahre 1453 gar die Hauptstadt desselben, Constantinopel, einnahmen und damit dem ganzen Reiche ein Ende machten.

§ 34. Die Franken. Karl der Große.

So eben ist unter andern auch von den Franken die Rede gewesen. Sie waren ein deutsches Volk und durch englische Missionare: Columban, Gallus, Suibertus und Winfried (Bonifacius, d. i. Gutthäter), schon früh zum Christenthum bekehrt worden. Selbst ihr König Chlodwig (Ludwig) ward im Jahre 400 nach einem Siege über die Allemannen Christ und dadurch das Christenthum unter seinem Volke herrschend. Die späteren Könige der Franken ergaben sich aber der Trägheit und ließen ihre Minister für sich regieren. Solch' ein Minister war der oben genannte Karl Martell. Dessen Sohn, Pipin der Kleine, war auch wieder solch' ein mächtiger Minister, begehrte aber noch mehr zu sein und schrieb deshalb an den Papst: „Wer sollte eigentlich wohl König heißen, der regiert, oder der nicht regiert?" Der Papst antwortete: „Der regiert!" — „Gut," sagte Pipin, „dann will auch ich König heißen!" und ließ seinem Könige Childerich III. das Haar abscheeren, ihn in ein Kloster sperren und zum Mönch machen. Und der Papst gratulirte ihm dazu. Dafür schenkte ihm aber auch Pipin ein Stück Landes in der Nähe von Rom, und seitdem sind die Päpste, die erst nur Bischöfe (d. h. Gemeindeaufseher, Pfarrer) der Stadt Rom waren, auch zugleich weltliche Herren und haben sich nachher immer mehr weltliche Macht zu erwerben gewußt.

Pipin's Sohn hieß Karl und wurde der Große genannt, weil er ein gar mächtiger und frommer Mann war. Er hat sein Lebtag viele Kriege führen müssen, aber überall war er siegreich. Und dadurch war sein Reich so groß, daß es sich vom Ebro bis zur Raab, von der Eider bis zur Tiber ausdehnte und mithin ganz Deutschland, Frankreich und Theile von Spanien und Italien dazu gehörten. Karl's schlimmste Feinde waren die S a c h s e n an der Elbe. Sie waren Heiden und fielen oft in's fränkische Reich ein und plünderten. Darüber ward Karl sehr zornig, und zugleich dauerten ihn die armen Heiden auch, weil sie von dem rechten Gotte nichts wußten. Er jagte sie daher in ihre Wälder zurück und schickte Heere in ihr Land, und sie mußten versprechen, sich taufen zu lassen. Sie traten auch an die Flüsse und wurden getauft, — hundertweise. Sie waren aber inwendig noch Heiden und zeigten's auch auswendig. Denn kaum war Karl fort, so fielen sie wieder in sein Reich ein und stahlen und plünderten wie die Heiden, bis Karl zurückkehrte und sie wieder züchtigte. Und das dauerte ganzer 32 Jahre. Da erst wurden sie ruhige Unterthanen. — Während der Zeit kam Karl zuweilen auch zu den W e n d e n an der Havel, die auch Heiden waren und mit denen es beinahe eben so ging.

Man sollte glauben, der große Karl hätte wegen solcher steten Kriege sich um die Verwaltung seines Reiches nicht bekümmern können. Das konnte er aber doch, und eben darum heißt er der Große. Jeder durfte mit ihm reden und zu ihm kommen. Er reis'te viel umher und sah nach, ob die Richter und Bürgermeister auch Recht thaten. Er legte viele Schulen an und nöthigte alle Geistlichen, lesen zu lernen. Seine Franken brüllten entsetzlich, wenn sie in den Kirchen zusammen kamen. Es war kein Singen, sondern hörte sich zu, als wenn ein Frachtwagen über zerschlagene Steine rasselt. Karl ließ Sänger und Orgeln aus Italien kommen, und die Leute fingen nach und nach an, lieblicher zu singen.

Eben so genau, wie Karl sich um das große Ganze seines weiten Reiches bekümmerte, so genau achtete er auf alles Einzelne, — auf die kleinsten Dinge selbst in seinem Hauswesen. Seine Frau und Töchter mußten fleißig

Wolle und Flachs spinnen und weben. Er selbst, der Kaiser, trug keine andern Kleider, als die seine Töchter gesponnen und gewebt hatten. In seiner Jugend hatte er, wie fast alle Kinder damaliger Zeit, beinahe gar nichts gelernt. Als er nun Mann war, betrübte ihn das sehr. Er gab sich daher emsig daran und lernte noch lesen. Auch das Schreiben übte er mit seltenem Fleiße. Unter seinem Kopfkissen hatte er beständig eine Schreibtafel liegen, und wenn er des Nachts gerade nicht gut schlafen konnte, nahm er sein Täfelchen hervor und bemühte sich, mit Sorgfalt die vorgeschriebenen Buchstaben nachzuzeichnen. Es wollte ihm aber nicht recht mehr gelingen. Seine Hände waren schon zu steif.

Im Jahre 800 wurde der Papst Leo III. von seinen Bürgern in Rom fortgejagt. Er floh zu Karl dem Großen nach Paderborn und bat ihn um Hülfe. Karl führte ihn freundlich nach Rom zurück und züchtigte die Empörer. Dafür wollte Leo dankbar sein. Als daher Karl der Große zu Weihnachten im Jahre 800 in der Peterskirche am Altare niederkniete, trat der Papst hervor und setzte ihm die goldene Krone auf. Und alles Volk rief mit lauter Stimme: „Karolo Augusto, dem von Gott gekrönten, frommen, großen und friedebringenden Kaiser von Rom, Leben und Sieg!" Seitdem gab es also wieder einen römischen Kaiser. — Karl hat nachher noch vierzehn Jahre regiert, und als er 814 starb, ist er in seiner gewöhnlichen Residenzstadt A a c h e n im Kaiserschmucke auf einem Stuhle sitzend in einem Gewölbe begraben.

§ 35. Heinrich der Vogelsteller. 919—936.

Ein sonderbarer Name! Wer war dieser Vogelsteller? Ein Herzog von Sachsen war er, ein mächtiger, frommer Herr. Darum wählten ihn auch die Deutschen zu ihrem Könige, und die Boten, welche ihm die Nachricht von seiner Wahl brachten, fanden ihn bei der Stadt Quedlinburg auf dem Finkenfange. Daher sein Beiname. Er hätte wohl einen bessern verdient.

Zu seiner Zeit war das arme Deutschland ein sehr unglückliches, trauriges Land. Von Südosten her jagten häufig auf ihren schnellen Pferden die **Hunnen** oder **Ungarn** herein, trieben den Bauern ihr Vieh weg und sengten und plünderten, wohin sie kamen. Und sammelte sich nun erst langsam ein Haufe deutscher Krieger wider sie und fing an, sich in Marsch zu setzen, dann waren sie sammt ihrer Beute schon lange wieder fort, weit! weit! über alle Berge. — Und von Nordosten her kamen zu Zeiten die **Wenden** und machten's eben so. Das war eine traurige Zeit. — Was that da der weise, der bedächtige Heinrich?

Zunächst schloß er einen neunjährigen Waffenstillstand mit den gefährlichen Ungarn und gelobte ihnen einen jährlichen Tribut. Dafür sollten sie dann nicht mehr nach Deutschland kommen und das Vieh wegtreiben. Sie waren deß auch zufrieden. Und nun begann im ganzen deutschen Reiche eine bessere Zeit, überall ein reges und thätiges Leben. Ueberall fing man an, Häuser zu bauen und hie und da einen Haufen derselben mit einer Mauer zu umziehen und mit einem Wassergraben. Solch' eine ummauerte Stätte nannte man **Stadt** oder **Burg** und ihre Bewohner **Bürger**. Aber die Städte waren noch leichter zu bauen, als Bewohner darin zu finden; denn die Deutschen liebten das Wohnen auf dem Lande und sagten: „Sollen wir uns lebendig begraben lassen? Die Städte sind nichts anders als Gräber." Da befahl Heinrich: die Leute sollten loosen und je Einer aus Neunen, den das Loos treffe, sollte vom Lande in die Stadt ziehen. Damit sie das aber um so leichter thun möchten, gab er den Städten viele Vorrechte, so daß die Bürger hinter ihren Mauern nach und nach viel freier wurden, als die **Bauern**, welche damals ihren Edelleuten oder den Klöstern als Leibeigene dienen mußten. Nun fing auch in den Städten Einer an und machte für Alle die Kleider, ein Anderer für Alle die Schuhe; ein Dritter bauete Häuser für die Andern — natürlich aber das Alles nicht umsonst! Mit einem Worte: es entstanden die verschiedenen **Hand-**

werker. Bis dahin hatte nämlich Jeder sein eigener Schneider, Schuster, Maurer, also alles Mögliche selbst sein müssen. Und das ging gerade nicht sehr gut. In den Städten ging's nun natürlich besser. Und doch merkten es die Städter noch immer nicht, daß sie es besser hatten. Als aber nach 9 Jahren die Ungarn wieder kamen, und die Bauern nun ihr Vieh und ihre sonstigen Habseligkeiten in die ummauerten Städte flüchten konnten, wo die Ungarn nicht hineinzudringen vermochten, und als Heinrich mit Gottes Hülfe diese Räuber bei Merseburg dermaßen besiegte, daß sie, so lange er lebte, nicht wieder kamen: da jubelte Alles „dem Städteerbauer" entgegen und freute sich seines Königs. — Nicht lange danach brachte Heinrich auch die Wenden zur Ruhe. Mitten im Winter nahete er sich ihrer Hauptstadt Brennabor. Sie zagten aber nicht, sondern dachten: „Laß ihn nur kommen; durch die weiten Sümpfe um unsere Stadt kann er gewiß nicht dringen!" Er kam aber dennoch, zwar nicht durch, aber über die Sümpfe her. Gott schickte einen harten Frost, und Heinrich marschirte auf dem Eise gegen die feindliche Stadt und eroberte sie. Die Wenden waren besiegt. Wer konnte aber dafür stehen, daß sie nicht bald ihre Schläge vergaßen und auf's Neue plündernd in das deutsche Land einfielen? Das fürchtete Heinrich auch, und darum machte er aus dem Lande an der linken Elbseite, das noch jetzt die Altmark heißt, eine Grafschaft, und setzte einen seiner Diener zum Grafen über dieselbe, mit dem Auftrage: „Du mußt darauf achten, daß die Wenden nicht mehr plündernd in's deutsche Reich einfallen. Ich mache dich zum Wächter meiner Grenze!" Und wenn nun ein solcher Graf — Markgraf, Grenzgraf — starb, dann setzte der jedesmalige deutsche Kaiser oder König einen andern dahin — wen er wollte. — Diese Markgrafschaft Nordsachsen ist der geringste erste Anfang unserer preußischen Monarchie gewesen. 927. König Heinrich der Städteerbauer starb 936.

§ 36. Gregor VII. Heinrich IV.

Es ist in den früheren §§ schon öfters die Rede von den Päpsten gewesen, und ihr werdet alle wohl wissen, daß die Päpste in Rom wohnen; daß sie Anfangs, wie unsere Prediger, in ihrer Gemeinde zu predigen und mit Ermahnung und Beispiel die Leute zur Seligkeit zu weisen hatten; daß sie aber später immer geehrter wurden und Land und Leute zu regieren bekamen. Nach und nach kamen die Leute dazu, sie als die Oberaufseher aller Prediger anzusehen und alles Wichtige durch sie entscheiden zu lassen. Anfangs freueten sie sich in der Stille dieser Macht und waren ihrer Obrigkeit, dem deutschen Kaiser, gehorsam und unterthänig. Papst Gregor VII. aber, ein Zimmermannssohn, führte das aus, was seine Vorgänger im Stillen vorbereitet hatten. Er behauptete, der Papst sei der Statthalter des Herrn Jesu auf Erden, und darum müßte alle Welt — auch der Kaiser — ihm gehorsam sein. — Nun war damals in der Christenheit schon manches Verderbniß eingeschlichen. So war es nicht recht, daß die Fürsten die geistlichen Aemter nicht selten um Geld verkauften. (Das nannte man Simonie.) Gregor verbot dies den Fürsten und befahl, daß, wer ein solches Amt erkauft habe, es niederlegen solle. Noch mehr: er verordnete, daß ein Bischof, wenn er auch von einem Fürsten bestellt war, doch die Zeichen seines Amtes, Hirtenstab und Ring, nicht mehr von den Fürsten, sondern vom Papste oder seinem Abgesandten empfangen müßte (Investitur). Durch das Alles setzte er sich weit über die Fürsten, und vom Kaiser sagte er: „Zwei Lichter regieren am Himmel, die Sonne und der Mond; zwei Mächte regieren auf der Erde; der Papst und der Kaiser. Wie aber der Mond sein Licht von der Sonne hat, so empfängt der Kaiser seine Macht vom Papste." — Damit nun aber die Geistlichen von ihm abhingen und nicht um Frau und Kind willen dem Kaiser gehorchten, so befahl er: die Geistlichen dürfen nicht mehr heirathen, und die, welche verheirathet sind, müssen Frau und Kinder fortschicken. (Diesen ehelosen Stand der Geistlichen nennt man das Cölibat.)

Damals regierte in Deutschland Kaiser **Heinrich IV.** (1056 bis 1106), der das Unglück gehabt hatte, in seiner Jugend durch eine schlechte Erziehung verdorben zu werden. Er wurde ein stolzer halsstarriger Mann, der namentlich die Sachsen, seine Unterthanen, bitter haßte und plagte. Da verklagten ihn diese beim Papste, und der Papst schrieb an ihn: „Künftige Fasten stellest du dich vor mir hier in Rom. Du sollst über dein Verbrechen gerichtet werden!" Das verdroß den Kaiser, und er antwortete: „Falscher Mönch, ich sage dir: Steig' herab von deinem angemaßten Throne. Ein Würdigerer soll dir folgen!" Gregor that den Kaiser hierauf in den **Bann**, d. h. er verbot ihm, in die Kirche und zum heiligen Abendmahle zu gehen, und ließ den Deutschen verkünden: sie brauchten ihrem Kaiser nicht mehr zu gehorchen. Gern wäre Heinrich nun gleich an der Spitze eines Heeres nach Rom gestürmt und hätte den stolzen Papst fortgejagt. Aber seine Fürsten erklärten ihm: „Herr Kaiser, wir dürfen dir nicht gehorchen, so lange du im Banne bist!" Was sollte der Kaiser nun machen? Er reis'te von seiner Frau und nur einem Bedienten begleitet, mitten im Winter nach Italien. Die Kaiserin ließ sich in eine Ochsenhaut nähen, und so von den eisbedeckten Alpen hinab gleiten. Der Papst war gerade im Schlosse Canossa. Er ließ den Kaiser nicht gleich vor sich, sondern schickte ihm einen wollenen Kittel — ein Bußkleid zu. Das mußte der arme Heinrich an den bloßen Leib ziehen und damit barfuß und im bloßen Kopfe drei Tage und drei Nächte unter freiem Himmel auf dem Schloßhofe zu Canossa zubringen. Da erst sprach ihn der Papst vom Banne los und schärfte ihm ein, künftig ja gehorsam zu sein. Seine Verbrechen sollten später untersucht und gerichtet werden. Kaiser Heinrich kam nach Deutschland zurück. Seine Fürsten bedauerten ihn, waren zornig auf den stolzen Papst und halfen ihrem Herrn wider Rudolph von Schwaben, den indeß seine Feinde zum Kaiser hatten machen wollen. Rudolph wurde besiegt, und in der Schlacht wurde ihm die Hand abgehauen. Als man sie ihm zeigte sagte er wehmüthig: Das ist die Hand, womit ich meinem Kaiser Heinrich Treue geschworen habe; mir ist recht geschehen!" Er starb bald nachher. Aber Heinrich hatte noch immer keine Ruhe. Er zog zwar nach Italien und setzte Gregor VII. ab, aber der neue Papst that ihn auf's Neue in den Bann. Die Geistlichen wußten damals selbst so wenig vom rechten Wege des Evangeliums, daß sie meinten, wenn nur der Papst recht mächtig sei, so sei Alles gut, und Alles sei wohl, wodurch die Kirche mehr äußerliche Macht bekomme. Daher regten sie Heinrich's eigene Söhne auf, wider ihren Vater das Schwert zu ergreifen — ja am Ende ihn gar abzusetzen. Der arme Heinrich starb, nachdem er 65 Schlachten geliefert hatte, im Jahre 1106, durfte aber, da er im Bann war, nicht einmal begraben werden. Erst fünf Jahre nachher sprach ihn der Papst vom Banne los, und erst da wurde er wie ein anderer Christenmensch feierlich in die Erde gesenkt.

§ 37. Die Kreuzzüge.

Jeder Mensch, dem etwas an seiner Seligkeit gelegen ist, und der seinen Gott und Heiland Jesum Christum von ganzem Herzen lieb hat, hört auch gern etwas von dem Lande erzählen, in welchem der Herr umhergewandelt ist und wohlgethan hat und gekreuzigt und begraben wurde. Das haben die Frommen schon von jeher gern gehört, und diejenigen, welche es konnten, sind schon in den frühesten Zeiten nach dem heiligen Lande gereis't und haben in Gethsemane und auf Golgatha gebetet und sich deß erinnert, was dort für sie geschehen ist. Nach und nach thaten es aber Manche, weil sie meinten, Gott werde ihnen dann gnädiger sein, als daheim, und das war nicht gut. Denn Gott will uns um Christi willen die Sünden vergeben, und nicht um einer Reise willen. So lange die Christen in Jerusalem herrschten, waren solche Pilger natürlich willkommen. — Auch als die Araber die heilige Stadt einnahmen (§ 33), wurden die

Wanderer noch immer freundlich behandelt. Aber als die rohen Türken Jerusalem eroberten, änderte sich das sehr. Die Pilger wurden verlacht, verspottet, beschimpft, geschlagen. Und wenn sie in die Kirche zum heiligen Grabe gehen wollten, mußte Jeder von ihnen wohl dreißig Thaler an die habsüchtigen Türken bezahlen: gerade, wie es jetzt noch ist. Das betrübte die Pilgrime. Wehklagend kamen sie nach Europa zurück und erzählten von dem Jammer in Jerusalem. Im Jahre 1095 kam auch der französische Einsiedler Peter von Amiens zurück, ging zum Papste Urban II. und sagte: „Heiliger Vater, ich komme gerades Weges von Jerusalem und habe in der heiligen Stadt großen Jammer und Noth gesehen. Und als ich dort bitterlich darüber weinte, erschien mir der Heiland im Traume und forderte mich auf: „„Eile in deine Heimath und wecke die Gläubigen auf zur Reinigung der heiligen Orte!"" Eilig kehrte ich zurück und warte nun deiner Befehle!" „Gut," sagte der Papst, „so reise umher und fordere die Menschen auf, sich zu vereinigen und das heilige Grab den Ungläubigen zu entreißen!" Und nun setzte sich Peter, obwohl lahm, im groben, wollenen Mönchsrock, einen Strick um den Leib, auf einen Esel und ritt von Stadt zu Stadt, von Dorf zu Dorf. Barfuß, mit nie gekämmtem, schwarzem Haare, im bloßen Kopf, das Krucifix in der Hand, machte er eine wunderliche Figur. Das Volk lief zusammen, wenn es ihn sah, und er redete begeistert zu der Menge: „Auf, ihr Christen, der Heiland ruft euch! Ich selbst habe oft gehört, wie aus allen Winkeln der heiligen Orte der Weheruf ertönte: „„Rettet, ach rettet uns!"" Und ihr wollt noch säumen, ihr erkornen Werkzeuge des Herrn?" Peter hatte sich's blos eingebildet, daß der Heiland begehre, die Christen möchten das heilige Land wieder erobern, aber die Leute glaubten es und wurden voll Eifers. Niemand bedachte in der Zeit, daß die Waffen der Christen geistlich seien, denn man kannte das Wort Gottes nicht. Der Papst berief Jedermann, wer könnte, nach Clermont in Frankreich zusammen und bewog daselbst die große Versammlung zu einem

Kriegszug wider die Türken. Er redete aber seine eigenen Einfälle und nicht Gottes Wort. „Es ist unsere heilige Pflicht," sagte er, „das heilige Land den Ungläubigen wieder zu entreißen. Jeder, der mitziehet, wird sich dadurch die ewige Seligkeit erkaufen; wer aber ohne Grund daheim bleibt, bringt ewigen Fluch über sich und seine Familie. Auch die Knechte mögen mitziehen und an dem heiligen Werke Theil nehmen. Von dem Augenblicke an, da sie mitziehen, seien sie frei!" Solches und noch vieles Andere redete der Papst, und alles Volk rief: „Gott will es, Gott, will es!" Wer Lust hatte, mitzuziehen, nähte sich ein rothes wollenes Kreuz auf die Schulter. Große Haufen schlechten Gesindels sammelten sich, zogen durch Ungarn, plünderten überall, namentlich die Juden („weil deren Vorfahren den Herrn Jesum gekreuzigt hätten") und — wurden beinahe sämmtlich erschlagen. Erst nach der Erndte 1096 kam ein geordneter Kriegszug, dreihundert tausend Mann stark, zu Stande, und der fromme Herzog Gottfried von Bouillon ward der Anführer desselben. Drei volle Jahre brachte derselbe auf dem weiten Marsche zu, und sein Heer schmolz in vielen Kämpfen mit den Ungläubigen, von Hunger und Pest geplagt, bis auf 40,000 zusammen. Mit unendlichem Jubel erblickten diese endlich nach dem unsäglich mühevollen Marsche die Thürme von Jerusalem, von der Abendsonne beleuchtet. „Jerusalem, Jerusalem!" riefen sie unwillkürlich, und ein frommer Schauer durchbebte ihre Gebeine. Sie naheten sich der heiligen Stadt, erstürmten sie, und — erwürgten Alles, was ihnen vorkam. Die Straßen waren mit Türkenleichen angefüllt, die Gossen flossen von Menschenblut. Die Unglücklichen! sie meinten Gott zu dienen; aber sie kannten seinen Willen und seine Liebe nicht und befleckten ihre Hände mit Blutschulden. Da erschien plötzlich Gottfried im weißen Gewande; Alle thaten's ihm nach, und die Mörder wallfahrteten zur Grabesstätte des Friedensfürsten. „Du sollst unser König sein!" rief froh die Menge dem Sieger entgegen und besorgte ihm eine goldene Krone. Gottfried nahm aber die Krone nicht

§ 37. Die Kreuzzüge.

an. „Nein," sagte er, „nimmer werde ich hier eine goldene Krone tragen, wo mein Heiland mit Dornen gekrönt ist!" Und er litt es nicht, daß man ihn krönte. Auch ließ er sich nicht König nennen, sondern nur „Beschützer des heiligen Grabes!"

Sein Bruder Balduin ward sein Nachfolger und nannte sich König von Jerusalem. Es gab also jetzt Könige von Jerusalem. Das dauerte aber nicht lange. Die muhamedanischen Fürsten bekriegten fast unaufhörlich das junge schwache Königreich. Von Europa kamen zwar von Zeit zu Zeit große christliche Heere demselben zu Hilfe, aber sie richteten nichts aus. Selbst 50,000 französische und deutsche Knaben versammelten sich und wollten, von Priestern angeführt, die Muhamedaner bekämpfen. Sie kamen aber theils auf dem Marsche um, theils mietheten sie sich wohlfeil auf Schiffen ein, die Seeräubern gehörten, und wurden von diesen in die Sklaverei verkauft. Das kleine Reich in Palästina wurde immer ohnmächtiger und endlich gar von den Aegyptern 1187 den Christen wieder entrissen. Dennoch zogen nachher noch mehrere christliche Könige nach dem heiligen Lande; aber die heiligen Orte waren und blieben in den Händen der Ungläubigen.

Beinahe 200 Jahre (1095—1271) hatten die Kreuzzüge gedauert, und über sechs Millionen Christen waren dabei umgekommen. Aber sie haben denn doch auch manches Gute gestiftet. Die Krieger hatten im Morgenlande Kranken- und Armenhäuser und allerlei nützliche Dinge kennen gelernt, erzählten davon im Abendlande und man machte es nach. Die Knechte entliefen ihren harten Herren, wenn sie schnöde behandelt wurden, nahmen das Kreuz und — wurden frei. Wer also seine Knechte gern behalten wollte, war freundlich mit ihnen und behandelte sie menschlich. Die Morgenländer waren feiner und gebildeter; die groben, rohen Abendländer richteten sich, wenn sie dort in Quartier lagen, nach ihren Wirthen und kamen artiger zurück, als sie weggegangen waren. Auch fing man an, nicht Alles so blind zu glauben, was der Papst und die Geistlichkeit lehrte, sondern erst nach dem Worte Gottes zu prüfen, ob auch etwas Wahres daran sei. Und das mag denn wohl der größte Segen sein, den die Kreuzzüge zu Wege gebracht haben.

§ 38. Ludwig der Heilige.

In den Jahren 1225 — 1270 regierte in Frankreich der fromme König Ludwig der Heilige, an dem man recht sehen kann, daß es auch damals wahrhaft fromme Leute gab, und welche Gestalt die Frömmigkeit jener Zeit hatte.

König Ludwig war äußerst mäßig in allen Dingen. Mühe scheute er durchaus nicht, wo es galt, etwas Gutes zu thun. Damals wurde den Leuten gelehrt: „Wenn ihr heilig leben wollt, so müßt ihr euch selber recht wehe thun, so müßt ihr euer Fleisch kreuzigen." Das that Ludwig denn auch, und ließ sich jede Woche von einem Mönche den nackten Rücken tüchtig durchpeitschen, und klagte nicht, so weh ihm auch die Schläge thaten. — Wer damals den Herrn Jesum lieb hatte, dem wurde von den Priestern allerlei Dinge gezeigt oder verkauft, die von der Zeit her sein sollten, in welcher der Heiland auf Erden wandelte. Und man glaubte den Herrn selber zu ehren, wenn man nur diese Dinge, Reliquien genannt, überaus hoch hielt. So hatte sich auch König Ludwig für vieles Geld einige dieser Reliquien gekauft: etliche Stücklein vom Kreuze Christi, vom Schwamm und von der Dornenkrone — und hielt dieselben in so hohen Ehren, daß er nicht wagte, zu ihnen hin zu gehen; nein, er rutschte demüthig auf den Knieen zu diesen seinen köstlichsten Schätzen. Nicht wahr, das ist sonderbar!? Aber, Kinder, freuet euch, daß ihr jetzt den rechten Weg zur Seligkeit wissen könnt, und thut so treulich, was Gottes Wort euch sagt, als Ludwig nach seiner geringern Erkenntniß treu war. Und nun hört weiter. Der König betete mehrere Stunden, las fleißig in gottseligen Büchern, verpflegte oft eigenhändig in den Hospitälern die Kranken und ward nicht unwillig, wenn sie ihn verunreinigten. Er war freundlich gegen Jedermann, schalt und fluchte nie, war ein so großer Feind jeder Lüge, daß er eher gestorben wäre, als daß er gelogen hätte. Er litt nimmer unnütze, leere Geschwätze in seiner Gegenwart und sorgte unablässig für das Wohl seiner Unterthanen. Die Geistlichen ehrte er, aber gehorchte ihnen nur, wenn sie das Rechte verlangten. In England waren zu seiner Zeit Unruhen. „Die mache dir zu Nutze!" rieth man ihm. „Ziehe nach England und erobere es!" Aber der fromme Ludwig antwortete: „Nimmermehr werde ich Krieg führen, um zu erobern!" — Und ließ sich nicht zum Kriege bereden. Gegen die Muhamedaner hingegen zog er mehrmals zu Felde, weil er glaubte, es sei Gott wohlgefällig, ihnen das heilige Land zu entreißen. Darin irrte er sich nun freilich, und Gott ließ es ihm auch nicht gelingen. Er kam in Gefangenschaft und Noth, und auf dem zweiten Zuge starb er, aber im Frieden seiner Seele. Als er merkte, daß sein Ende nahe, betete er: „Herr, ich will in Dein Haus gehen; in Deinem heiligen Tempel will ich anbeten und Deinen heiligen Namen verherrlichen!"—Das war 1270.

§ 39. Das Pulver.

Daß unser schwarzes Schießpulver aus 16 Theilen Salpeter, 2 Theilen Schwefel und 3 Theilen Kohlenstaub bestehe, weiß jetzt fast jedes Kind. Wer aber zuerst die Massen also gemischt, oder mit andern Worten: wer das Pulver erfunden habe, weiß Niemand. Schon vor 1600 Jahren brannten die Chinesen in Asien allerlei schöne Feuerwerke damit ab. Schon vor 700 Jahren sprengten die Deutschen in den Silberbergwerken des Rammelbergs bei Goslar am Harze das Gestein mit Hülfe des Pulvers; aber noch ward es nicht gebraucht, um Menschenleben zu rauben. Etwa um das Jahr 1320 soll man darauf gekommen sein, es dazu anzuwenden. Damals lebte im Kloster zu Freiburg in Baden ein Mönch, Berthold Schwarz, ein verständiger Mann. In der Einsamkeit und Stille seiner Zelle grübelte er über viele Dinge, dachte, wie viele Leute seiner Zeit, vielleicht auch darüber nach, ob er nicht den Stein der Weisen, d. h. die Kunst erfinden könne, aus Koth und Steinen Gold zu machen. Das war nun freilich nicht gut, und viele Weise jener Zeit sind über diesem Suchen zu Thoren geworden. Er mischte nun und mischte immer zu. Vieles und Vielerlei; aber nimmer wollte kommen, was er suchte. Einmal auch zerstieß er Schwefel, Salpeter und Holzkohlen im eisernen Mörser zu feinem Staube und deckte den Mörser mit einem Steine zu. Indeß hatte sich der Tag geneigt, und der Mönch wollte sich ein Licht anschlagen, um besser sehen zu können. Er war noch eben an der Arbeit, da mit einem Male blitzte und knallte es ihm um die Ohren, und der Stein vom Mörser sprang prasselnd gegen die Decke — denn ein Funken war in den Mörser gefallen. Was Berthold hier mit Schrecken bemerkte, theilte er Andern mit. Man dachte weiter darüber nach und fing nach und nach an solche Mörser mit in den Krieg zu nehmen und daraus erst Steine, später eiserne Kugeln gegen die Feinde zu schießen. Kurz, es wurden nach und nach die fahrbaren Kanonen und tragbaren Gewehre erfunden, und Berthold Schwarz, der Mann im Friedenshause, ist anzusehen als der erste Urheber der vornehmsten Werkzeuge im Kriege.

§ 40. Bajazeth und Timurlan. 1400.

Von den Türken und ihrer wachsenden Macht ist schon oben § 33 am Ende die Rede gewesen. Gegen das Ende des 14. Jahrhunderts hatten sie schon beinahe das ganze morgenländische Kaiserthum erobert. Ihr Sultan (Kaiser) Bajazeth hatte im Jahr 1306 ein großes, mächtiges Christenheer unter König Sigismund von Ungarn bei Nicopolis total geschlagen, und dachte schon an nichts weniger, als ganz Europa zu erobern und das Christenthum mit „Stumpf und Stiel" auszurotten. Aber der im Himmel wohnt, lachte sein, und schickte über den Mächtigen einen Mächtigern. — Mitten in Asien nämlich wohnt das wilde Volk der Mongolen. Diese wurden damals gerade von dem Chan (König) Timurlan beherrscht. Früher war Timurlan nichts weiter als ein armer Bauer gewesen, hatte einmal sein Bein gebrochen und war davon lahm geworden. Daher sein Name: der lahme Timur, (d. i. Timurlan). Er war also freilich wohl lahm, dessen ungeachtet aber doch sehr schnell, zumal wenn er an der Spitze seiner Horden auf einem kräftigen Kameele seinen Feinden entgegen ritt. Zu diesen seinen Feinden gehörte auch Bajazeth. Timurlan wollte zu seinen vielen Ländern auch noch das Land der Türken erobern, und rückte mit seinen bewaffneten Schaaren in dasselbe ein. Bajazeth spottete seines Feindes und sagte: „Ich will wider Timurlan ziehen, will ihn mir fangen und wie ein wildes Thier in einen eisernen Käfig sperren!" So sagte er und zog wider Timurlan. Aber Timurlan fing ihn, sperrte ihn in einen eisernen Käfig, und, wohin er zog, mußte ihn der Stolze, Eingesperrte wie ein wildes Thier begleiten. Und wenn der Chan zu Pferde stieg, mußte der Sultan daneben knieen und ihm zum Steigbügel dienen. Solche Schmach war dem Bajazeth zu groß. Er ward rasend und zerstieß sich den Schädel an den Stäben seines Käfigs. Die Christen aber dankten Gott, daß er sie von der Furcht vor dem schrecklichen Bajazeth befreit hatte. Timurlan aber kam nicht nach Europa, sondern blieb in Asien.

§ 41. Kaiser Siegmund und die Hussiten. 1415

Jenen König Siegmund oder Sigismund von Ungarn von dem im vorigen § die Rede war, wählten die Deutschen zu ihrem Kaiser. Damals lebte in der Stadt Prag in Böhmen ein frommer Mann, der Prediger und Professor Huß. Der lehrte: 1. „Man solle die Bibel fleißig lesen und sich an das halten, was darin stehe. 2. Man werde nicht durch bloßen äußerlichen Gottesdienst, sondern durch den Herrn Jesum selig, und 3. der Papst könne eben so gut irren, wie ein anderer Mensch." Das

hatten vor ihm viele fromme Menschen im Stillen ge=
glaubt und gelehrt, besonders die Waldenser im süd=
lichen Frankreich, aber man hatte sie dafür verfolgt, gequält
und gemordet; denn der Papst fürchtete sich vor solcher
Lehre. Nun hieß es auch wieder: Huß ist ein Ketzer,
d. h. Irrlehrer, man muß das nicht dulden. Damals
stand es aber so übel in der ganzen Christenheit, daß
Jedermann dachte: So darf es nicht länger gehen; man
muß es besser machen. Tausende von Priestern, Fürsten
und Vornehmen kamen daher in Konstanz am Bodensee,
an den Grenzen der Schweiz, zusammen, um zu berathen,
was man machen könnte. (Eine solche Versammlung
nannte man Kirchenversammlung.) Nun, die Leute da
in Konstanz werden sich doch Hussens angenommen haben?
Ach nein, es zeigte sich vielmehr, daß sie zum Bessern nicht
taugten und die Finsterniß mehr liebten, als das Licht.
Huß wurde vor sie gebracht. Kaiser Sigismund hatte
ihm versprochen, ihn gegen jede Gefahr zu schützen. Man
forderte von ihm, er solle widerrufen, was er gelehrt habe,
und als er sagte, er wolle es gern thun, wenn die heilige
Schrift anders lehre, so wollten die Kläger ihn nicht weiter
hören, warfen ihn in einen finstern Kerker und sagten, man
brauche einem Ketzer sein Wort nicht zu halten. Endlich
wurde er lebendig verbrannt und ein Jahr darauf auch
sein Freund Hieronymus von Prag. Ihre Feinde
selbst mußten ihnen das Zeugniß geben, daß sie mit großer
Freudigkeit gestorben seien.

Aber in Böhmen erklärten Viele laut: Huß sei un=
schuldig, und sie wollten für seine Lehre Gut und Leben
lassen. Man verfolgte sie. Da griffen sie endlich zu den
Waffen, und es entstand ein 13jähriger blutiger Krieg.
Hussens Anhänger, die Hussiten genannt, thaten auch
nicht, was vor Gott Recht ist, sondern rächten sich an ihren
Feinden. Kaiser Sigismund führte ein großes Heer wider
sie, aber unter ihrem Anführer Ziska schlugen ihn die
Hussiten an allen Enden, und es kam Schrecken und Angst
über seine Soldaten, daß sie flohen. Die Hussiten fielen

nun auch in die benachbarten Länder ein, plünderten und verbreiteten Schrecken weit umher. Indeß wurden sie unter sich selbst uneins, und da war ihre Macht gebrochen. Sie wurden theils überlistet, theils besiegt und mußten Frieden machen. In diesen Stürmen aber bildete sich unter ihnen eine Gemeinde, die eine gar schöne und einfache Ordnung unter sich einführen konnte. Das waren die **böhmischen Brüder**, unter denen sich das reine Evangelium einige hundert Jahre hindurch in Böhmen erhielt. So weiß Gott es doch gut zu machen, wenn auch die Menschen es nicht gut machen.

§ 42. Die Jungfrau von Orleans. 1430.

Schon seit manchem Jahrhundert sind zwei Nachbarvölker in unserm Europa sehr unnachbarlich gegen einander gesinnt: die Engländer und die Franzosen. Besonders schlimm zeigte sich dieser unnachbarliche Sinn zu eben der Zeit, als unser armes Vaterland durch die Hussitenkriege so schrecklich mitgenommen wurde. Damals hatte der englische König beinahe ganz Frankreich erobert und seinen jungen Sohn in Paris zum König von Frankreich krönen lassen. Der eigentliche alte König von Frankreich hieß Karl VI. und wurde wahnsinnig. Um ihn zu beschäftigen, erfand man das Kartenspiel, das seither so allgemein geworden und so viel Uebles angerichtet hat. Kinder, denkt daran, daß dies Spiel für einen Wahnsinnigen erfunden wurde! Karl VI. konnte natürlich nicht weiter fortregieren. Sein Sohn Karl VII. übernahm das Regiment für ihn. Dieser war aber auch lange Zeit unglücklich gegen die Engländer, bis auf einmal ein junges Bauernmädchen, Johanna d'Arc, sich zu ihm führen ließ und zu ihm sagte: „Herr König, Gott hat mir befohlen, die Stadt Orleans zu entsetzen und dich in der Stadt Rheims zu krönen!" Der König — glaubte ihr; das Heer glaubte ihr auch und folgte ihr voll Jubel, als sie, eine weiße Fahne in der Hand, voraufritt. Die Engländer belagerten gerade die Stadt Orleans, wurden von den ermuthigten Franzosen in dem Rücken angefallen und mußten sich zurückziehen. Die Jungfrau von Orleans folgte ihnen siegend, eroberte eine Stadt nach der andern, führte ihren König nach Rheims und ließ ihn dort an derselben Stätte krönen, wo alle seine Vorfahren von Chlodwig (§ 34) an gekrönt waren. Nun aber bat sie: „Jetzt, Franzosen, laßt mich zurück in mein Dorf und zu meiner Heerde. Ich habe vollendet, was Gott mir aufgetragen!" — Die Franzosen aber baten flehentlich: „Bleibe, o bleibe, und führe uns zu fernerem Siege!" Sie ließ sich erbitten, wurde aber bald danach von den Engländern gefangen. Die urtheilten: „Johanna hat solche Wunder nur durch die Hülfe des Teufels vollbracht — sie ist eine Hexe!" und verbrannten sie lebendig auf dem Markte in der Stadt Rouen (1430). Der Brand hat ihnen doch nichts geholfen. Die Franzosen haben ihr ganzes Land wieder erobert.

§ 43. Die Buchdruckerkunst. 1440.

Wer vor 500 Jahren gern ein Buch haben wollte, mußte es sich, wenn er's nicht kaufen konnte, selbst abschreiben oder von Mönchen abschreiben lassen, und das kostete natürlich viel Geld, eine einzige Bibel wohl 400—700 Gulden. Darum hatten damals auch nur ganz reiche Leute Bücher; arme konnten sich keine kaufen, konnten auch selten lesen. Um das Jahr 1420 kam man aber darauf, die Buchstaben einer Seite im Buche verkehrt auf ein Brett zu schneiden, anzuschwärzen und abzudrucken. Das ging gut. Mit einem solchen Brett voller Buchstabenformen konnte man schnell viele 1000 Seiten (derselben Art) drucken, und die Bücher wurden nun schon ein gut Theil wohlfeiler. Besonders druckte Lorenz Coster zu Harlem in Holland viele Bücher auf diese Weise, und darum behaupten auch die Holländer, sie seien die Erfinder der Buchdruckerkunst. Eben so sagen auch die Deutschen:

"Nein, wir sind es; ein Deutscher hat die Buchdruckerkunst erfunden, und kein anderer!" Nun, wir wollen uns darüber nicht streiten, sondern weiter hören. Kurz nach Coster lebte in der Stadt Mainz ein Edelmann, Johann von Sorgenloch zum guten Berge, kurzweg Gutenberg genannt. Der schnitt 1440 die Buchstaben nicht auf einem Brette aus, sondern auf die Köpfe von buchenen Stäben (Buchstaben), band diese Stäbchen zusammen, druckte sie ab, und konnte sie nun nach dem Gebrauche wieder aufbinden und zu andern Wörtern zusammensetzen. Er wünschte seine Erfindungen gern in's Große zu treiben. Darum verband er sich, da er selbst arm war, mit dem reichen Goldschmied Faust, und dieser zog noch den Peter Schöffer, einen Gießer und recht gescheidten Mann, mit in den Bund. Peter Schöffer erfand bald auch die gegossenen Lettern aus Metall, und nun druckten diese Männer in Gemeinschaft mit einander mit Lettern (Buchstaben) aus Blei und Zinn gar manches Buch, zuerst aber Bibeln. Faust reis'te dann im Lande umher und verkaufte seine Bibeln, das Stück für 100 Gulden, und alle Welt erstaunte über den unerhört billigen Preis. Die Mönche aber, die nun nichts mehr mit Abschreiben verdienten, erstaunten am meisten und wußten sich am Ende vor Zorn nicht anders zu helfen, als zum Volke zu sagen: "Faust steht mit dem Teufel im Bunde, und die rothen Buchstaben auf den Titelblättern sind mit Menschenblut gefärbt!" Doch laßt die Mönche reden. Wir aber wollen unserm Gotte herzlich danken, daß er die Menschenkinder ein Mittel erfinden ließ, das theure Wort, das uns unterweisen kann zur Seligkeit, auch in die Hütten der Armen zu bringen.

§ 44. Karl der Kühne. † 1455.

Vor etwa 350 Jahren wurden die schönen, reichen Niederlande von dem Herzoge Karl dem Kühnen von Burgund beherrscht. Er war wohl der reichste Fürst seiner Zeit. Sein rother Sammtmantel war mit kostbaren Edelsteinen besetzt und kostete allein 200,000 Thlr. Alle seine Küchengeräthe, Schüsseln, Teller, Löffel, Gabeln u.s.w. waren von Silber. Dabei noch war er hoch geehrt in aller Welt wegen seiner Tapferkeit. Leider war er aber auch ein stolzer Mann und ein Nimmersatt. Er wollte durchaus alle Länder haben, durch die der schöne Rheinstrom fließt. Darum erklärte er auch den armen Viehhirten in den hohen Alpengebirgen, den Schweizern, den Krieg. Sie ließen ihm zwar demüthig vorstellen: „Was willst du doch nur eigentlich mit unserm armen Lande machen? Es ist ja nicht einmal so viel werth, als das Silberzeug an einem deiner Pferde!" Karl hörte aber nicht danach hin, sondern rückte mit einem schönen Heere in die Thäler Helvetiens hinein. Auf einem Hügel stand der erste schweizerische Heerhaufen. Er fiel auf die Kniee. Da lachten die Burgunder, weil sie meinten, die Schweizer thäten das, sie um Gnade zu bitten, und wollten auf sie einhauen. Aber die Schweizer waren nicht vor den Burgundern, sondern vor Gott, dem Herrn der Heerschaaren, auf die Kniee gefallen, und der gab ihnen den Sieg. Schon jene erste Schaar konnten die Burgunder nicht überwältigen; als aber das Haupttheer der Schweizer, starke, kühne Männer, hinter den Bergen hervorkam und die wundersamen Töne der Kuhhörner schauerlich in die Ferne erklangen, da wurde es dem Herzoge bange zu Muthe. Seine Burgunder wurden geschlagen und flohen, und er mit. Dabei verlor er auch seinen kostbaren Diamant, der ihm lieber war, als ein ganzes Land. Ein armer Schweizer fand denselben, hielt ihn für ein hübsches Stücklein Glas, nahm ihn mit heim und verkaufte ihn an seinen Pastor für **einen** Gulden. Bald aber erkannte man, was er gefunden hatte. Der Demant wanderte noch durch manche Hand und wurde endlich vom Papste für den geringen Preis von 20,000 Dukaten erstanden. Jetzt sitzt er oben an der päpstlichen dreifachen Krone. Karl warb voll Zorn ein zweites Heer wider die „Kuhhirten," aber auch das wurde geschlagen und die Gebeine der Getödteten von den Siegern allesammt in einem Kirchlein aufgeschichtet, das man das **Murtener Beinhaus** nannte, und das erst im Jahre 1798 von den Franzosen zerstört worden ist. — Karl sammelte ein drittes Heer und lieferte den Schweizern eine dritte Schlacht; denn er wollte sie durchaus besiegen. Es ging ihm aber schlimmer, als die vorigen Male. Gott half den Schwachen im gerechten Kampfe und widerstand dem Hoffärtigen. Der mächtige Burgunder floh sammt seinem Heere und ward, indem er über einen Wassergraben setzen wollte, von einem Reiter erschlagen. Nach mehreren Tagen fand man die Leiche; die eine Wange war am Eise festgefroren. Die Feinde ließen ihn mit vielem Gepränge begraben und hatten nun endlich Ruhe und Frieden im Lande.

§ 45. Amerika wird entdeckt. 1492.

In der Mitte des fünfzehnten Jahrhunderts lebte in der italienischen Stadt Genua ein Tuchweber mit Namen **Columbo**. Dieser hatte einen Sohn, **Christoph**, den er, obgleich er arm war, dennoch fleißig zur Schule schickte und zum Lesen Schreiben und Rechnen ordentlich anhielt. War die Schule aus, so mußte unser Christoph seinem Vater helfen, mußte spulen und Wolle kratzen. Er that das auch gern, besonders wenn er die Erlaubniß erhielt, nach der Arbeit ein Geschichtenbuch oder eine Reisebeschreibung lesen zu dürfen. Und die vielen Reisebeschreibungen, die er auf solche Weise inne bekam, begeisterten ihn dermaßen, daß er schon in seinem vierzehnten Jahre mit Erlaubniß seiner Eltern Schiffsjunge wurde und mit nach Portugal fuhr. Da er sich immer fleißig, treu und verständig bewies, fing er bald an zu steigen, ja, er ward sogar Offizier, und alle seine Vorgesetzten hatten ihn lieb.

Damals dachte man nun gerade viel darüber nach, auf welchem Wege man am bequemsten, sichersten und schnellsten nach dem schönen Lande Ostindien kommen könnte, wo der Pfeffer wächst und der Reis, Zimmt und Kaffe, der Zucker und die Gewürznelke. Columbo, oder lateinisch Columbus, dachte auch darüber nach und meinte: „Ostindien liegt weit, weit gegen Osten. Da nun die Erde eine Kugel ist, so muß man ja auch dahin kommen können, wenn man immerzu nach Westen fährt!" So meinte Columbus, und er wäre um sein Leben gern einmal nach Westen gefahren, aber — er hatte keine Schiffe. Er theilte daher den Rathsherren seiner Vaterstadt seine Meinung und seinen Wunsch mit, aber die dachten: „Columbus ist ein Narr!" und gaben ihm keine Schiffe. Er bat in Portugal darum, erhielt aber auch nichts. Nun ging er nach Spanien, wo König **Ferdinand** gerade noch eben daran war, alle Muhamedaner (Mauren) aus seinem Lande zu jagen. (§ 33.) Anfangs hörte man auch da nicht auf ihn. „Du Thor," sagten die Mönche, „wenn du nach Westen segelst, geht's ja immer bergunter, weil die Erde eine Kugel ist. Wie willst du denn wieder zurückkehren und den Wasserberg **hinauf** schiffen können?" Königin Isabella war aber verständiger. Als Columbus acht Jahre gewartet hatte, erhielt er endlich drei kleine, alte, gebrechliche Schiffe und 90 Mann. Mehr waren nicht aufzubringen. Denn wer mochte gern auf gut Glück mitfahren in's unbekannte wilde Meer! — Der Wind war günstig und die Fahrt ging schnell; aber dennoch dauerte sie neun volle Wochen. Da erst kamen die Spanier an der westindischen Insel **Guanahani** an, und — **Amerika war entdeckt**. Wie das nun weiter ging, wird euch euer Lehrer, wenn ihr ihn darum bittet, gern umständlich erzählen oder vorlesen. Hier bemerkt euch nur noch Folgendes: Die Wilden in Amerika waren in die gräßlichsten Sünden und Laster versunken. Die Feinde, die sie in den Schlachten fingen, wurden geschlachtet, gebraten und gegessen; oder es wurde ihnen lebendig die Brust aufgeschnitten, das Herz warm herausgenommen und den abscheulichsten Götzenbildern in den offenen Rachen gesteckt. Als Züchtigung für solchen entsetzlichen Abfall schickte Gott die Spanier über sie und ließ es zu, daß diese ihrer Goldgier und ihrer Grausamkeit nachgehen und die Abgöttischen zu

Tausenden erwürgen, verbrennen und ersäufen durften. Wohl hätten die Spanier etwas Besseres thun, hätten den armen Wilden das Evangelium von Jesu Christo bringen können und sollen; aber das thaten sie nicht. Darum brachte ihnen auch all' das viele Gold und Silber, das von jener Zeit an aus Amerika geholt und nach Spanien geschifft wurde, nicht einmal einen irdischen Segen. Spanien, dies schöne, liebliche Land, versank fortan in die größte Armuth und Noth, und noch heut zu Tage hat der Jammer kein Ende, der damals seinen Anfang nahm. Die spanische Regierung hörte später nach und nach auf in Amerika, und von der Zeit an bekommt die Ausbreitung des Evangeliums daselbst ein fröhliches und segensreiches Gedeihen.

§ 46. Martin Luther. 1483—1546.

Im Jahre 1483 den 10. November wurde Martin Luther zu Eisleben geboren und, da er sehr schwach war, den Tag nachher getauft. Sein Vater war ein armer frommer Bergmann und schickte sein Söhnchen fleißig zur Schule, trug es bei schlimmem Wetter oft selbst auf den Armen hinein. Martin war ein kluges und fleißiges Kind, darum beschloß sein Vater: Er soll studiren und ein Rechtsgelehrter werden. Der Knabe wurde nun auf höhere Schulen, erst nach Magdeburg, dann nach Eisenach geschickt, mußte aber, um sein Brod zu verdienen, nach damaliger Weise mit andern Knaben den Leuten vor den Häusern singen. Schon in seinem 18. Jahre bezog er die Universität zu Erfurt und ward Student, und in seinem 22. ward er gar Lehrer anderer Studenten. Darüber freute sich der alte Luther sehr. Einst aber kam Martin mit seinem besten Freunde Alexius von einer Ferienreise nach Erfurt zurück. Ein schweres Gewitter stand gerade am Himmel. Ein Blitz und Donner fiel herab, und Alexius fiel todt neben Luther nieder. Luther erbebte: „Wenn du nun getroffen wärest und ständest jetzt vor deinem Richter!" dachte er, und bebte noch mehr. „O, wehe mir! Es steht schlecht mit mir.

Ich muß mich ändern, muß mich bessern!" so fuhr er fort. und um damit anzufangen, ward er ein Mönch. Wenn man nur ein Mönch würde, dachte man damals, dann wäre schon Alles gut. Alle Sünden wären dann vergeben! Luther's Vater aber, der die Klöster kannte, war mit dem Schritte seines Sohnes nicht zufrieden, und der arme Luther mußte auch bald merken, daß er damit nichts besser gemacht habe. Aeußerlich hatte er es sehr schlimm, mußte im Kloster die geringsten und schwersten Dienste thun und mit dem Bettelsack in der Stadt umherziehen. Dabei war er in seinem Gemüthe ganz verzweifelt, dachte immer an seine Sünden, wollte sie durch gute Thaten wieder abbüßen und gut machen, suchte unsträflich zu leben, und — das wollte Alles nicht gehen, Alles nichts helfen. — Da endlich fand er oben zwischen den Büchern des Klosters an einer Kette eine lateinische Bibel. Er las begierig darin und las zu seinem großen Troste: daß der Mensch nicht durch gute Werke gerecht und selig werde, sondern allein durch den Glauben an Christum Jesum!" Nun war seine Freude groß, und ein stiller Friede und ein heiterer Muth erfüllten nach und nach sein ganzes Wesen. — Im Jahre 1508 machte ihn der Churfürst von Sachsen, Friederich der Weise, zum Professor an der neugestifteten Universität zu Wittenberg und zum Pastor. Als solchen schickten ihn seine Ordensbrüder 1510 nach Rom. Da sollte er den Papst bitten, zu erlauben, daß alte, schwache Mönche in der Fastenzeit Fleisch essen dürften. Luther reis'te gern nach Rom, denn er hatte dazumal noch großen Respect vor dem Papste und vor der Heiligkeit der römischen Mönche. In Rom aber wurde er anderer Meinung. Er hörte dort die schändlichsten Dinge von dem Papste und von den Mönchen erzählen, sah, wie sie soffen und fluchten und logen, hörte wie unanständig sie in den Kirchen die Messen und Gebete herplapperten und über seine Andacht dabei spotteten. Das betrübte ihn schmerzlich, trieb ihn aber auch desto mehr zum Worte Gottes. Mehrere Jahre verlebte er nun wieder predigend und

§ 46. Martin Luther. 1483—1546.

lehrend ruhig in Wittenberg, und sein Vater war wieder ganz zufrieden mit ihm. Auf einmal aber begann eine unruhige Zeit für ihn. Seine Gemeindeglieder mußten nach damaligem Brauche vor dem Genusse des heiligen Abendmahles einzeln zu ihm kommen und ihm ihre Sünden beichten. (Ohrenbeichte.) Dann stellte er ihnen das Sündige der Sünde noch besonders lebhaft vor und forderte sie auf, ihre Missethaten herzlich zu bereuen und Gott um Vergebung derselben anzuflehen und ein anderes Leben anzufangen. Sie antworteten aber: „Das haben wir nicht nöthig; der Mönch Tetzel ist in der Nähe gewesen und hat uns Ablaßzettel verkauft, die haben wir ihm gut bezahlt, und er hat gesagt, es wäre schon Alles gut, unsere Sünden wären bezahlt!" — Natürlich war Luther darüber sehr erzürnt und schrieb auf einen Bogen Papier 95 Sätze auf, worin er behauptete: „daß der Papst kein Recht habe, für Geld Sünden zu vergeben, daß nichts davon in der Bibel stehe" ꝛc.—und ließ den Bogen an der Schloßkirchenthür zu Wittenberg ankleben, 1517, den 31. October. Es dauerte nicht lange, so waren die Sätze abgedruckt und durch ganz Europa verbreitet. Der Papst Leo X. schickte erst den harten Kardinal Cajetan und dann den freundlichen Kammerherrn von Miltitz; die sollten Luther auf andere Gedanken bringen und überreden, daß er Unrecht habe. Luther behauptete aber immer: „Beweis't nur aus der heiligen Schrift, daß ich unrecht habe, dann will ich es vor aller Welt bekennen!" Auch der Doctor Ek konnte ihn zu keiner andern Erklärung bringen. Darum reis'te derselbe wüthend nach Rom und bewog den Papst, Luther und seine Bücher vor aller Welt zu verfluchen, — in den Bann zu thun. In mehreren Städten ließ man aber die gedruckten Bannzettel gar nicht ankleben, und in Wittenberg warf sie gar Luther mit eigener Hand, mitten zwischen seinen Studenten und Tausenden von Bürgern, in's Feuer. 1520. Nun war im Jahre 1519 Kaiser Maximilian von Deutschland gestorben, und Kaiser Karl V. war ihm gefolgt. Dem wurde die Sache bedenklich. Darum befahl er den deutschen Fürsten und hohen Geistlichen, sie sollten sich zum R e i ch s t a g e in der Stadt Worms versammeln. 1521. Da wollten sie denn mit einander überlegen, wie der Streit beizulegen und die „Mönche zu versöhnen seien!" Luther mußte auch kommen und ging so getrost, daß er unterwegs das Lied: „Ein feste Burg ist unser Gott!" dichtete und sich durch Hussens Beispiel nicht schrecken ließ. Nahe bei Worms angekommen, warnte man ihn noch: „Geh' nicht hinein!" Er antwortete aber: „Und wenn so viel Teufel in Worms wären, wie Ziegeln auf den Dächern: ich gehe doch hinein!"—Durch ein unzähliges Volksgedränge wurde er endlich in den großen Saal geführt, wo der Kaiser und seine Räthe, wohl 1200 vornehme Männer saßen. Seine Bücher, die er geschrieben hatte, lagen alle da auf einem Tische. „Hast du die Bücher geschrieben?" fragte man ihn. „Ja," war seine Antwort. „Willst du, was du darin geschrieben, für Lüge erklären und widerrufen, oder nicht?" fragte man ihn weiter. Luther besann sich. „Darauf kann ich nicht gleich antworten," sagte er dann. „Laßt mir Zeit bis übermorgen!" Am dritten Tage wurde er wieder vorgeführt und sprach: „Beweist mir aus der Schrift, daß ich geirrt habe, und ich will widerrufen, will mit eigener Hand meine Bücher zuerst in's Feuer werfen!" „Ei was," erwiederte man. „Hier ist nicht Zeit zum Disputiren. Antworte rund und kurz: willst du widerrufen oder nicht?" „Nun," antwortete Luther, „so will ich euch denn eine Antwort geben, die weder Hörner noch Zähne hat: I ch k a n n n i ch t w i d e r r u f e n, es sei denn, daß man mich aus der heiligen Schrift widerlege. Hier stehe ich. Ich kann nicht anders. Gott helfe mir. Amen!"

Alle sahen verwundert den kühnen Mönch an und ließen ihn nach Hause reisen. Unterwegs überfielen ihn aber verkleidete Männer im Thüringer Walde, rissen ihn aus dem Wagen und führten ihn nach der Wartburg bei Eisenach. Da war er vor seinen Feinden sicher, mußte sich wie ein Ritter kleiden, trug auch einen Schnurrbart und—fing

§ 46. Martin Luther. 1483—1546.

an, die Bibel zu übersetzen. Friederich der Weise hatte jene Männer gesandt. Der Kaiser hatte nämlich die Reichsacht über Luther ausgesprochen, d. h. Jedermann aufgefordert, den gefährlichen Mönch zu fangen oder todt zu schlagen. Jetzt war er in Sicherheit, und nur wenige seiner Freunde wußten, wo er war. Er blieb aber nur neun Monate auf der Wartburg. Da hörte er, daß mehrere seiner Freunde in seinem Namen die Bildsäulen in den Kirchen zerbrächen, kam nach Wittenberg und predigte gegen sie. Die Zahl seiner Anhänger aber wuchs von Tage zu Tage. Im Jahre 1527 schrieb er den kleinen Katechismus für die Kinder und den großen für die Lehrer. Im Jahre 1530 verlangte der Kaiser von den Protestanten (so wurden die genannt, welche fortan nur nach der Bibel, nicht nach der Lehre des Papstes leben wollten): „Nun schreibt mir doch einmal auf, was Ihr von Gott und göttlichen Dingen glaubt!" Melanchthon, Luthers sanfter Freund, schrieb es auf, und in Augsburg wurde diese Schrift (Augsburgische Confession) dem Kaiser übergeben und vorgelesen. Durch diese und andere Schriften wurde Luthers Lehre weit verbreitet. Besonders segensreich war es, daß 1534 die Bibel vollständig übersetzt war und nun in vielen tausend Exemplaren gedruckt wurde. Da wurde sie mit großer Begierde gelesen. Abends nach der Arbeit setzten sich die Leute zusammen, einer las vor, die andern hörten zu; die Weiber hatten in den Spinnstuben das neue Testament vor sich und wußten Gottes Wort besser, als die Mönche, die sie überreden wollten. Das Lesen der heiligen Schrift wirkte tief auf die Herzen der Menschen und wirkte erst recht eine große Verbreitung der Reformation. Manche fromme Lehrer erklärten es auch dem Volke, das meilenweit danach ausging, und Luther arbeitete unermüdet im Dienste des Herrn fort bis an seinen Tod. Im Jahre 1546 starb er in seiner Geburtsstadt Eisleben, tief betrauert von allen denen, welchen der Herr durch ihn die Augen geöffnet hatte. Er wurde in der Schloßkirche zu Wittenberg begra-

ben. Seine Frau, eine geborne **Katharina von Bo-
ra**, überlebte ihn mehrere Jahre.

§ 47. Kaiser Karl V. 1519—1556.

Kaiser Karl V. besaß außer dem deutschen Reiche auch noch Spanien, die Niederlande, beinahe ganz Italien und Amerika. Er war also ein mächtiger Fürst und hätte mithin, nach menschlichen Ansichten, die Ausbreitung des Evangeliums im deutschen Reiche wohl müssen verhindern können. Aber er konnte es **nicht**, denn Gott hinderte ihn und erweckte ihm zuerst zwei mächtige Feinde, den katholischen Franzosenkönig Franz I. in Westen und den muhamedanischen Türkenkaiser in Osten. Beide beunruhigten ihn fast immerwährend, wenn sie dabei auch gleich den Kürzern zogen. Nach Luther's Tode brach aber des Kaisers Feindschaft wider die protestantischen Fürsten in hellen Flammen hervor. Er rückte in das Churfürstenthum Sachsen ein, besiegte den Churfürsten Johann Friederich bei **Mühlberg**, führte ihn gefangen mit sich herum und zog nach Wittenberg. Man zeigte ihm Luther's Grab. Sein General, Herzog Alba, rieth: „Man lasse doch den Erzketzer ausgraben und verbrennen!" aber der Kaiser antwortete: „Luther steht jetzt vor seinem Richter. Er bleibe in Ruhe! Ich führe nicht mit den Todten Krieg, sondern mit den Lebendigen!" Nachher bekam er auch den Landgrafen von Hessen in seine Gewalt, und hatte so den beiden Hauptfürsten der Protestanten ihre Macht und Freiheit genommen. Das Churfürstenthum Sachsen schenkte er dem Herzog Moritz von Sachsen, der an seinen Glaubensgenossen zum Verräther geworden war und dem Kaiser geholfen hatte. Nachher aber wachte dem Moritz das Gewissen wieder auf. Er sammelte ein Heer, überfiel damit den Kaiser zu Insbruck in Tyrol, und der alte Herr mußte sich bei Nacht und Nebel, da er gerade am Podagra krank war, in einer Sänfte Hals über Kopf forttragen lassen; sonst hätten ihn die Sachsen gefangen. Und Johann Friedrich war noch immer mit in seinem Gefolge (als Gefangener) und sah das mit an. Da schämte sich der Kaiser und ließ ihn los und gab ihm einige Länder wieder, in denen noch jetzt Friederichs Nachkommen, die Herzöge und Großherzöge von Sachsen, regieren. Mit dem siegreichen Moritz schloß der Kaiser den **Religionsfrieden zu Augsburg**, 1555, und erlaubte, daß von nun an die Protestanten in Deutschland eben so viel Recht haben sollten, wie die Katholiken. — Von jenem Moritz stammen die jetzigen Könige von Sachsen her.

Der Kaiser Karl wurde über diesen unglücklichen Ausgang sehr verdrießlich. Er hatte gar keine Lust mehr, länger Kaiser zu sein. Er erkannte, daß Alles eitel sei, legte voll Unmuth seine glänzende Würde nieder, 1556, ward Mönch und zog in das Kloster St. **Juste** in Spanien. — Da beschäftigte er sich nun bis an seinen Tod mit Uhrenmachen,* mit Lesen, Singen und Beten, und wir dürfen wohl hoffen, daß er bei diesen stillen Geschäften im Kloster gefunden hat, was er auf dem Throne nicht fand, — Erkenntniß der Wahrheit, Leben und Seligkeit. — Er starb im Jahre 1558.

§ 48. Philipp II. 1556—1598.

Die meisten Länder Karl's V. erbte sein Sohn Philipp II., König von Spanien, ein harter, finsterer Mann, der in seinem Leben niemals gelacht haben soll. Streng katholisch erzogen, war ihm die Reformation ein Gräuel. „Lieber mag ich gar nicht herrschen, als über Ketzer!" sagte er. So weit nun seine Macht reichte, suchte er die Protestanten auszurotten, „damit doch nur nicht noch mehr durch sie

---

* Früher hatte man Sanduhren und denen ähnliche Wasseruhren oder Sonnenuhren. Um's Jahr 1000 mögen die Räderuhren erfunden sein, die durch Gewichte, und um's Jahr 1500 die Taschenuhren, die durch eine schneckenförmig gewundene, elastische **Stahlfeder** in Bewegung gesetzt werden. Der Erfinder der letztern war **Peter Hele** in Nürnberg. Sie waren Anfangs rund, wie ein Ei, und hießen **Nürnberger Eier**.

verführt und in die Hölle gezogen würden!" wie er meinte. Nun gab es aber in den reichen Niederlanden, die dem bösen Philipp auch gehörten, besonders viele Protestanten, und darum war ihm dies schöne Land ein sehr verhaßtes. Philipp konnte das nicht ruhig ansehen. Er wollte dort die Reformation ausrotten, und schickte deshalb seinen grausamen General, den Herzog Alba, dahin, daß er die Abtrünnigen nicht belehre, sondern strafe. Alba strafte denn auch auf das Gräßlichste. Als er nach Spanien zurückkehrte, rühmte er sich in seinem Frevel: „Während der sechs Jahre meines Regiments habe ich achtzehntausend Ketzer lebendig verbrennen lassen!" Und was halfen solche Gräuel dem Könige? Gar nichts! Zwei Millionen protestantische Nordniederländer (Holländer) ließen ihm sagen: „Du behandelst uns wie das Schlachtvieh und hast doch bei deinem Regierungsantritte geschworen, uns wie ein Vater zu behandeln. Du hast deinen Eid gebrochen; wir können nicht mehr deine Unterthanen sein, bis du ihn wieder erfüllst! Philipp wollte das aber nicht, sondern die „Rebellen" mit Waffengewalt zum Gehorsam bringen. Die Armen! Auf Erden hatten sie gegen den mächtigen Herrn, von dem man sagen konnte: daß in seinem Lande die Sonne nicht untergehe, keine Hülfe weiter, als die protestantische Königin Elisabeth von England. (§ 49.) Aber was schadet das?! Der im Himmel wohnet, war ihr mächtiger Bundesgenosse. Philipp rüstete eine so ungeheure Flotte aus, wie sie seit Xerxes (§ 12.) nicht war gesehen worden und nannte sie in seinem Stolze: „die Unüberwindliche." Damit wollte er zunächst das ketzerische England, das ihm der Papst schon vorläufig geschenkt hatte, und danach dann natürlich Holland erobern. Die Einwohner beider Länder wurden sehr besorgt, aber sie stärkten sich durch Gebet. Da schickte Gott einen gewaltigen Sturm; der blies dermaßen zwischen die stolze Flotte, daß nur die Hälfte der Schiffe und diese in dem jämmerlichsten Zustand nach Hause kam. — Und nun konnten sich auch Spaniens Feinde nicht rühmen: „Unser Arm hat das gethan!" Von der Zeit an ward England immer mächtiger, Spanien immer ohnmächtiger. — Auf seine Silberflotten aus Amerika wartete Philipp meist vergebens. Entweder waren sie untergegangen oder den Engländern und Holländern in die Hände gefallen, welche jetzt die Herrschaft auf der See erhielten. Bei all' solchen Verlusten hatte der König noch fast beständige Kriege mit den Franzosen zu führen und baute obenein das prächtige Kloster Eskorial, das manche Million kostete. Es war kein Segen in Allem, was der Mann that, der Gott und seinem Evangelium widerstanden hatte. Der reiche Philipp ward am Ende so arm, daß er seinen Bedienten den Lohn nicht ausbezahlen konnte, und daß man in den Kirchen eine Kollekte für ihn sammeln mußte. Das war schon eine harte Strafe für den Tyrannen. Sie kam aber noch härter. Philipp ward krank, und siehe! bald erkannte man mit Grausen: es war Sulla's, es war Herodis Krankheit! — Der elende, schrecklich gequälte Mann ließ sich in das Eskorial bringen. Das half ihm aber auch nichts. Erst nach den entsetzlichsten Qualen verließ seine arme Seele den halbverfaulten Leichnam und ging an ihren Ort.

§ 49. Heinrich VIII. 1509—1547, und Elisabeth 1558—1603.

Als Karl V. noch lebte, regierte in England sein Vetter Heinrich VIII. Der dünkte sich, er wäre ein gelehrter Mann und schrieb in diesem Dünkel ein Buch gegen Luther Darüber lobte ihn der Papst und nannte ihn „**einen Vertheidiger des Glaubens!**" — und diesen schönen Titel, aber anders gemeint, führen die Könige von England noch jetzt. Später wollte sich Heinrich gern von seiner Frau scheiden lassen, weil sie ihm nicht mehr gefiel. Das wollte aber der Papst nicht haben, denn die Ehescheidung ist in der katholischen Kirche verboten. Was that nun König Heinrich? Er hatte einen harten Eigenwillen und sagte: „Der Papst hat mir nichts zu befehlen. Fortan soll er sich gar nicht mehr um mein Land bekümmern!" und nun fing er an, die Klöster aufzuheben, erlaubte Jedermann, die Bibel zu lesen, und zeigte den Geistlichen an, sie hätten nur ihm und nicht dem Papste zu gehorchen. Mit einem Wort: er führte die Reformation ein. So regiert und wendet Gott auch die bösen Absichten und Werke schlechter Menschen, daß Gutes daraus erwachsen muß. Das nützt freilich den bösen Menschen nichts und wehe denen, die da sagen: Lasset uns Böses thun, damit etwas Gutes daraus erwachse.

Viele Engländer hatten die erhaltene Erlaubniß die Bibel zu lesen, treulich benutzt, und das hatte, wie in Deutschland, die Reformation herbeigeführt. Aber nun kam eine Trübsalszeit über sie. Heinrich des VIII. Tochter, Maria, die einige Jahre nach ihres Vaters Tode zur Regierung kam, hielt streng an der alten Weise und hätte gern das neu erwachte Leben völlig ausgerottet. Darum verheirathete sie sich mit dem gleichgesinnten Philipp II. von Spanien, und that wie er. Mehrere hundert fromme Christen, die sich fest an Gottes Wort hielten, wurden lebendig verbrannt. Sie herrschte aber — gottlob! — nur fünf Jahre, da folgte ihr ihre protestantische Schwester Elisabeth, und das Wort Gottes hatte ungehinderten Eingang im Lande. Unter dieser Königin fing England an, so mächtig zu werden, als es seither geworden ist. Damals lebte der muthige Seeheld Franz Drake (Drähk), der im Kriege mit den Spaniern diesen oft die Schiffe aus ihren eigenen Seehäfen heraus holte, manche ferne Länder besser kennen lernte und die ersten Kartoffeln aus Amerika nach Europa brachte. Er wußte wohl selbst nicht, welch' ein köstliches Geschenk er damit uns Allen machte; aber wir müssen Gott dafür danken, der die Menschen neue Dinge entdecken läßt und durch die Kartoffeln seither so manche Hungersnoth abgewendet hat. Der Krieg mit den Spaniern dauerte, so lange Philipp II. lebte. Die Veranlassung dazu war gewesen, daß Elisabeth nach ihrer Schwester Tode nicht die

Frau dieses finstern Mannes hatte werden wollen, und daß er also in England auch gar keinen Einfluß mehr hatte, und daß sie die Protestanten beschützte.

§ 50. Gustav Wasa. 1523.

Zu Luther's Zeit lebte in Dänemark der böse König Christian II. Dieser hatte an seinem Lande noch nicht genug, sondern unterjochte auch die Schweden, daß sie ihm gehorchen mußten. Und damit er sicher wäre, daß sich die Mächtigsten derselben nicht empörten, ließ er 94 von ihnen freundlich nach der schwedischen Hauptstadt Stockholm einladen und, als sie kamen, Alle miteinander auf dem Markte enthaupten, so daß das Blut die Straßen hinabfloß. Es war eine gräuliche That. Man nennt sie mit Recht „das Stockholmer Blutbad!" Einer jener Unglücklichen Erichson Wasa, hatte einen schon erwachsenen Sohn, Gustav Wasa. Gern hätte Christian auch diesen hinrichten lassen, aber glücklicherweise wußte er nicht, wo sich derselbe aufhielt. Nun ließ er in seinem ganzen Reiche austrommeln und ausrufen: „Wer dem Könige den Rebellen Gustav Wasa ausliefern kann — lebendig oder todt, ist einerlei —, bekommt 6000 Thaler zum Lohne!" Gleich gaben sich Tausende an's Suchen. Wen aber Gottes Hand verbirgt, den sucht auch ein mächtiger König mit allen seinen Helfershelfern vergeblich. Gustav war mitten in dem genau durchsuchten Schweden. Erst arbeitete er eine Zeit lang in den Kupferbergwerken zu Falun. Danach, als dort die giftigen Ausdünstungen seiner Gesundheit schadeten, drosch er dem reichen Bauer Pehrson seinen Roggen mit aus, — immer unerkannt, — und zuletzt arbeitete er als Knecht bei dem Bauer Nilson. Und die dänischen Soldaten gingen von Dorf zu Dorf, von Haus zu Haus und suchten den gefürchteten Gustav. Bei diesem steten Suchen kamen sie denn auch zum Bauer Nilson und sahen seinen Knecht am Kaminfeuer stehen und sich wärmen. Aber kaum waren sie eingetreten, so stürmte auch

Frau Nilson hastig herein, zog mit der Schüppe ihrem Knechte eins derb über den Rücken und schrie: „J, du Faulpelz, warte, ich will dich! 'raus an die Arbeit!" und Gustav freute sich über den Schlag und ging still an seine Arbeit. „Das ist aber auch Eine! Gut, daß wir der ihre Knechte nicht sind!" dachten die Soldaten und gingen weiter. Gustav meinte aber: „Besser ist besser! du sollst lieber hier weg und weiter in's Gebirge fliehen!" Und Nilson meinte es auch, packte ihn in einen Wagen voll Stroh und fuhr ihn weiter fort. O weh! da kamen schon wieder dänische Soldaten! — „Halt' an, Bauer," rufen sie, „wir müssen deinen Wagen untersuchen!" — und nun stechen sie mit ihren Degen nach allen Seiten durch das Stroh. Ach, der arme Gustav! Nun ist er gewiß todt! O nein. Nur eine ganz leichte Wunde hat er am Fuß. — Er kam glücklich, wohin er wollte, und erzählte dort den Bauern die Geschichte von Christian's Gräueln. Sie hörten ihm mit Schrecken zu und — folgten ihm. Sein Haufen wurde immer größer, und in kurzer Zeit jagte er alle Dänen sammt ihrem bösen Könige aus Schweden heraus. Nun baten die Schweden hocherfreut ihren theuern Gustav: „Sei du unser König. Du allein bist es werth!" Er wollte aber lange nicht. Erst durch viele Bitten ließ er sich dazu bewegen. — Und nun lernte er von Deutschland aus das reine Wort Gottes kennen, und ließ es in Schweden überall laut verkünden. Seit jener Zeit sind die Schweden fast ohne Ausnahme Protestanten.

Und wie ging's denn dem bösen Christian? Der wurde später von Land und Leuten gejagt und floh nach Deutschland. Da stellte er sich fromm und sagte: „Ich möchte gern lutherisch werden!" und meinte, nun würden ihm die Protestanten sein Land wieder erobern. Sie merkten aber seine Schalkheit und halfen ihm nicht. Einige Zeit nachher fingen ihn die Dänen und sperrten ihn in einen Thurm, damit er nicht ferner unter ihnen würge.

§ 51. Heinrich IV. in Frankreich. 1589—1610.
Die Bluthochzeit. 1572.

In der Schweiz hatten Zwingli und Calvin die Protestantische Lehre verkündet. Die Bibel wurde von Vielen gelesen, ein neuer Ernst kam in die Herzen, und von da aus verbreitete sich die Reformation weit in Frankreich hinein. Aber in diesem Lande ging es durch viele Drangsale. Die Bekenner der Wahrheit durften, wenn sie sich gemeinschäftlich erbauen wollten, nur in abgelegenen Häusern und verborgenen Höhlen und Gewölben zusammenkommen, „wie der Geist des verstorbenen Königs Hugo!" sagten spöttisch ihre Feinde und nannten sie deshalb „Hugenotten." Der Schimpfname ließ sich nun wohl leicht ertragen, aber es kam bald schlimmer. Ueberall wurden die unglücklichen Protestanten ohne Scheu und Strafe umgebracht. — Es ging, wie es der Herr Jesus seinen Jüngern vorhergesagt hatte: wer euch tödten wird, wird meinen, er thue Gott einen Dienst daran. Ein Vater ließ seinen leiblichen Sohn aufhängen, und ein Bruder seine Schwester lebendig verbrennen. — Besonders feindselig handelten die Könige gegen die Hugenotten und tückisch obenein. Hört nur, wie sie's machten. Um's Jahr 1572 war Karl IX. König in Frankreich. Da er aber noch jung, erst 22 Jahre alt war, hatte seine böse Mutter Katharina ihn in ihrer Gewalt, und er that, was sie wollte. Auf deren Rath ließ er im ganzen Reich bekannt machen: „Die Gräuel der Religionskriege haben nun leider schon lange gedauert. Es ist hohe Zeit, daß ein seliger Friede das Land beglücke. Und zum Zeichen der Aufrichtigkeit meiner Worte erkläre ich, daß ich bereit bin, meinem Nachbar, dem reformirten Könige Heinrich von Navarra, meine Schwester zum Weibe zu geben!" Das war eine Freudennachricht ohne gleichen für die armen Hugenotten! Heinrich nahm das Anerbieten an, und zur Feier seiner Hochzeit versammelten sich die Vornehmsten seiner Glaubensgenossen in Paris. Ach, ihr Unglücklichen! Ist denn Niemand, der euch anzeige, daß König

Karl, seine schreckliche Mutter und alle seine Anhänger einig geworden sind, euch in der **Bartholomäusnacht** (den 24. August 1572) Alle mit einander umzubringen? Ach, nein! Niemand thut es, und die schreckliche Nacht kommt herbei! In stiller Mitternacht ertönt die Glocke auf dem Thurme des Schlosses. Mit Zittern und Herzklopfen vernahmen die Katholiken das Zeichen. Schon haben sie zum Unterscheidungszeichen ein weißes Tuch um den Arm gewunden und ein weißes Kreuz auf die Mütze gesteckt. Und nun geht's in die finstre Nacht zum Morde unschuldiger Brüder. Zuerst erstechen sie den Vornehmsten der Hugenotten, den alten, frommen Admiral **Coligny** (Kolinji) und stürzten seinen Leichnam zum Fenster hinaus, — und dann fallen sie so erbarmungslos über die Andern her, daß bald alle Straßen mit Menschenblut befleckt und mit Leichen angefüllt sind. Den jungen König Heinrich tödteten sie nicht, weil er versprach, katholisch zu werden, und König Karl hatte seine große Lust an dem Morden und schoß mit eigener Hand aus dem Fenster auf die armen Hugenotten, die, in Todesangst, Straße auf, Straße ab liefen und nicht wußten, wohin. Nachher quälte aber auch den Bösewicht sein Gewissen dermaßen, daß er sein Lebtag keine fröhliche Stunde mehr gehabt hat. Sechszigtausend unschuldige Menschen sollen bei dieser „**Pariser Bluthochzeit**" von ihren Landsleuten ermordet worden sein, und das freute den Papst in Rom also, daß er ein allgemeines Jubelfest in der katholischen Kirche anordnete. Die bessern Katholiken — **die es, gottlob! zu allen Zeiten gegeben hat** — verabscheuten aber laut und im Herzen jene Gräuel, bedauerten die unschuldig gemordeten Brüder und feierten kein Jubelfest. — Heinrich von Navarra war indeß dem Tode entgangen; doch wurde er vorerst noch nicht katholisch. Als er später nach Karl's IX. und auch dessen Bruders Tode König von Frankreich werden sollte, wollten ihn die katholischen Franzosen nicht; und als er mit seinen Truppen in Paris einrücken wollte, schlossen ihm jene die Thore. Heinrich blieb nun freilich vor den Thoren stehen, und in der

volkreichen Stadt entstand bald solch' eine schreckliche Brod=
noth, daß zehntausend Menschen verhungerten. Aber den=
noch eröffnete das hartnäckige Volk ihm da erst die Thore,
als er katholisch ward. Als König nahm sich Heinrich der
Protestanten ernstlich an. Im Jahre 1598 gab er das so=
genannte Edikt von Nantes, worin er anordnete, daß
die Protestanten fortan ungehindert ihrem Glauben gemäß
leben und sich unter einander erbauen durften. Daneben
war er unermüdet für das Wohl seiner katholischen wie pro=
testantischen Unterthanen besorgt. Er hatte das Glück, einen
vortrefflichen Minister, Sülly, zu haben, der ihm immer
die Wahrheit sagte und ihn ernstlich abmahnte, wenn er
etwa im Begriff stand, etwas Böses zu thun. Und Hein=
rich freute sich dessen und achtete den redlichen Sülly als sei=
nen größten Freund. Frankreich war ruhig und glücklich
unter ihm. Dennoch waren ihm Manche feind, weil er die
Protestanten begünstigte, und es fehlte nicht an Leuten, die
andere überredeten, man würde Gott einen Dienst thun,
wenn man solch' einen König umbringe. Als Heinrich einst
in seinem offenen Wagen an einer Straßenecke wegen eines
umgefallenen Heuwagens still halten mußte, schwang sich ein
Bösewicht, Franz Ravaillac, auf das Rad und er=
stach den König. —Was half nun dem armen, gutmüthigen
König sein Uebertritt zu einem Glauben, den sein Herz nicht
bekannte?

Das Volk trauerte. Die Liebe zu dem treuen Könige
erwachte nun erst recht, und die Franzosen dachten noch
lange an den „guten" Heinrich IV., wie sie ihn nannten,
denn die folgenden Könige waren nicht wie er.—Dem
Mörder ward ein schreckliches Ende zum Lohne. Die Hen=
ker mußten demselben erst vor Tausenden von Menschen mit
glühenden Zangen Stückchen Fleisch aus seinem Leibe knei=
pen, dann kochendes Blei in die Wunden gießen, und ihn
endlich bei lebendigem Leibe von vier schwachen Pferden lang=
sam aus einander reißen lassen. So strafte man damals
zuweilen. Das war aber nicht Gerechtigkeit, sondern Grau=
samkeit. So hat Gott es nicht befohlen!

9*

§ 52. Die Pulververschwörung. 1650.

Nach dem Tode der Königin Elisabeth von England, unter welcher die Protestanten Frieden und gute Ruhe gehabt hatten, wählten die Engländer den nächsten Anverwandten derselben, den König J a k o b von Schottland, zu ihrem Nachfolger. Der war nun zwar katholisch, aber seine protestantischen Unterthanen brauchten sich doch nicht sehr vor ihm zu fürchten; denn theils war er in seinem Herzen den Protestanten gar nicht abgeneigt und sehr tolerant (d. h. duldsam); theils hatten schon damals die englischen Könige nicht eine so ausgedehnte Macht über das Volk, wie in den andern Staaten der Fall ist. Aber es gab noch manche Katholiken im Lande, welche es verdroß, weil sie gern gesehen hätten, daß die Reformation ausgerottet würde. Und die Jesuiten mehrten fleißig jenen Verdruß und lehrten unter der Hand: „Unser König Jakob ist im Herzen ein Erzketzer, und wer ihn umbringt, verdient einen Gotteslohn!" — Und siehe da! Was geschah?! Es war ein Tag festgesetzt, an dem wollten der König und seine Parlamentsräthe in dem gewöhnlichen großen Hause zusammenkommen, um gemeinschaftlich zu überlegen, was im Lande eingerichtet werden sollte. Zehn Tage vor jenem festgesetzten erhielt aber einer der Parlamentsräthe einen Brief des Inhaltes: „Lieber gehe an dem bestimmten Tage nicht in's Parlament. Ihr Herren werdet da einen gewaltigen Schlag bekommen, und Keiner wird merken, wie er entstanden. Nochmals bitte ich dich: bleibe fort. Ich meine es gut mit dir!' Wer den Brief geschrieben hatte, das wußte Niemand. Aber der Parlamentsrath zeigte die Sache an, und man untersuchte das Parlamentshaus von oben bis unten. — Da fand man den ganzen Keller voll Pulver und — einen Kerl dabei. Der wurde natürlich festgenommen und über Alles scharf befragt. — Und er gestand Alles und sagte: „Wir sind unser achtzig, und hatten beschlossen, an dem bewußten Tage dies ganze Haus voller Protestanten in die Luft zu sprengen!" — Dafür wurde dieser Bösewicht hingeichtet und die Andern von den neunundsiebzig, die man greifen konnte, auch. Die meisten derselben flohen aber in eine kleine Festung und wehrten sich, als man sie abholen wollte. Die Soldaten des Königs belagerten die Festung, und einer von ihnen traf das kleine Pulverhaus, daß es krachend in die Luft flog und die meisten der Bösewichter jämmerlich zerschmetterte. Solch' ein Ende hatten sie dem Parlamente zugedacht, und nun traf es sie selbst. — Die noch Uebrigen fing man und lohnte sie nach ihrer That.

§ 53. Der dreißigjährige Krieg. 1618.

Als Luther laut verkündigte, daß wir nicht durch äußerliche gute Werke, sondern durch den Glauben an Jesum Christum gerecht und selig werden, da freuten sich die Hussiten in Böhmen und mehrten sich, denn auch in Böhmen wurden Luthers Schriften gelesen. Die Einrichtung in mancher ihrer Gemeinden war noch besser, als bei den andern Protestanten.

Aber zur Zeit des Königs **Matthias**, der zugleich Kaiser von Deutschland war, wurden die protestantischen Böhmen in Furcht gesetzt, ihre Obrigkeit wolle die reine Lehre durch Gewalt unterdrücken. Wirklich wurde ihnen im Jahre 1618 eine neuerbaute Kirche niedergerissen und eine andere zugeschlossen, daß Niemand mehr hinein durfte. Die Protestanten schrieben deshalb an den Kaiser und beschwerten sich über dieses Unrecht. Es kam aber eine äußerst harte Antwort aus Wien zurück, worin ihnen dafür Strafen angedroht wurden, daß sie sich ihre Kirchen nicht ruhig hatten nehmen lassen. Das erschreckte und erbitterte die Leute. Dazu hieß es, die Antwort sei nicht wirklich vom Kaiser, sondern von dessen Räthen auf dem Schlosse in Prag: **Martiniz** und **Slavata**, gemacht worden. Beide waren als Feinde der Protestanten bekannt. Man sagte von ihnen: sie hätten auf ihren Dörfern ihre protestantischen Bauern mit Hunden in die katholische Kirche hetzen lassen, und sie auf allerlei gewaltsame Weise zum katholischen Glauben gezwungen. Ob es wirklich so wahr ist, weiß man nicht gewiß; aber der Zorn riß nun die Abgeordneten der Protestanten dahin. Sie drangen in's Schloß ein und warfen die beiden gehaßten Räthe zum Fenster hinaus, 80 Fuß tief in den Schloßgraben, und ihren Schreiber hinterdrein. Die Armen fielen auf einen Haufen von Auskehricht, so daß sie keinen Schaden nahmen und errettet wurden.

Wer einmal einen Schritt vom rechten Wege abweicht, der wird immer weiter gerissen. Die Böhmen setzten jetzt eine neue Regierung ein, und hielten ein Heer bereit. Indeß starb Kaiser Matthias, und an seine Stelle kam der junge Erbherzog Ferdinand, der in seinen Ländern Steiermark und Kärnthen schon früher die Reformation ausgerottet hatte. Früher hatten ihn die Böhmen als ihren künftigen König anerkannt, aber jetzt beschlossen sie, sie wollten ihn nicht zum Könige haben, und wählten dazu den jungen Churfürsten Friedrich von der Pfalz, der auch nach Böhmen kam und in Prag gekrönt wurde. — Aber in allen diesen eigenwilligen Schritten war Gottes Segen nicht, denn von jeher hatten die Christen mehr Frieden und Segen, wenn sie stille duldeten und Alles Gott anheim stellten, als wenn sie sich selber helfen wollten. Ein kaiserliches Heer rückte in Böhmen ein, Friedrich wurde auf dem weißen Berge bei Prag völlig geschlagen und entfloh, Böhmen wurde unterjocht, aller protestantische Gottesdienst wurde verboten, und wer nicht auswanderte, mußte seinen Glauben verleugnen. Es verließen aber damals wohl an dreißigtausend Familien das Land. Vergebens traten jetzt andere Protestanten auf und nahmen sich der Sache an, vergebens kam auch der dänische König Christian nach Deutschland herüber, um den Protestanten zu helfen. Der baierische General Tilly, der die katholische Armee befehligte, besiegte Alle, und nach Verlauf von zehn Jahren war Kaiser Ferdinand II. in ganz Deutschland Herr und Meister. Da gab er das Restitutionsedikt, d. h. er befahl, es sollten alle Kirchengüter, welche die Protestanten besäßen, herausgegeben werden. Und wie man Ferdinand kannte, durfte man nicht

erwarten, daß er eher aufhören werde, als bis er jede Spur
des Evangeliums aus Deutschland ausgerottet haben würde.
Große Heere standen bereit, um Alles in's Werk zu setzen,
was der Kaiser wollte, und viele Gegenden Deutschlands
waren schon schrecklich verwüstet. — Doch wenn die Noth
am größten, ist Gott mit seiner Hülfe am nächsten.

§ 54. Gustav Adolph. † 1632.

Von Norden her kam dies Mal die Hülfe, und der Bote,
der sie brachte, war König Gustav Adolph von Schweden, ein Enkel von Gustav Wasa. In Wien nannte man
den schwachen Schwedenkönig damals spottweise nur immer
den „Schneekönig!" und der kaiserliche General Wallenstein äußerte sich: „Kommt mir der Schneekönig nach
Deutschland, gewiß! ich lasse ihn mit Ruthen wieder nach
Hause peitschen!" So wenig Respekt hatte man damals
vor den Schweden. Das kam aber bald anders. König
Gustav und sein edles Volk waren tief betrübt über den
Jammer der Glaubensgenossen in Deutschland. Es sammelte sich ein kleines, aber tapferes Heer, und der König
führte es nach Deutschland hinüber. Solche Soldaten waren aber in unserm Vaterlande nimmer gesehen. Da hörte
man keinen Fluch, kein Scheltwort, sondern Gebete, Lobge-
sänge und verständige Gespräche. Kein Kartenspiel duldete
der König, und ein Betrunkener wurde auf das Härteste
bestraft. Und Gott war mit dem Heere. Wohin es kam,
zogen sich die Kaiserlichen zurück. Eine Stadt nach der andern öffnete den Schweden ihre Thore, und wurden von diesen Feinden unvergleichlich milder behandelt, als von ihren
früheren Beschützern. Aber leider ging doch noch eine Stadt zu
Grunde, welcher der König nicht bald genug zu Hilfe kommen konnte: Magdeburg. Diese Stadt hatte nämlich
Tilly den 10 Mai 1631 erobert und in Brand stecken
lassen. Während des Brandes plünderten die schrecklichen
Eroberer Alles, was sie fanden, mordeten Jeden, der ihnen
begegnete, und zerschmetterten selbst die Säuglinge an den

Straßenecken oder spießten sie lebendig und hielten sie in die Flammen. Nur 300 Häuser blieben stehen von 2000, und 1500 Menschen am Leben von 40,000. So wütheten Tilly's Soldaten, und er selbst, der Mordbrenner, hielt ruhig vor dem Thore auf seinem Pferde und sah zu. Und als einige seiner Offiziere herbeisprengten und baten: „O, General, so laß doch einmal das Blutvergießen ein Ende nehmen! laß die Soldaten zurückkommen!" antwortete er: „Kommt nach einer Stunde wieder! Der Soldat muß doch auch etwas haben für seine saure Mühe!" —

Von Magdeburgs rauchenden Schutthaufen zog Tilly mit gequältem Gewissen nach Leipzig. Dort traf er den edlen Schwedenkönig und sein frommes Heer. Noch nie hatte man ihn, den rauhen Krieger, trunken gesehen; noch nie hatte er eine Schlacht verloren, wohl aber in sechs und dreißig Schlachten gesiegt. Bei Leipzig nahm sein Siegeslauf ein schmähliches Ende. Gustav besiegte ihn, folgte ihm nach Schwaben und besiegte ihn dort zum zweiten Male. Tilly erhielt in dieser zweiten Schlacht eine Wunde in der Lende und starb einige Zeit nachher daran. So war die Macht der Katholiken in Deutschland gebrochen, und die Protestanten fingen schon an zu jubeln, ehe es Zeit war. König Gustav wollte nach Wien gehen und dort den Kaiser zum Frieden zwingen. Aber Gott gedachte es anders zu machen. Der obengenannte Wallenstein warb zum zweiten Male ein mächtiges Heer und zog damit nach Lützen. Die Schweden mußten ihm folgen, besiegten ihn zwar, aber — ihr edler König wurde in der Schlacht erschossen. Bei Lützen am Wege steht ein Denkmal, und hohe Pappeln stehen um dasselbe her; da ist der edle König gefallen. — So wurde wie einst Josua 2. Chron. 35, 23. 24, der fromme Held hinweggenommen mitten aus seinem Siegeslauf. Warum? das weiß nur der, der ihn hinweggenommen hat.

§ 55. Wallenstein. Der westphälische Friede. 1648.

Während dieses traurigen dreißigjährigen Krieges litt unser armes Vaterland unsäglich viel. Der Mann, der es

aber am meisten plagte, war der schon erwähnte Wallen=
stein, ein reicher Edelmann in Böhmen. Da der Kaiser
zu arm war, ein Kriegsheer zu werben und zu unterhalten,
so erbot sich Wallenstein dazu, dies aus eigenen Mitteln zu
thun. Und er brachte es wirklich zu Stande. Wie war
das aber möglich? — Wohin Wallenstein nur kam, gleich=
viel, ob es eine katholische oder lutherische Gegend war, —
da mußten die armen Einwohner Alles hergeben, was sie
hatten, um Wallensteins Raubgesindel zu befriedigen.—Die
Länder wurden jämmerlich ausgesogen, viele Menschen star=
ben Hungers. Alle deutschen Fürsten klagten so einstimmig
über ihn, daß der Kaiser ihn eine Zeit lang entlassen mußte.
Aber als Gustav Adolph in Baiern eindrang, wurde Wal=
lenstein gebeten, er möge nur wieder Feldherr sein. So
wurde er mächtiger, als je vorher. Aber zugleich wurde er
auch immer stolzer, und bald kam Gottes Strafe über ihn.
Er wollte in seinem Hochmuth König von Böhmen werden.
Das erfuhr aber der Kaiser und ließ ihn in seinem Schlaf=
zimmer zu Eger in Böhmen des Nachts erstechen.

Leider hörte mit Wallenstein's Tode 1634 das Elend in
unserm Vaterlande noch immer nicht auf. Andere Generale
traten an seine Stelle und in seine Fußstapfen und sengten,
brannten und mordeten, wohin sie kamen. Und aus dem
schwedischen Heere war leider auch nach Gustav Adolph's
Tode der fromme Sinn gewichen, so daß man viele schreckliche
Grausamkeiten von ihnen erzählt, und ihr Name in allen
Gegenden noch lange nachher nur mit Schrecken genannt
wurde. Ganze Dörfer, ganze Gegenden starben aus an der
Pest. Ein sterbender General — übrigens ein böser Mann
— begehrte noch in seinen letzten Stunden einen Pastor, der
ihn trösten und auf den Tod vorbereiten möchte; aber in 15
Stunden weiter Runde war nicht ein einziger aufzufinden.
Weit und breit war das Land eine Wüste, von Wald und
Haide und von Trümmern bedeckt. Die Schulen waren
fast überall eingegangen, die Eltern umgekommen, und die
verwahrlos'ten Kinder zogen bettelnd und stehlend im Lande

umher, — unwissend und roh, wie die Thiere des Feldes, und schrieen nach Brod.

Da endlich, im Jahre 1648, schloß der Kaiser in den westphälischen Städten Osnabrück und Münster mit den Schweden und den Franzosen, die in den letzten Jahren den Schweden geholfen hatten, den langersehnten Frieden. Die Franzosen bekamen das schöne Elsaßland am linken Oberrhein, die Schweden das Herzogthum Pommern an der Ostsee und die Protestanten in Deutschland, Holland und der Schweiz die Erlaubniß ungehindert nach der heiligen Schrift Gott dienen zu dürfen. — So endete der dreißigjährige Krieg.

§ 56. Ludwig XIV. in Frankreich. 1643—1715.

Der französische König, welcher den deutschen Protestanten im dreißigjährigen Kriege half, aber sich seine Hilfe auch theuer bezahlen ließ, war Ludwig XIV. — Ein merkwürdiger Mann! Er war erst drei Jahre alt, da er König ward, und saß zwei und siebzig Jahre zum Unsegen von beinahe ganz Europa auf dem Throne. Als er größer ward, wandelte er auf dem Wege fort, den die Männer eingeschlagen, die für ihn in seiner Jugend regiert hatten. Er suchte die Streitigkeiten der Nachbarn zu benutzen und mit List und Gewalt einzelne Stücke von ihren Ländern abzureißen. Besonders gelang ihm das mit unserm lieben Vaterlande. Die Franzosen sahen ihr Land immer mächtiger werden. Ludwig hatte vorzügliche Feldherren und führte fast mit allen seinen Nachbaren Kriege. Er that, was er wollte, und man fürchtete ihn. Seine Schiffe fuhren auf allen Meeren; in fremden Welttheilen hatten die Franzosen Macht und wurden durch Handel reich. An Ludwig's Hofe lebten viele berühmte Männer, und in ganz Europa rühmte man das feine Betragen der Franzosen, und wer gebildet sein wollte, sprach französisch und reis'te nach Paris, und was recht gut heißen sollte, mußte nach französischer Weise sein.

Aber nicht in dem feinen und glänzenden Aeußern ist Heil. Am französischen Hofe herrschten viele Sünden und großer Leichtsinn. Das lernten die betrogenen Fremden auch kennen, gewannen es lieb und brachten es heim. Und so ist durch dies blinde Nachahmen fremder Sitten viel Böses über uns Deutsche gekommen. Indessen erhob sich Ludwig's Herz, und, durch seine Priester angereizt, hob er im Jahre 1685 das Edikt von Nantes auf, das Heinrich IV. zu Gunsten der Protestanten gegeben hatte. Eine schwere Verfolgung brach über die unglücklichen Hugenotten aus. Tausende derselben verließen ihr Vaterland und wurden in der Schweiz, in Brandenburg und den Niederlanden freundlich aufgenommen.

Aber von da ging es auch mit Frankreichs Macht immer rückwärts. Die vertriebenen Protestanten waren seine fleißigsten Leute gewesen. Sie errichteten in ihrem neuen Vaterlande viele Fabriken oder trieben Handel. In Brandenburg bauten sie den dürren Sandboden an. — Im Kriege verloren die Franzosen auch viel. Die Regierung wurde arm und mußte Schulden machen. Und als Ludwig starb, trauerte Niemand, sondern man freute sich und hoffte, es würde nun besser kommen. Aber es kam nicht besser. Wenn die Menschen in ihrem Stolz und Leichtsinn Gottes vergessen, so weicht sein Segen von ihnen, und sie bringen sich und Andere in immer größeres Unglück.

§ 57. Oliver Cromwell und die Stuarts in England.

Als Jakob I. von England 1625 starb, kam sein junger Sohn Karl I. auf den Thron, der anfangs besser regierte, dann aber sich mit einer Katholikin vermählte, wodurch er die streng protestantische Partei der Puritaner sich zum Feinde machte. In die englische Kirche führte er die bischöfliche Kirchenverfassung und eine neue Liturgie ein, was namentlich die Schotten sehr ärgerte, so daß sie den Bund des Covenant mit einem Heere ihm entgegenstellten und sich mit den Puritanern und Patrioten vereinigten. Das führte zum Bürgerkrieg zwischen der königlichen und der Parlamentspartei. Die letztere siegte, als durch den charakterfesten,

110 § 57. Oliver Cromwell und die Stuarts in England.

sittenreinen Anführer der Puritaner, Oliver Cromwell, ein ernster, strenger, religiöser Geist in das Heer der Volkspartei kam. Karl I. wurde gefangen genommen, und die episcopalen Einrichtungen machten dem einfachern presbyterianischen Gottesdienste und reformirt synodalen Institutionen Platz. Cromwell versuchte noch den König zu halten und mit dem Parlamente auszusöhnen, allein heimlich unterhandelte dieser mit den schottischen Royalisten und machte einen Fluchtversuch. Als nun die Royalisten mit einem Heere in England einrückten und von Cromwell geschlagen waren, mußte dieser, wenn er nicht alle seine hohen Staatsideale opfern wollte, den König fallen lassen, und so wurde derselbe von dem durch die extreme Partei in ihrem Sinne gestalteten Rumpfparlament zum Tode verurtheilt und am 27. Januar 1649 enthauptet. Er starb nach einer würdigen Vertheidigung in christlicher Ergebung und im Vertrauen auf Gott und sein gutes Recht. Vergebens suchte Karl II., der Sohn des enthaupteten Königs, mit Hülfe der Schotten auf den Thron zu kommen, England war vielmehr von 1649 bis 1660 eine Republik. Cromwell, der an der Spitze stand, errang glänzende Siege über Irland, Schottland und Holland, trieb dann das lange Parlament auseinander und wurde 1653 zum Lord-Protektor ernannt. Nach weiteren glücklichen Unternehmungen und einem siegreichen Kriege mit Spanien wollte ihn das Parlament sogar zum Könige ernennen, was aber das Heer nicht zugab, es ward ihm jedoch das Recht verliehen, seinen Nachfolger selbst festzustellen. Durch Verschwörungen und meuchelmörderische Nachstellungen schwankend und furchtsam gemacht, durch Familienleiden bedrängt und von Krankheit heimgesucht, starb Cromwell, 55 Jahre alt, am 3. September 1658. Er hatte seinen Sohn Richard zum Nachfolger bestimmt, dem aber die Kraft und Energie seines Vaters fehlte, so daß durch Hülfe des Generals Monk, der von Schottland her mit einem Heere in London einzog, die Republik abgeschafft und Karl II. 1660 als König wieder eingesetzt wurde. Dieser hielt jedoch seine Versprechungen nicht, führte die bischöfliche Kirche wieder ein und verdrängte 2000 presbyterianische Geistliche, vermählte sich mit einer Katholikin und begünstigte die katho-

lische Kirche sehr. Es wurde ihm aber die Testakte abgenö=
thigt, wodurch alle nicht zur evangelischen Kirche Gehörenden
von Staatsämtern ausgeschlossen wurden, und die Habeas=
Korpusakte, welche das Recht der persönlichen Freiheit wider
willkürliche Verhaftung sicherte. Der König regierte ohne
Parlament, lebte sittenlos und verschwenderisch, sagte seinem
Bruder Jakob, obschon derselbe katholisch geworden war, die
Thronfolge zu und bekannte sich selbst vor seinem Tode 1685
zum Katholizismus.

Dieser Jakob II. setzte das taktlose Regiment seines
Bruders fort und trachtete das Königthum unumschränkt und
die katholische Kirche zur herrschenden zu machen, ja, er zog
sogar die Jesuiten herbei und ließ die widerstrebenden Bischöfe
der englischen Kirche verhaften. So geschah es, daß die
Whigpartei 1688 seinen protestantischen Neffen und Schwie=
gersohn, Wilhelm III. von Oranien, herbeirief, worauf
Jakob, zu spät zur Nachgiebigkeit bereit, aus London floh
und jener 1689 zum König von England gekrönt wurde.
Er bestätigte die Rechte des Parlaments, ließ die Protestan=
ten in allen ihren Aemtern, erließ ein Toleranzedikt für die
Dissenters und behandelte auch die Katholiken milde. So
ward er auch in Schottland als König anerkannt und regierte,
den Anmaßungen Ludwigs XIV. von Frankreich entgegen=
tretend, weise und glücklich zu Englands Heil bis 1702.
Nach seinem Tode kam seine Tochter Anna zur Regierung,
und bei deren Tode 1714 das Haus Hannover.

§ 58. Die Türken vor Wien. 1683.

Es ist schon früher einige Male die Rede von den Türken
gewesen und von ihren Raubzügen in Europa hinein. Einen
besonders schlimmen machten sie im Jahre 1683. Außer
den vielen Männern führten sie damals allein 11,000
Frauen und 15,000 Mädchen aus unserm lieben deutschen
Vaterlande fort und verkauften sie in unbekannte, weite,
weite Fernen, in schmähliche Sklaverei. Und nun standen
sie schon, 200,000 an der Zahl, blut= und beuteburstig vor
der Hauptstadt des deutschen Reiches, vor Wien, und schick=

ten sich an, sie mit stürmender Hand zu erobern. Sie gruben zu dem Ende Minen in die Erde, füllten sie mit Pulver, zündeten es an, und hie und da flogen große Stücke der Stadtmauer mit so furchtbarem Krachen in die Luft, daß die Häuser in der Stadt erbebten und die Fensterscheiben zerbrachen. Und nun begann der wilde Haufe mit dem gräßlichsten Kriegsgeschrei durch die Bresche einzudringen und auf die ermüdeten Deutschen los. Noch eine Stunde — und Wien wäre ein Magdeburg geworden! Aber da, noch zu rechter Zeit, sandte Gott einen Helfer. Vom Berge herab zog der fromme Polenkönig Johann Sobiesky mit 64,000 deutschen und polnischen Kriegern und schlug mit festem Muthe so wacker auf das Raubgesindel los, daß es sich ganz stille zurückzog. — Und als nun am andern Morgen die eigentliche, entscheidende Schlacht beginnen sollte, siehe! da waren — von Gott geschreckt — die bösen Rotten entflohen, und das gerettete Volk der Stadt und des ganzen Landes dankte gerührt seinem edlen Retter und dem, der ihn gesandt hatte.

§ 59. Karl XII., König von Schweden. 1697—1718.

Seit dem 30jährigen Kriege galt Schweden für ein sehr mächtiges Reich. Alle seine Nachbarn hatten große Achtung vor ihm und beneideten seine Größe und Macht. Da nun aber im Jahre 1697 Karl XII. König ward, und dieser ein schläfriger (erst 15 Jahre alter) Knabe schien, verlor sich die Achtung, und die Nachbaren meinten: Jetzt wollen wir uns vereinen und in Schweden einfallen. Wir wollen es schon kleiner machen!" So traten denn die Könige von Dänemark und Polen und der Czaar Peter von Rußland zusammen und erklärten Schweden den Krieg. Da entfiel den schwedischen Räthen das Herz, und sie wollten zitternd und bebend schon hergeben, was die Feinde verlangten. Aber der junge König trat ihnen muthig entgegen. „Daraus wird nichts!" sagte er, rückte den Dänen in's Land, besiegte sie, und schon im ersten Kriegsjahre (1700)

§ 59. Karl XII., König von Schweden. 1697—1718.

mußten sie einen Frieden annehmen, wie Karl XII. ihn vorschrieb. Dann setzte er nach Rußland hinüber und jagte noch in demselben Jahre mit seinen 8000 Schweden 80,000 Russen aus ihren Verschanzungen bei Narwa. Und einige Jahre darauf vertrieb er den Polenkönig, August den Starken,* von Land und Leuten. — Hätte er doch jetzt Frieden gemacht! Aber nun war er stolz und trotzig und — fiel. Um die russische Macht gänzlich zu zerstören, zog er in das innere Rußland hinein, wurde aber 1709 von Peter bei Pultawa dermaßen geschlagen, daß er nur mit 150 Mann in das nahe Türkenland entkommen konnte. Hier wurde er voll Ehrfurcht empfangen. Der Sultan hatte schon viel von ihm gehört und seinen Muth bewundert. Peter bot eine Million Thaler, wenn man ihm den gefürchteten Karl ausliefere, aber der Türke wies mit Abscheu solchen Antrag zurück. Karl blieb mehrere Jahre bei den Türken, ließ sich von ihnen füttern und that, als wenn er da zu Hause wäre, und als wenn es gar kein Schweden mehr gäbe. Die Türken wurden am Ende seiner überdrüssig; denn er kostete ihnen erstaunlich viel. „So geh' doch nur," baten sie ihn dringend, „du sollst auch noch eine halbe Million mit auf den Weg haben!" Und Karl nahm die halbe Million, aber — ging nicht. Da umringten plötzlich zehntausend Janitschaaren (türkische Soldaten) sein hölzernes Haus, und schossen so lange mit Flinten und Kanonen hinein, bis das Dach anbrannte und die Sparren zusammenstürzten. Da rannte König Karl — den Degen in der Rechten, die Pistole in der Linken — tollkühn kämpfend, hinaus mitten unter die feindliche Menge. Aber draußen verwickelte er sich mit seinen

---

* Dieser August der Starke war Anfangs nur Churfürst von Sachsen. Später aber wählten ihn die Polen auch noch zu ihrem Könige; doch mußte er, diesen seinen neuen Unterthanen zu Gefallen, seinen protestantischen Glauben abschwören und katholisch werden. Darum eben war ihm Karl XII., als einem Abtrünnigen, so feind. Seitdem sind die Könige von Sachsen katholisch. Er war so stark, daß er mit bloßen Händen ein starkes Hufeisen zerbrechen konnte. Seine Lüste konnte er aber nicht brechen.

langen Sporen im Grase, fiel und wurde lebendig gefangen. „Das war eine Kalabalik!" (Löwenjagd) sagten die Türken und bekamen noch höhere Achtung vor dem Helden. Karl mochte aber doch nicht länger bleiben, sondern ritt und fuhr 14 Tage und 14 Nächte hinter einander in einem fort jeden Tag vierzig Stunden weit, nach seinem Vaterlande, das seit der Zeit von allen Grenznachbaren feindlich angegriffen war. Sogleich begann er wieder mit frischem Muthe den Kampf, aber schon bei der Belagerung der norwegisch-dänischen Festung F r i e d r i c h s h a l l wurde er im Jahre 1718, ziemlich fern von der feindlichen Mauer — vielleicht von einem französischen Offizier, der in seinem Heere diente —, erschossen. So endete der arme König sein unruhiges Leben durch plötzlichen Tod. Der Krieg dauerte noch drei Jahre fort. Da schlossen die Schweden Frieden, und die Feinde erhielten, was sie erstrebt hatten.

§ 60. Peter der Große in Rußland. 1682—1725.

Vor etwa 150 Jahren war Rußland noch ein höchst unbedeutender Staat, und von seinen rohen Bewohnern sprach man damals noch so fremd, wie jetzt ungefähr von den Tartaren und Mongolen. Das ist aber nun ganz anders, und der Mann, durch den es anfing anders zu werden, war C z a a r (d. h. König) P e t e r d e r G r o ß e. Dieser merkwürdige Mann kam schon als Knabe auf den Thron. Damals hatte er aber nicht viel zu sagen, denn seine Schwester S o p h i e leitete Alles und suchte ihren Bruder nach und nach vom Throne zu stoßen. Der junge Peter schien sich auch nicht viel daraus zu machen, und spielte auf einem Dorfe mit einer Schaar junger Russen fast immer Soldatenspiele. Ein Schweizer aus Genf, Namens Lefort, war auch dabei, leitete das Spiel und erzählte dem lernbegierigen Knaben viel von den Merkwürdigkeiten der andern europäischen Länder, und wie da Alles viel ordentlicher und menschlicher zugehe, als in Rußland. Und Peter brannte vor Begierde, auch in Rußland solche nützliche Einrichtungen zu machen.

§ 60. Peter der Große in Rußland. 1682—1725.

Das ging lange still und gut. Endlich aber merkte seine Schwester, daß es ihrem Bruder ernster sei, als sie gedacht hätte, und da machte sie einen Anschlag auf sein Leben. Doch Peter kam ihr zuvor. Die böse Schwester wurde eingesperrt und der Bruder ward alleiniger Herrscher im Lande. Nun ging er rasch an's Werk und ließ viele fremde, geschickte Leute in's Land kommen, um die Russen zu unterrichten Ja, er wollte selber sehen, wie es in andern Ländern aus sehe, und durchreis'te nach einander Deutschland, Holland und England. In dem Dorfe Saardam in Holland, Amsterdam gegenüber, blieb er sieben Wochen und lernte dort, als Schiffsjunge gekleidet, den Schiffbau. Er war der fleißigste unter den Arbeitern, die ihn eine geraume Zeit gar nicht kannten. Seine kleine Hütte, in der er wohnte, ist noch jetzt zu sehen. Als er nach Rußland zurückgekehrt war, ließ er viele vornehme, junge Leute hinauswandern und ferne Länder besehen, damit sie, wenn sie wieder kämen, erzählen und verbreiten könnten, was sie Gutes und Nützliches gefunden hätten. Jedermann, der Lust zum Arbeiten hatte und bereit war, nützliche Kenntnisse zu verbreiten, war in Rußland willkommen, wurde von Peter begünstigt und fand sein gutes Brod.

Die alte Hauptstadt des Reiches, Moskau, gefiel dem Czaar nicht, weil sie mitten im Lande lag. Er wollte gern eine nahe am Meere haben. Und so fing er denn 1703 an, eine neue Stadt an der Newa, nicht fern vom finnischen Meerbusen, zu erbauen und nach seinem Namens Petersburg zu nennen. Das kostete aber unsägliche Mühe, ehe die zu Stande kam. Aus allen Theilen des weiten Reiches wurden Bauern in großen Massen nach der Newa zusammengetrieben. Und da mußten sie nun in sumpfiger Gegend mit den Händen und in den Rockschößen Steine und Schlamm und Erde zusammentragen; denn es fehlte an Bauwerkzeugen. Dabei wurden sie krank, schlecht verpflegt, und 100,000 starben in der Fremde dahin. Jetzt ist Petersburg eine der schönsten Städte in der Welt. Das hätte man damals noch nicht denken sollen.

So viele Schwierigkeiten bei der Erbauung von Petersburg zu überwinden waren, so schwer ging es auch bei Peter's andern Verbesserungen. Die Russen wollten die neuen Dinge nicht gern haben und empörten sich mehrere Male, und Peter selbst war jähzornig und roh. Mit fürchterlicher Strenge unterdrückte und bestrafte er ihre Aufstände, und zwang die Russen mit Gewalt zu dem, was er für das Bessere hielt. Gott aber hatte beschlossen, dieses Volk aus seinem rohen Zustande zu erretten und es zu der Größe und Macht gelangen zu lassen, die es jetzt noch hat, und in der es immer zunimmt; darum ließ er es dem Czaar gelingen, der das Glück des Landes — so weit er es einsah — mit Ernst wollte.

Wie Peter an dem nordischen Kriege Theil genommen hat, ist in der vorigen Geschichte erzählt. Nach Karl's Tode bekam er schöne Stücke von Schweden, und bestrebte sich fortwährend, durch Einrichtung von Schulen und Einführung feinerer Sitten das Volk zu beglücken. Er starb im Jahre 1725 an einer Erkältung, die er sich bei Rettung eines Bootes im kalten Winter zugezogen hatte. Die Geschichte hat ihm den Namen „der Große" beigelegt.

§ 61. Menzikow.

Als Czaar Peter noch jung war, sah und hörte er oft den muntern Bäckerknaben Alexander Menzikow vor seinem Schlosse und die Straße entlang seine Pasteten feil bieten. Sein munteres Wesen gefiel allen Leuten, auch den Soldaten, auch dem jungen Fürsten. Dieser ließ ihn einmal zu sich kommen, und fand ihn so offen und so witzig, daß er ihn als Pagen (Bedienten) bei sich behielt. Menzikow blieb aber nicht lange gewöhnlicher Bedienter, sondern, da er fleißig gar Vieles vom Kriegswesen und von der guten Einrichtung eines Landes erlernte und dadurch dem Volke nützlich wurde, so machte ihn der Kaiser nach und nach zum Offizier, zum General, zu seinem Rathe, — ja endlich gar zu seinem obersten Minister und Stellvertreter, wenn er abwesend war. Dazu bekam er von allen Seiten her so viele Geschenke, daß er ein unermeßlich reicher und überall hoch geehrter Mann war. Und als Peter der Große starb, mußte alles Volk damit zufrieden sein, daß Menzikow die Wittwe des verstorbenen Kaisers, K a t h a r i n a (die Tochter eines russischen Bauers), zur Regentin machte, — und daß er, als auch diese starb, zum zweiten Male den russischen Thron nach eigener Wahl mit dem 12jährigen Enkel Peter's des Großen, mit Peter II. besetzte. Ja, er vermochte endlich sogar den kaiserlichen Knaben, den er tyrannisch beherrschte, zur Verlobung mit seiner ältesten Tochter. So weit ging's immer bergauf mit dem Unersättlichen. Wenn man aber oben ist, geht's oft auch wieder bergunter. Der Kaiser entlief in einer finstern Nacht seinem despotischen Quäler, den er auf das Bitterste haßte, und kam nach Petersburg. Die Vornehmsten erwarteten ihn schon mit Sehnsucht und Freude, und so wie er ankam, erklärten sie mit seiner Zustimmung den stolzen Menzikow für abgesetzt und seiner Güter verlustig. Das war eine schreckliche Nachricht für den hochmüthigen und geizigen Mann. Aber die schrecklichere folgte noch nach: „Mache dich bereit, du Bösewicht, du mußt nach Sibirien. Das soll die Strafe dafür sein, daß du so manchen Unschuldigen dahin geschickt hast!" Menzikow mußte gehorchen. Wie russische Bauern in Schafspelz gekleidet, mußte er sich sammt Weib und Kind auf einen Karren setzen und sich von Soldaten hinaustransportiren lassen in das kalte, wüste Land der Schrecken. Der Weg war 3000 Stunden weit. Die Mühseligkeiten der Reise waren unbeschreiblich groß. Menzikow's zarte von ihm geliebte Gattin konnte sie nicht ertragen. Sie starb unterwegs, und ihr armer Mann mußte sie mit eigener Hand begraben. Und als dieser nun endlich ankam an dem Orte seiner Bestimmung, da mußte er erst für sich und seine drei Kinder ein Haus errichten, und dann das Land bauen, das ihn kärglich ernährte. — Aber er richtete sich auch eines seiner fünf Zimmer wie eine kleine Kirche zum Betkämmerlein ein, und was er darin that, das machte ihn geduldig und leut=

selig und gab ihm Kraft, auch seine Tochter, die an den Blattern starb, zum seligen Heimgange vorzubereiten. Und das war ein großer Segen, und wahrlich ein unendlich größeres Gut, als seine höchsten Würden und all' seine vergänglichen Schätze.

§ 62. Preußen.

Während Peter der Große sich bemühte, in Rußland gute Einrichtungen zu machen, wurde ein kleines Land in seiner Nachbarschaft ebenfalls immer gesegneter und mächtiger: **Preußen.** Kaiser Heinrich I. hatte gegen die wilden, heidnischen Wenden an der Ostsee die **Markgrafschaft** (d. h. Grenzgrafschaft) **Brandenburg** gestiftet und dem Grafen derselben aufgetragen, darüber zu wachen, daß das Volk keine Raubzüge mehr nach Deutschland machen könne. (§ 35.) Einer dieser Markgrafen, **Albrecht**, wegen seiner Tapferkeit der Bär genannt, eroberte fast das ganze Land der Wenden, ließ sie im Christenthume unterrichten, führte die deutsche Sprache unter ihnen ein, erbaute die Stadt Berlin und andere Städte und nahm viele Holländer, die sich vor den damals hereinbrechenden Meereswogen flüchteten, bei sich auf, und wies diesen armen, fleißigen Leuten wüste, aber fruchtbare Stellen zum Anbau an. Nachher wurden die Markgrafen von Brandenburg zu Churfürsten gemacht. Deren waren neun in Deutschland. Sie hatten das Amt und Recht, einen neuen Kaiser zu wählen, wenn der alte gestorben war. Um's Jahr 1415 wurde der Fürst **Friedrich von Hohenzollern**, Burggraf von Nürnberg, vom Kaiser zum Churfürsten von Brandenburg gemacht. Das war ein wackerer Fürst und ist der Stammvater des jetzigen königlichen Hauses. Kurz vor dem dreißigjährigen Kriege bekam das Land einen Zuwachs. Der Churfürst erhielt die Grafschaften **Cleve** am Niederrhein, **Mark** in Westphalen und an den Grenzen von Rußland das Herzogthum **Preußen**. Während jenes Krieges aber wurde das Land fürchterlich verheert. In der großen Stadt Berlin wohnten zuletzt nur noch 300 Menschen. Da that es dem Lande besonders wohl, daß ihm Gott in seinem Churfürsten Friedrich Wilhelm dem Großen einen treuen Vater gegeben hatte. Er schlug die gefürchteten Schweden bei Fehrbellin, in der Nähe von Berlin, demüthigte den feindseligen König von Polen, und als man nun vor dem noch kleinen Lande Achtung haben mußte und den Churfürsten in Ruhe ließ, da wendete er die Zeit sorgfältig an, um dem Lande wieder aufzuhelfen. Damals vertrieb König Ludwig XIV. die Protestanten aus Frankreich (§ 56.), Friedrich Wilhelm nahm die Verfolgten gern auf, und Gott segnete diese Liebe. Ueber tausend fleißige und geschickte Leute zogen in sein Land. Der sandige Boden Brandenburg's wurde in Ackerfeld und Gärten umgewandelt, Fabriken wurden angelegt, und viele gelehrte und ansehnliche Leute mehrten des Landes Nutzen.

Der Sohn dieses werthen Fürsten war ihm nicht gleich. Er liebte Prunk und Glanz und verschwendete daher viel Geld. Seine größte Freude war, daß es ihm gelang, den Königstitel führen zu dürfen. Er ließ sich im Jahre 1701 zu Königsberg mit außerordentlicher Pracht krönen und hieß von da an Friedrich I., König in Preußen. Gott ließ es geschehen, denn er hatte noch Größeres und Besseres für die Zukunft über das Land beschlossen.

Gleich Friedrich's Sohn, Friedrich Wilhelm I., entriß durch ernste Sparsamkeit das Land der Noth und Gefahr, in die es seines Vaters Prachtliebe gestürzt hatte. Er war in seinen Sitten rauh und streng, aber er fürchtete Gott und diente ihm aufrichtig. Zu seiner Zeit wurden aus den hohen Salzburger Bergen vom Bischof von Salzburg die Protestanten vertrieben. Von diesen nahm er den größten Theil auf und gab ihnen Länder an der russischen Grenze. Es kam ein Segen von oben über das Land, das der Verfolgten Zufluchtsstätte war. Eine besondere Liebhaberei hatte der König an schön gewachsenen, großen Soldaten. Von solchen hielt er sich eine besondere Schaar, die so tüchtig einexercirt wurde, wie sonst bei keinem Volke.

Zum Kriege brauchte er sie wenig. Desto wichtiger wurden ihre Dienste unter seinem Nachfolger. Als Friedrich Wilhelm I. starb, hinterließ er einen Schatz von wohl zwanzig Millionen Thalern, und das Reich hatte zwei und eine halbe Million Einwohner.

§ 63. Friedrich der Große und der siebenjährige Krieg.

Auf Friedrich Wilhelm I. folgte 1740 sein Sohn Friedrich II., einer der allerbedeutendsten Fürsten der neuern Zeit, den die Geschichte mit Recht den Großen heißt, und der im Munde des Volkes noch immer fortlebt als der alte Fritz. In seiner Jugend hatte er der strengen militärischen Erziehung seines Vaters sich durch die Flucht zu entziehen versucht, dafür aber, am Rheine wieder eingeholt, durch langen Festungs-Arrest büßen müssen, nachdem sein Freund und Gehülfe, Lieutenant Katte, vor seinen Augen hingerichtet worden war. Kaum hatte Friedrich II. die Regierung angetreten, als er schon mit Oesterreich Krieg führen mußte. Der österreichisch-deutsche Kaiser Leopold hatte nämlich Schlesien an sich gezogen, das zur Zeit des großen Churfürsten Friedrich Wilhelm an Brandenburg hätte fallen sollen. Friedrich der Große erhob daher jetzt Ansprüche an das Land, und als die Kaiserin von Oesterreich, Maria Theresia, dieselben nicht anerkannte, begann der erste schlesische Krieg, 1740 bis 1742, der durch die Siege bei Molwitz und Czaslau entschieden wurde. Friedrich eroberte Schlesien, welches ihm im Frieden zu Breslau überlassen blieb. Als aber die Kaiserin, die zugleich den österreichischen Erbfolgekrieg zu führen hatte, gegen ihre Feinde glücklich war und bedeutende Fortschritte machte, hielt Friedrich mit Grund auch Schlesien wieder für bedroht und führte zur Sicherung seines neuen Besitzes 1744 den zweiten schlesischen Krieg, in welchem die Preußen in Böhmen einfielen, Prag eroberten, bei Hohenfriedberg und bei Kesselsdorf (unter dem alten Dessauer) siegten und Dres-

§ 63. Friedrich der Große und der siebenjährige Krieg.

den eroberten, so daß 1745 im Frieden von Dresden der Besitz Schlesiens Friedrich dem Großen auf's Neue zugesichert wurde. Aber Maria Theresia ruhte nicht und konnte sich über den Verlust des schönen Landes nicht trösten. Sie schloß im Geheimen einen Bund mit Sachsen, Rußland und Frankreich ab, dem nachher auch Schweden und die deutschen Reichsfürsten beitraten. Die Verbündeten hatten wohl schon Pläne gemacht, Preußen unter sich zu vertheilen. Aber der Mensch denkt, und Gott lenkt. Friedrich erfuhr Alles, kam rasch seinen Feinden zuvor und fiel 1756 in Sachsen ein, womit der dritte schlesische Krieg, der siebenjährige Krieg, begann. Nur England, Hannover und Braunschweig standen auf Seite Preußens, Friedrich aber fürchtete sich nicht. Er besetzte Dresden, besiegte die Oesterreicher bei Lowositz und nöthigte die sächsischen Truppen im festen Lager bei Pirna, sich zu ergeben. Im folgenden Jahre 1757 erfocht Friedrich den Sieg bei Prag, in welchem der tapfere General Schwerin den Heldentod starb, und bekam dadurch Böhmen in seine Gewalt, verlor es aber wieder durch die Niederlage bei Collin an der Elbe, und es wurden auch die mit Preußen verbündeten Engländer bei Hastenbeck geschlagen und zur Convention von Kloster Seven genöthigt. Aber für diese Verluste wurde Friedrich glänzend entschädigt durch den großen Sieg bei Roßbach über die Franzosen und die deutsche Reichs-Armee, die sich dadurch den Ehrentitel "Reiß-aus-Armee" erwarb. Nachher siegten die Oesterreicher bei Breslau, aber Friedrich schlug sie bei Leuthen und hatte damit Schlesien sich wieder gesichert. Der Ruhm Friedrichs durchzog jetzt ganz Europa, und namentlich die Engländer sahen sich dadurch 1758 bewogen, ihm Hülfsgelder und ein neues Hülfsheer zu senden, das unter dem Herzog Ferdinand von Braunschweig die Franzosen von der Elbe bis an den Rhein zurücktrieb und sie bei Crefeld besiegte. Die Russen, die Ostpreußen besetzt hatten und gegen Brandenburg vordrangen, schlug Friedrich in der blutigen Schlacht bei Zorndorf. Später aber erlitt er den unglücklichen Ueberfall bei Hochkirch, doch rettete er Schlesien noch). Das unglücklichste Jahr für Friedrich war das Jahr 1759. Seine Heere waren durch die lange Kriegführung schon sehr geschwächt, und die Feinde waren ihm dreimal überlegen. Der preußische General **Wedell** wurde bei Kay von den Russen geschlagen; Ferdinand von Braunschweig siegte zwar über die Franzosen bei Minden, aber das Heer der Oesterreicher vereinigte sich mit dem der Russen, und so wurde Friedrich bei **Kunersdorf**, nachdem er erst die Russen besiegt, doch schließlich vollständig geschlagen. Auch Dresden ging für die Preußen verloren, und Friedrich konnte nur noch einen Theil von Sachsen behaupten. Auch das Jahr 1760 war anfangs noch unglücklich für Friedrich. Sein General **Fouqué** wurde von dem österreichischen General **Laudon** bei Landshut geschlagen, und Schlesien ging verloren, aber Friedrich errang es wieder durch den Sieg bei **Liegnitz**, und nachher fand die große Schlacht bei **Torgau** statt, in der Friedrich selbst weniger glücklich war, sein General **Ziethen** aber die Oesterreicher unter **Daun** völlig schlug, so daß er Sachsen wieder erhielt. In Folge dessen hielten es die Russen, die schon in Berlin waren, für gerathen, sich wieder nach Polen zurückzuziehen. Im Jahre 1761 kam Friedrich wieder sehr in's Gedränge, indem die Engländer ihm ihre Hülfe entzogen und dagegen die Russen und die Oesterreicher sich wieder vereinigten. Die Festungen Schweidnitz und Colberg fielen, und Oberschlesien und Pommern geriethen in die Gewalt der Feinde. Ost-Preußen hielten die Russen besetzt. Friedrich war oft in Verzweiflung und wünschte sich den Tod, der ihm einmal auch sehr nahe drohte, als ein Husar schon auf ihn angelegt hatte und sich nur durch Friedrich's Ausruf: „Du hast ja kein Pulver auf der Pfanne!" verdutzt machen ließ. Der fromme Ziethen tröstete den König und meinte, daß doch zuletzt noch Alles gut gehen würde, worauf der König sagte: „Weiß er denn einen neuen Alliirten für uns?" Ziethen aber wies gen Himmel und sprach: „Nein, aber der alte dort oben lebt noch!" Und das bewies sich auch bald. Am 5. Januar

§ 63. Friedrich der Große und der siebenjährige Krieg. 123

1762 starb die Kaiserin Elisabeth von Rußland, Friedrich's Feindin, und sein Freund und Verehrer Peter III. bestieg den Thron. Er schloß sofort mit dem König nicht nur Frieden, sondern sogar auch ein Bündniß. Als dann der junge Czaar nach einem halben Jahre auf Anstiften seiner Gemahlin ermordet wurde, ließ diese, jetzt Kaiserin Katharina II., den Frieden zwar fortbestehen, hob aber das Bündniß auf. Ehe jedoch die mit Friedrich verbündeten russischen Truppen abzogen, gelang es ihm, die Oesterreicher bei Burkersdorf zu schlagen. So ging der König im siebenten Jahre des Krieges wieder zum Angriff vor, die Reichs=Armee und die Oesterreicher wurden geschlagen, die Franzosen mehrfach zurückgedrängt, Schweden zog sich vom Kriege zurück, und endlich kam es am 15. Februar 1763 zum Frieden von Hubertsburg, in welchem Friedrich Schlesien vollständig behielt und so nach einem siebenjährigen Kriege gegen fast ganz Europa kein Dorf seines Reiches verloren hatte. Allen Prunk vermeidend, kehrte Friedrich als ruhmgekrönter von der Welt bewunderter Sieger in seine Hauptstadt Berlin zurück und brachte mit Thränen in den Augen Gott dem Herrn seinen stillen Dank dar bei einem Tedeum, das er in Charlottenburg veranstalten ließ.

Von jetzt an war der König nur darauf bedacht, die schweren Wunden zu heilen, die der Krieg seinem Lande geschlagen hatte, und er zeigte sich als Regent im Frieden eben so groß, wie als Heerführer im Kriege. Durch große Sparsamkeit und zweckmäßige Benutzung der Steuerkraft des Landes brachte er wieder ein, was der Krieg gekostet hatte, und hinterließ, als er starb, einen Staatsschatz von 72 Millionen Thalern. Handel, Gewerbe, Ackerbau und Bergbau begünstigte er auf jede Weise und beförderte Wohlstand und Ordnung im Lande, wie er nur konnte. Seine Gerechtigkeitsliebe ist berühmt geworden. Ein Müller, dessen klappernde Mühle in der nächsten Nähe des königlichen Schlosses Sanssouci bei Potsdam den König in seinen Studien genirte, wollte die Mühle dem König doch nicht verkaufen, und der Drohung gegenüber, der König könne sie ihm ja so nehmen, berief er sich darauf: „Ja, wenn es kein Reichskammergericht in Berlin gäbe." Darüber freute sich der König, und der Mann behielt natürlich seine Mühle; sie steht noch heute da, als schönes Denkmal preußischer Gerechtigkeitsliebe. Nur bei der 1772 stattfindenden ersten Theilung Polens ließ Friedrich II., wie die beiden mittheilenden Mächte Oesterreich und Rußland, die politische Klugheit mehr gelten, als das einfache Recht. Friedrich ließ auch neue Gesetze entwerfen, aus denen das preußische Landrecht erwuchs. Bei seiner außerordentlichen Gewissenhaftigkeit, Alles möglichst selbst prüfen zu wollen, entwickelte er eine große Thätigkeit für Staat und Volk, und als man ihn mahnte, sich zu schonen, sagte er: „Daß ich lebe, ist nicht nöthig, wohl aber, daß ich thätig bin." Dennoch blieb dem Könige noch Zeit zu wissenschaftlicher Beschäftigung, und er hat viele Bücher geschrieben, leider aber fast alle in französischer Sprache. Denn er hatte von Jugend auf eine Vorliebe für die französische Literatur und Bildung und wußte die deutsche Wissenschaft und Poesie seiner Zeit nicht zu schätzen. Namentlich ein französischer Philosoph, Voltaire, war sein Freund und hatte viel Einfluß auf ihn. Das war ein witziger, kluger, aber ein leichtfertiger, gottloser Mensch, der die Bibel, den christlichen Glauben und die christliche Sitte verspottete. Leider nahm der König viel von diesem Wesen an, und die Vorliebe für französische Sprache, Bildung und Dichtung verbreitete sich mit der französischen Verachtung des Christenthums und der heiligen Zucht und Sitte vielfach in Deutschland. Friedrich sah es am Ende seines Lebens ein, wie Unglaube und Verfall der Sitten nachtheilig einwirkten in seinem Lande, und sagte einmal, er wolle seinen kleinen Finger darum geben, wenn er das Land so hinterlassen könnte, wie er es von seinem frommen Vater überkommen habe. Sein Wort: „In meinem Staate kann jeder nach seiner Façon selig werden" bedeutete nicht blos die Duldung jeder Confession, sondern leider auch die völlige Gleichgültigkeit gegen alle Religion. Friedrich der Große starb am 17. August 1786 und muß als der Hauptmehrer des preußischen Ruhmes und als Begründer der Weltstellung gelten, die Preußen seitdem als Großmacht in Europa eingenommen hat.

§ 64. Nordamerika.

Als Columbus Amerika entdeckt hatte, zogen viele Europäer nach diesem neuen Erdtheile, um dort ohne Mühe reich zu werden und gute Tage zu haben. Aber daraus kam viel Böses, das sie thaten, und am Ende wurden die Meisten in dem schönen Lande und bei großem Gute — arme Leute. — Anders ging es im nördlichen Amerika, wo viele eine Zufluchtsstätte fanden, die in ihrem Vaterlande um ihres Glaubens willen verfolgt worden waren. Diese brachten Gottesfurcht und Treue mit, arbeiteten fleißig, hielten sich an Gottes Wort und achteten auf Zucht und gute Ordnung. In den fruchtbaren Gegenden wurden diese arbeitsamen Leute auch bald reich, und es wurde in Europa bald bekannt, was für ein gutes Land in Nordamerika sei.

Aber die Europäer verstanden nicht recht, wie das gekommen war. Die meisten nordamerikanischen Colonisten oder Anbauer waren aus England ausgewandert. Nun freuten sich die Engländer und dachten, sie könnten aus Nordamerika viel Nutzen ziehen. Zuerst verlangten sie — und mit Recht — Abgaben. Die Nordamerikaner sagten auch: Die wollen wir gern geben, denn wir sind eure Brüder. Aber dann müssen wir auch, wie ihr es thut, verständige Männer aus unserer Mitte in's Parlament nach London schicken, die dort für unser Bestes sprechen und sorgen. Das wollten nun die Engländer nicht, denn sie dachten nicht mehr: es sind unsere Brüder, sondern: es sind unsere Pächter; und da Keines nachgeben, sondern jedes seinen Sinn durchsetzen wollte, so entstand darüber ein Krieg, der sieben Jahre lang dauerte, und in welchem viele Engländer in den Wäldern und Sümpfen Amerika's umkamen. Am Ende wurden es die Engländer müde. Sie machten 1783 Frieden, und

Nordamerika wurde als unabhängiger Freistaat anerkannt. Am 4. Juli 1776 hatten die Vertreter der dreizehn verbündeten Kolonien in der Stadt Philadelphia die berühmte Unabhängigkeits-Erklärung angenommen, durch die sie sich ein für allemal von der englischen Herrschaft lossagten.

Oberbefehlshaber der amerikanischen Heere war George Washington, ein frommer, energischer Mann, der unter großen Schwierigkeiten ein Heer schuf und durch seinen Uebergang über den Delaware die glückliche Wendung hervorbrachte. Frankreich und Spanien unterstützten die Amerikaner, was hauptsächlich den geschickten Unterhandlungen ihres großen Staatsmannes Benjamin Franklin zu verdanken war. Franklin (geb. 1706, † 1790) war einer der bedeutendsten Männer seiner Zeit. Als das jüngste von siebzehn Kindern eines unbemittelten Lichtziehers hatte er wenig Gelegenheit sich auszubilden und verließ seine Vaterstadt Boston, um in Philadelphia sein Glück zu versuchen. Als er dort landete, besaß er einen Silberdollar und einen Schilling in Kupfer. Durch Fleiß und Tüchtigkeit brachte er es zum Buchdrucker und Zeitungsherausgeber. Dabei beschäftigte er sich vorzugsweise gern mit den Wissenschaften und erfand den Blitzableiter. Nach Annahme der Unabhängigkeits-Erklärung wurde er als Gesandter der Vereinigten Staaten nach Paris geschickt und auf diesem Posten wurde er für die amerikanische Sache das in der alten Welt, was Washington in der neuen war.

Der Krieg zwischen England und Amerika ward entschieden durch die Gefangennehmung einer englischen Armee bei Yorktown in Virginien und 1783 wurde der Friede zu Versailles abgeschlossen, in welchem England die Unabhängigkeit der Vereinigten Staaten anerkannte. An der Spitze der Union steht ein alle vier Jahre neu gewählter Präsident. Washington, nach dem auch die große Bundeshauptstadt benannt wurde, war der erste Präsident.

Nun galt in Europa bald Nordamerika für das freieste Land auf Erden, und unaufhörlich zogen Menschen dorthin, um dem in Europa auf ihnen lastenden Drucke sich zu entziehen, um als freie Männer auf freiem Boden zu leben und um in der neuen Welt das zu finden, was die alte nicht allen

ihren Kindern mehr zu geben vermochte — Brod. Ein Theil
des Landes nach dem andern wurde urbar gemacht, Städte
wurden gebaut, das Land bevölkerte sich sehr rasch. Industrie,
Handel und Wandel blühten, bald fuhren Dampfschiffe auf
den großen Flüssen, Seen und Meeren Amerikas, und später
durchzogen Eisenbahnen das Land nach allen Richtungen.
Amerika war und blieb das Ziel für Tausende und Tausende
von englischen, irländischen, französischen, spanischen und
namentlich auch deutschen Auswanderern. Freilich brachten
die vielen neuen Kolonisten nicht alle den gottesfürchtigen
Sinn mit, der die ersten begleitete und segnete. Viel gott=
loses Wesen erhob frech sein Haupt, namentlich auch durch den
Kauf von Negersklaven, die das Land bauen mußten, und die
freien Nordamerikaner hörten es sehr ungern, wenn man
ihnen zumuthete, ihre armen schwarzen Sklaven freizugeben,
wie die Engländer sie freigegeben hatten. Später führte der
Gegensatz zwischen den Sklaven haltenden und den die Skla=
verei verwerfenden Staaten Nordamerikas zu einem blutigen
Bürgerkriege. Es waren aber auch und sind in dem herrlichen
freien Lande auch viele, die Gott fürchten, besonders unter
den Nachkommen der ersten Ansiedler.

§ 65. Die französische Revolution.

Unter der Regierung Ludwig's XIV. war Frankreich
arm und unglücklich geworden. Aber nach seinem Tode
wurde es noch viel unglücklicher. Böse Menschen, welche
Gewalt und Reichthum an sich reißen wollten, verführten den
Anfangs rechtschaffenen König Ludwig XV. zu großen Sün=
den, und als dieser nun ein elender Sklave seiner bösen Lüste
wurde, so machten sie sich das zu Nutzen und thaten mit
dem Lande, was sie wollten. Um ihren schändlichen Geiz
zu befriedigen, und zugleich ihre unsinnige und schändliche
Verschwendung bestreiten zu können, suchten diese böse Re=
genten auf jede Weise Geld vom Volke zu erpressen, und
ein Mittel dazu war immer schlechter als das andere. So
wurde z. B. alles Korn im Lande aufgekauft und zu hohen
Preisen den armen Unterthanen wieder verkauft, so daß die
Franzosen lange Jahre unter schwerem Drucke lagen. Aber
sie merkten nicht, daß das eine Strafe Gottes sei, wenn ein

Land böse Fürsten bekommt, sondern sie machten dem Königshofe allen Muthwillen und alle Sünden nach. Viele spotteten in Büchern über das Wort Gottes und das Christenthum, und die Andern lasen es, und es gefiel ihnen. Zucht und Ehrbarkeit verschwand immer mehr, und ein freches, loses Wesen nahm überhand. Endlich wurde König Ludwig XV. im Jahre 1774 von einer häßlichen Blatternkrankheit befallen, in welcher er bei lebendigem Leibe verfaulte und unter dem Schrecken der Ewigkeit seinen Geist aufgab. Bei seiner Beerdigung ging es nicht besser, als bei der seines Vorgängers. Schnell wurde sein Sarg über Stock und Stein dahingefahren, und Schimpfwörter des Volkes tönten hinterdrein.

Sein Nachfolger war Ludwig XVI., ein liebenswürdiger und rechtschaffener Mann, der es herzlich gut meinte, aber dem argen Verderben nicht mehr zu steuern vermochte. Vergebens schränkte er sich selber ein und machte manche gute Einrichtung. Die Schulden des Staates wurden immer größer. — Endlich wurden aus allen Theilen des Reiches die vornehmsten und klügsten Männer nach Paris zusammenberufen, die Noth ihnen vorgestellt, und nun wurden sie um Rath gefragt: wie man wohl dem Lande helfen könne.

Aber die Versammlung konnte den rechten Rath nicht geben. Der Adel, die Geistlichen und die reichen Klöster, die bisher von allen Abgaben frei gewesen waren, wollten auch nun zur Rettung des Landes nicht beitragen, und anstatt aus Liebe ein Opfer zu bringen, dachten sie nur daran, ihre Vorrechte zu behalten. Darüber wurden die vom Bürgerstande erzürnt. Menschen, die bei allgemeiner Verwirrung zu gewinnen hofften, reizten dazu das Volk immer mehr auf und riefen ihm unaufhörlich zu: „Helft euch selber mit Gewalt!" und dem lange gedrückten Volke schien dieser Ruf gar süß; denn es sah nicht auf den Herrn aller Herren, der allein helfen kann. Den 14. Juli 1789 zog ein wilder, aufgehetzter Volkshaufe lärmend und tobend durch die Straßen von Paris. Bewaffnet stürmte derselbe nach der Bastille, einem alten Staatsgefängnisse, tödtete die ganze Schaar

§ 65. Die französische Revolution. 129

der Schweizersoldaten, die dasselbe bewachten, steckte die Köpfe der Anführer auf lange Piken und trug sie jubelnd durch die Stadt. Das war ein grausiger Anfang.

Die Adeligen und vornehmen Geistlichen sahen nun wohl wie schlimm es ihnen gehen könne, und suchten auf jede Weise aus dem Lande zu fliehen. Unter dem Namen Emigranten blieben sie meist am Rheine und verdienten oft mit saurer Mühe ihr kärgliches tägliches Brod. In Paris aber wurde es immer ärger und ärger. Der wilde Pöbel stürmte nach Versailles, wo der König wohnte, tobte, mordete seine Leute, und zwang den König, sich sammt der Königin in eine Kutsche zu setzen und nach Paris zu fahren. Und unterwegs jubelte das zum Theil besoffene Volk immer neben der Kutsche her, schoß auch zuweilen hinein und fluchte zwischenein dem Könige und der Königin. Man kann sich denken, welche angstvolle Stunden das für den König waren.

In Paris hatte er fortwährend viel Herzeleid, so daß er beschloß heimlich seinen Brüdern zu folgen, die schon nach Deutschland entflohen waren. Er setzte sich also mit seiner ganzen Familie still in einen Wagen und fuhr davon. Unterwegs sah ihn aber in einer Stadt der Postmeister, kannte ihn und machte Lärm. Sogleich mußte der König umkehren; seine Bedienten wurden mit Stricken auf dem Kutschersitze festgebunden; Soldaten marschirten, wie bei Gefangenen, neben dem königlichen Wagen her, und langsamen Schrittes fuhr dieser nun durch die gedrängt vollen Straßen der großen Hauptstadt nach dem königlichen Schlosse. Hier wurde der König ganz wie ein Gefangener gehalten.

Indeß regierte in Paris jene Versammlung, welche der König Anfangs zusammenberufen hatte, um ihm Rath zu geben. Sie bestand jetzt meistens aus Männern aus dem Bürgerstande, hieß die National-Versammlung und das ganze Volk gehorchte ihr. Nachdem sie einmal aufgehört hatte, dem Könige zu gehorchen, ging sie, wie das leicht geschieht, immer weiter. Gottes Segen war nicht in ihrem Rath. Gottlose Menschen erhielten unter ihnen die Oberhand; die Besseres wußten, schwiegen; viele Gräuel geschahen. Endlich nahmen sie den König und seine Familie gefangen und erklärten: „In Frankreich soll kein König mehr sein, von heute an (nämlich) 1792 im September) ist unser Land eine Republik, und zum Andenken an diesen glorreichen Tag wollen wir unsere Jahre von da und nicht mehr von Christi Geburt an zählen." Das Volk freute sich darüber und hielt sich nun für frei und glücklich. Alle, die es noch mit der von Gott verordneten Obrigkeit, mit dem Könige, hielten, wurden ergriffen, eingesteckt und enthauptet. Die Scharfrichter konnten mit all' den Unglücklichen nicht mehr fertig werden, die nun hingerichtet wurden, deshalb wurde das Fallbeil oder die Guillotine erfunden, um desto mehr Menschen abschlachten zu können. Es war solch' ein Mordgeist in die Herzen des verblendeten Volkes gefahren, daß ihnen das Hinrichten der Einzelnen nicht genug war. Die Verurtheilten wurden daher an mehreren Orten mit einander auf's Feld geführt. Da wurde mit Kartätschkugeln unter sie geschossen, und endlich wurden Todte und Halbtodte mit einander begraben. Eine Prinzessin kehrte aus Liebe zur Königin aus Italien nach Paris zurück. Sie wurde mit einem Knittel todtgeschlagen, ihr abgeschnittener Kopf auf eine Lanze gesteckt und, von einer großen Menge begleitet, nach dem Gefängnisse der Königin getragen. Ein abscheulicher Mensch ging dem Zuge voran; in der Hand hatte er das noch rauchende Herz der Ermordeten, und die Gedärme derselben um seinen entblößten Arm gewunden;— und die arme Königin mußte das Alles mit ansehen.

Endlich wurde auch Ludwig vor den Rath gefordert, der das Land beherrschte. Sie hatten beschlossen, ihn zu verderben. „Ludwig," redeten sie ihn an, „Sie sind ein Verbrecher. Verrätherischer Weise haben sie das Vaterland verlassen wollen; Sie sind des Todes schuldig!" Ludwig vertheidigte sich ruhig, wie es einem Unschuldigen natürlich und möglich ist, — aber das half nichts: **er wurde zum Tode verurtheilt.** Doch hörte er mit Ergebung in Gottes Willen sein schreckliches Urtheil, und als er 1793 den

21. Januar in Paris guillotinirt wurde, da schied er mit einem ruhigen, vergebenden Herzen aus einem Leben voll Mühe und Jammer.

Drei viertel Jahre später wurde auch die Königin, eine Tochter des deutschen Kaisers, erst 37 Jahre alt, zum Tode verurtheilt, auf einem schlechten Karren nach dem Richtplatze gefahren und ihr dort das von Kummer graue Haupt abgeschlagen. Des Königs Schwester wurde bald darnach gleichfalls hingerichtet, und der Sohn desselben, noch ein Kind, zu einem harten, trunkenen Schuhmacher gethan, bei dem er in Unrath fast verging und bald nachher starb.

So traurig ging es allen Mitgliedern der Königsfamilie und ihren Freunden, die im Lande geblieben waren, und schändliche Bösewichter herrschten an ihrer Statt. Der schlimmste derselben hieß Robespierre, und die Zeit seiner Regierung die Schreckensperiode, denn durch den Schreck hielt er sich das Volk unterwürfig, und die Leute, die sich frei dünkten, gehorchten bange dem blutdürstigen Tyrannen. Die Sonntage wurden nun abgeschafft, und statt ihrer bestimmt, daß je den zehnten Tag das Volk sich versammeln und das hohe Glück seiner Freiheit erwägen und gemeinschaftlich besprechen sollte. Endlich beschlossen die Bösewichter und machten bekannt: „Es gibt keinen Gott, darum soll auch keiner angebetet werden! Die Vernunft allein ist unser Führer, ist unsere Göttin!" Und ein liederliches Weibsbild wurde, als Göttin der Vernunft aufgeputzt, im Triumphe durch die Straßen geführt und in der Kirche Notre-dame auf einen Altar von Rasen gestellt. Vor ihr war ein Altar errichtet, und ein Priester opferte ihr darauf, und das tolle Volk kniete nieder und betete an. (Vor mehreren Jahren soll diese Göttin arm und bloß und wahnsinnig in einem Stalle in Italien gestorben sein.) Aber das währte nur eine kurze Zeit, Robespierre merkte, daß er das Volk nicht bändigen könne, wenn es nicht vor einem unsichtbaren höhern Wesen bange wäre. Darum verordnete er: „Von nun an soll wieder ein Gott sein und in allen Kirchen von ihm gepredigt werden." Aber der Herr im Himmel, deß er spottete, hatte ihm und seinen Verbrechen ein Ziel gesetzt. Robespierre's frühere Helfershelfer hatten nicht Lust, ihm zu gehorchen, sondern wollten lieber selber regieren. Und da sie sich nun vor des Mächtigen Zorn und Blutdurst fürchteten, kamen sie ihm zuvor und steckten ihn mit seinen Anhängern in's Gefängniß; Robespierre merkte zu gut, daß es nun mit ihm aus sei, und wollte doch nicht unter der Guillotine sterben, sondern sich lieber erschießen. Der Schuß fehlte aber und zerschmetterte bloß den Kinnbacken. Und als nun der schreckliche Mann am folgenden Tage mit 22 seiner Genossen auf elenden Karren nach der Richtstätte hingefahren wurde und Jedermann mit Entsetzen sein zerrissenes Gesicht und die blutbefleckte Brust erblickte, da mochte vielleicht Dieser oder Jener für seine Seele beten, aber erkannte zugleich auch das Strafgericht des heiligen Gottes.

Mit Robespierre hörte die Schreckenszeit in Frankreich auf und eine ruhigere, wenigstens etwas bessere Zeit begann.

§ 66. Die Revolutionskriege. Napoleon Bonaparte.

Nicht bloß Frankreich wurde von der schrecklichen Revolution erschüttert, sondern auch für den größten Theil von Europa gab es jetzt eine Zeit der Trübsal und allerlei Veränderungen. Gott züchtigte die Völker durch die Franzosen. Das fing so an. Als in Paris die unglückliche Königsfamilie im Gefängnisse schmachtete, nahmen sich natürlicherweise die andern Fürsten ihrer an. Oesterreicher und Preußen drangen in's Land, um die Schreckensmänner zur Besinnung zu bringen und den König zu befreien. Anfangs ging es den Verbündeten gut, als sie aber—namentlich die Preußen — in die Champagne kamen und von stetem Regen die Wege schlecht und die Soldaten krank wurden und dahin starben, und die Franzosen in ihrem Freiheitstaumel sich in ungeheuren Massen kriegslustig auf sie einstürzten: da mußten sie umkehren, und König Friedrich Wilhelm II. von

Preußen schloß im Jahre 1795 mit der neuen Republik einen Frieden zu Basel. Wozu sollte er auch einen Krieg länger fortsetzen, der doch zu nichts gedient hätte! — Die Franzosen nahmen aber den Oesterreichern Belgien weg, eroberten Holland, ja, siegten fast an allen Orten. Ueberall, wohin sie kamen, sagten sie zu den Leuten: „Völker, ihr seid jetzt frei! ihr dürft nun das Glück genießen, es auch so zu machen, wie wir!" Und die es glaubten, standen auf und machten es nach, wie die es gemacht hatten, und viele alte Einrichtungen und damit auch viele gute Sitten, und alte Treue und Zucht gingen zu Grunde. Aber die Leute waren nicht frei, sondern trugen das Joch derer, die sich ihre Befreier nannten. Damals fing ein Mann an, sich vor allen Andern auszuzeichnen. Er hieß Napoleon Bonaparte und war der Sohn eines Edelmannes auf der Insel Corsika, am 15. August 1769 geboren. Schon als Knabe bereitete er sich darauf vor, einmal Offizier zu werden, und wurde es auch wirklich in seinen Jünglingsjahren. Und da er sich bald durch seinen Muth und seine Umsicht vor den anderen Offizieren hervorthat, und die verwittwete Nichte eines Machthabers in Frankreich, die edle Josephine Beauharnais (Boharnä), heirathete, ward er zum General der schlechtesten französischen Armee, der italienischen, erhoben.

Dennoch führte er dieselbe von einem Siege über die Oesterreicher zum andern. Wohin er kam, mußten die Bürger und Bauern ihm und seinen Soldaten große Summen Geldes auszahlen; denn sein Grundsatz war: „Der Krieg muß den Krieg ernähren!" Während andere Generale unablässig Geld von Paris verlangten, schickte er etwas dahin, und seine Soldaten hatten nebenbei auch vollauf und waren stolz auf ihren siegreichen Führer. Schon im Jahre 1797 sah sich der deutsche Kaiser Franz II. von Napoleon zum ersten Male zum Frieden gezwungen, was ihm später noch dreimal widerfahren ist. Und jedesmal mußte der arme Besiegte an den stolzen, habsüchtigen Sieger schöne und volkreiche Länder abtreten. Alle Franzosen sahen auf Bonaparte. Er war ihr Liebling, denn Keiner hatte ihnen so viel Ruhm und Gewinn verschafft, als er.

Im Jahre 1798 schiffte er nach Aegypten. Die Engländer zerstörten aber seine Flotte bei Alexandrien. Die Franzosen starben in großer Menge in dem heißen Aegyptenland; sie siegten zwar an allen Enden, aber ihre Anzahl wurde dabei immer geringer. Viele wurden krank, und Napoleon ließ alle Kranken in den Lazarethen vergiften, weil er sie nicht mit fortbringen konnte. Endlich brach er mit wenigen Begleitern plötzlich auf und schiffte wieder heim nach Frankreich.

Dies Vornehmen war also nicht gelungen; ein anderes gelang desto besser. Napoleon eilte 1799 nach Paris, machte der dortigen Regierung ein Ende, ließ sich selbst zum ersten Consul ernennen und herrschte unter diesem Namen als unumschränkter Gebieter im Lande. Die Franzosen, die ihren König gemordet und so viel von Freiheit geredet hatten, gehorchten ihm gutwillig und ließen sich gar Manches von ihm gefallen. Als er das sah, ward er kühner und setzte sich im Jahre 1804 — in Gegenwart des Papstes — die Kaiserkrone auf, und hieß von nun an Napoleon I., Kaiser der Franzosen. Das war das Ende der französischen Republik. Die Franzosen hatten sich selbst helfen wollen und waren nun einem klugen und gewaltigen Menschen in die Hände gefallen, der es ihnen machte, wie es vor Alters Kaiser Augustus den Römern gemacht hatte. So geht es, wenn ein Volk nicht nach Gott fragt. Den Weg des Friedens und Segens kennt es nicht, und mit Ruhm und Gewinn kann man es zu Allem locken.

Napoleons Macht stieg von der Zeit an immer höher und höher. Ein Land eroberte er nach dem andern, und seine Brüder und Verwandten machte er zu Fürsten über dieselben. So wurden seine Brüder: Ludwig König von Holland, Hieronymus König von Westphalen, Joseph König von Spanien, sein Schwager Joachim Murat erst Großherzog von Berg und nachher König von Neapel. Im Jahre 1810 schied er sich von seiner Gemahlin Josephine heirathete die Tochter Franz II. von Oesterreich und war nun auf dem höchsten Gipfel seiner Macht. Nicht nur Frankreich, sondern halb Europa mußte ihm gehorchen. Nur in Spanien stand seine Macht noch nicht fest, und England und Rußland konnte er auch nicht unterwerfen, während die andern Länder theils zu Frankreich wirklich gehörten, theils doch thun mußten, was Napoleon haben wollte. England suchte er durch die seinen Handel ruinirende Continentalsperre zu beeinträchtigen. Unser deutsches Land hatte damals eine schwere Zeit. Gott demüthigte uns tief, um uns aufzuerwecken und zu sich zu ziehen. Das deutsche Kaiserthum hatte Napoleon aufgehoben; alle deutschen Fürsten mußten ihm gehorchen; das mächtige Oesterreich war in dem schweren Kriege 1809 um Vieles verkleinert und genöthigt worden, Alles zu thun, was Napoleon wollte. Preußen hatte schon, 1806 bei Jena und Auerstädt gänzlich von Napoleon geschlagen, nach feiger Uebergabe fast aller seiner Festungen, 1807 in dem Frieden von Tilsit die Hälfte seiner Länder verloren und 140 Millionen Franken Kriegskosten bezahlen müssen, so daß es ein ohnmächtiges armes Land wurde. Aber Gott hilft dem Gedemüthigten. Er gab dem Könige Friedrich Wilhelm III. von Preußen ein weises Herz und getreue Diener. So machte der verständige General Scharnhorst manche Verbesserung im Kriegswesen, und die trefflichen Minister Stein und Hardenberg suchten dem Wohl des Landes durch viele nützliche Einrichtungen aufzuhelfen. Und alle diese Unternehmungen förderte, an der Seite seiner edeln Gemahlin Königin Luise, die leider schon 1810 starb, der König aus allen Kräften, und die Einwohner des Landes fingen wieder an, aufzuleben, aber auch fleißiger und sehnsüchtiger nach dem hinzuschauen, der die Trübsal sendet und endet. Und Gott endete sie als seine Absicht erreicht war.

§ 67. Der russische Krieg und die Freiheitskriege.

Napoleon herrschte nun vom atlantischen Meere bis an die Grenze Rußlands. Aber es verdroß ihn, daß dieses große Reich sich nicht auch seinem Willen fügte, darum verbot er dem Kaiser Alexander, Handel mit England zu treiben. Das hatte er auch den übrigen Fürsten Europa's verboten, denn er wollte dadurch diesen Handelsstaat zu Grunde richten. — Alexander ließ sich das aber nicht verbieten, sondern that, was ihm zum Besten des Landes gut schien. Nun erhob sich Napoleon in seinem Uebermuthe. Er wollte Rußland zwingen und seine Macht noch viel größer machen, als 2c. Mit einer ungeheuren, trefflich ausgerüsteten Armee von fünfhunderttausend Mann und zwölfhundert Kanonen rückte er im Juni 1812 siegesstolz in Rußland ein. Preußen und Oesterreicher wurden gezwungen, ihm zu helfen. Die armen Russen vermochten nichts gegen solche gewaltige Kriegsmassen, sondern zogen sich kämpfend zurück bis Moskau, verbrannten aber alle Dörfer am Wege, damit die Franzosen nichts sollten zu essen finden, und die Franzosen verbrannten das Uebrige aus Uebermuth. Noch ein Sieg an der Moskwa, und Napoleon zog ein in die alte weltberühmte Stadt Moskau. Indeß war es Winter geworden, und die Franzosen wollten sich ausruhen. Die Russen ließen ihnen aber dazu keine Zeit, sondern zündeten ihre eigene Stadt an. — Ein furchtbarer Brand! Was wollten die Franzosen nun anfangen? Zwischen den dampfenden Schutthaufen war es im kalten Winter nicht angenehm. Sie mußten wieder umkehren und auf derselben verwüsteten Heerstraße zurückmarschiren, auf der sie gekommen waren. Und nun schickte Gott eine entsetzliche Kälte, und die armen Soldaten hatten nichts auf dem Leibe und nichts im Leibe; — höchstens konnten sie sich dann und wann einmal an dem Fleische eines gestorbenen Pferdes laben. Und nun immer und immer nur der kalte Schnee das Bett und die Tannenbäume das Obdach; und hinten und auf allen Seiten die wüthenden Kossaken mit ihren langen Piken und das mörderische Feuer der russischen Kanonen! Namentlich der Uebergang der Franzosen über die Beresina bot ein Bild des höchsten Schreckens und Jammers dar und kostete Tausenden das Leben. — Da war's denn wohl kein Wunder, daß von den fünfhunderttausend Kriegern nicht viel über dreißigtausend ihre Brüder und Schwestern und ihre Heimath wieder gesehen haben. — So richtete Gott den hochmüthigen Kaiser. Als er auf's Höchste gekommen war, ging es schnell und reißend hinab.

Die geschlagene französische Armee rettete sich durch Preußen nach Frankreich, und die jubelnden Russen rückten ihnen auf dem Fuße nach. So wie sie unser Vaterland betraten, wagte es zuerst der tapfere General York, auf eigene Verantwortung mit den Russen sich zu vereinigen. Der König von Preußen billigte nachher diesen Schritt und verbündete sich vollständig mit dem Kaiser **Alexander** von Rußland im Vertrage von **Kalisch**. Am 3. Februar 1813 erließ der König einen Aufruf „an mein Volk," und bald nachher stiftete er den Orden des eisernen Kreuzes. **Mit Gott für König und Vaterland** war das Losungswort; begeisterte Dichter, wie **Arndt, Körner und Schenkendorf**, sangen ihre herrlichen Kriegs- und Freiheitslieder, und die Prediger segneten die in's Feld ziehenden Freiwilligen in den Kirchen ein. Eine wunderbare Begeisterung, ein heiliger Kriegseifer, eine frische Lust, das Vaterland zu befreien, entstand in dem ganzen preußischen Volke! Knaben von 13, 14 bis Männer von 60, 70 Jahren ergriffen freudig die Waffen, und Frauen und Jungfrauen strickten und näheten für die Krieger. Wenn solch' ein Eifer sichtbar wird, der ist auch von Gott gewirkt. — Und doch ging's den Verbündeten Anfangs nicht gut. Es ist unbegreiflich, aber wahr: die Franzosen hatten Napoleon willig und gern ihre noch übrig gebliebenen Söhne und Brüder zu neuen Opfern hergegeben, und mit diesen drang derselbe racheschnaubend in Deutschland ein und besiegte, obwohl mit Mühe, das noch ungeübte preußisch-russische Heer zweimal: bei **Lützen** und bei **Bautzen** (1813). Da schlossen die Verbündeten einen zehnwöchentlichen Waffenstillstand mit den Franzosen, die doch schon klar erkannt hatten, daß sie es jetzt mit dem deutschen Volksgeist zu thun hatten, und brachten während dieser Ruhezeit Napoleons eigenen Schwiegervater, Franz II. von Oesterreich, und den Kronprinzen von Schweden, Bernadotte, einen seiner früheren Generale, auf ihre Seite. Die Franzosen hatten nun mit drei feindlichen Heeren zu kämpfen und wurden zuerst im Norden von dem General Bülow bei Groß=Beeren und dann im Osten von dem General Blücher an der Katzbach besiegt. Zwar drängte Napoleon das Hauptheer der Verbündeten nach einem Siege bei Dresden nach Böhmen zurück, aber gleich danach wurde sein General Vandamme bei Culm gefangen und eine andere französische Armee unter Ney von Bülow bei Dennewitz besiegt. York siegte bei Wartenburg, und Blücher ging über die Elbe und vereinigte sich mit der Nordarmee. Endlich im Oktober 1813 drängten sich alle verbündeten Heere bei Leipzig um die große französische Armee her, und den 16., 18. und 19. Oktober wurde diese von jenen auf allen Punkten besiegt. Die Dörfer um Leipzig, Wachau, Möckern, Probstheida und Lindenau, bildeten die Hauptpunkte der Schlacht. Fast alle Orte rings umher brannten. Auf den Knieen dankten die drei Monarchen, der König von Preußen und die Kaiser von Rußland und Oesterreich, Gott dem Herrn für den Sieg. Er war aber theuer erkauft, die Franzosen verloren 70,000 und die Verbündeten 50,000 Mann an Todten und Verwundeten. Der König von Sachsen, der noch während der Schlacht bei Leipzig mit Napoleon gehalten hatte, wurde als Gefangener nach Berlin geführt und verlor nachher einen großen Theil seines Landes. Das französische Heer eilte in verworrener Flucht nach dem Rheine zu. Bei Hanau kam es noch einmal zur Schlacht, indem die Baiern unter Wrede sich den fliehenden Franzosen entgegenstellten. Aber sie brachen durch, und der Rest der Armee erreichte Frankreich. Die Verbündeten folgten auf dem Fuße, und überall in den bisher von Franzosen besetzt gewesenen deutschen Orten wurden die Russen und die Deutschen mit Jubel aufgenommen, und die deutschen Fürsten erhielten ihre verlorenen Länder wieder. In der Neujahrsnacht 1814 ging Blücher's Heer bei Caub, Mannheim und Coblenz über den Rhein, und Schwarzenberg's Hauptarmee ging bei Basel hinüber. Sie drangen in Frankreich ein, Blücher siegte bei La Rothière (bei Brienne), nachher wurde er und Schwarzenberg in mehreren kleineren Treffen geschlagen, dann aber siegte Blücher bei Laon und Schwarzenberg bei Arcis sur Aube. Napoleon beabsichtigte, durch einen Zug nach dem Rheine die Verbündeten abzulenken —, aber sie drangen unaufhaltsam, nach einem neuen Siege Blücher's bei La Fère Champenoise, gegen Paris vor, erstürmten den Montmartre, und zogen am 31. März 1814 siegreich in Paris ein: Preußen und Oesterreicher, Russen, Schweden und Engländer. Napoleon versuchte zuerst, zu Gunsten seines Sohnes abzudanken, was aber nicht angenommen wurde. Er mußte vollständig dem Throne entsagen, nahm zu Fontainebleau Abschied von seinem Heere und wurde auf die Insel Elba an der italienischen Küste verbannt, die ihm als Fürstenthum angewiesen wurde. Man berief auf den französischen Thron wieder das alte Königsgeschlecht der Bourbonen. Der Bruder des hingerichteten Königs Ludwig bestieg als Ludwig XVIII. den Thron. Er gab dem Lande eine neue Verfassung (Charte), und im Pariser Frieden am 30. Mai 1814 wurde Frankreich auf die Grenzen von 1792 zurückgeführt. Man behandelte die Franzosen mit unbegreiflicher Milde und versäumte es, die nöthigen Repressalien für die jahrelangen Unbilden, die man von Frankreich erlitten hatte, zu ergreifen.

§ 68. Napoleon's Rückkehr und neue Niederlage.

Die verbündeten Fürsten traten nun zu einem Congreß in Wien zusammen, um die Angelegenheiten des Welttheils zu ordnen und die durcheinander geworfenen und willkürlich von Napoleon vertheilten Länder wieder zu ordnen und zurecht zu bringen. Auf diesem Congresse räumte man den Franzosen selbst auch Sitz und Stimme mit ein, und ihr Vertreter, der Fürst Talleyrand, wußte seinen Einfluß mit großer Schlauheit zu benutzen, um für Frankreich möglichst günstige Bedingungen zu erlangen und die Fürsten zu verunreinigen. Namentlich über Polen und Sachsen konnte man sich nicht verständigen, und die Bundesgenossenschaft, die Frankreich so gefährlich geworden war, drohte zu zerfallen. Davon hörte Napoleon auf Elba, so wie auch von der Unzufriedenheit der Franzosen mit der Regierung des Bourbonen Ludwig XVIII., und heimlich verließ er die Insel Elba, landete am 1. März 1815 in Frankreich, wurde überall, namentlich von den Soldaten, mit Jubel aufgenommen, und zog schon am 20. März in Paris ein, nachdem Ludwig XVIII. geflohen war. So stellte er das Kaiserthum wieder her, und es begann die **Herrschaft der 100 Tage**, denn länger dauerte Napoleon's neue Macht nicht. Die Nachricht: „Napoleon ist wieder in Frankreich, Alles fällt ihm zu," wirkte wie ein electrischer Schlag in Europa, namentlich in Wien, wo die Fürsten sich nun glücklicher Weise doch wieder enger an einander schlossen. Napoleon gab zwar die besten Versprechungen und schrieb: Er sei des Kriegs herzlich müde und wolle sich bemühen, durch ein Friedens=Regiment die Völker zu beglücken. Aber man glaubte ihm nicht und konnte ihm nicht trauen. So wurden alsbald die Heere wieder gegen Frankreich vorgeschickt; die Engländer und Holländer unter **Wellington**, die Preußen unter **Blücher**. In Belgien stellte sich ihnen Napoleon entgegen; er schlug am 16. Juni die Preußen bei **Ligny** und befahl seinem General **Vandamme**, ihre Trümmer über den Rhein zu jagen. Blücher, durch einen Sturz seines Pferdes in die äußerste Lebensgefahr gerathen, aber durch seinen Adjutanten **Nostiz** gerettet, dachte blos daran, die Scharte wieder auszuwetzen, und durch ein geschicktes Manöver drängte er immer vorwärts und konnte so dem Marschall Wellington, der am 18. Juni bei **Waterloo** seit Mittag gekämpft hatte, das Versprechen halten, zu ihm zu stoßen. Es that auch dringend Noth, denn sonst hätte Napoleon wiederum gesiegt; jetzt aber wandte sich die Schlacht bei Waterloo oder Belle=Alliance zum vollständigen **Siege** der Verbündeten. Das französische Heer gerieth in die größte Unordnung. Napoleon konnte die Linien nicht wieder zum Stehen bringen. Die alte Garde ergab sich nicht, sie starb. Ein Schrecken bemächtigte sich der Franzosen. „Rette sich, wer retten kann," war die allgemeine Losung. Napoleon floh nach Paris. Sein Wagen, Hut und Degen fielen in die Hände der Preußen. Unablässig verfolgte der alte Blücher, der tapfere Marschall Vorwärts, den fliehenden Feind, und in elf Tagen war er wieder in Paris. Napoleon entsagte der Krone zu Gunsten seines Sohnes und als die Verbündeten naheten, floh er nach Rochefort, um sich nach Amerika einzuschiffen. Er wurde daran verhindert und mußte sich den Engländern ergeben. Als Europa's immerwährender Gefangener, wurde er dann auf die einsame Felsen-Insel St. Helena, westlich von Afrika im Ocean gelegen, gebracht und daselbst von den Engländern bewacht. Nach sechs Jahren schon, am 5. Mai 1821, starb Napoleon daselbst, tief gebeugt und in Kummer über sein Schicksal, am Magenkrebs. So hatte Gott dem gewaltigen Dränger sein: „Bis hierher und nicht weiter" entgegen gerufen.

In Paris wurde jetzt ein strengeres Gericht gehalten, als das erste Mal. Der alte Blücher verstand keinen Spaß und drohte mit Zerstörung der Stadt. Sie mußte eine bedeutende Kriegssteuer zahlen und die von Napoleon geraubten Kunstschätze wieder herausgeben. Das Königthum der Bourbonen unter Ludwig XVIII. wurde wieder hergestellt. Am 20. November 1815 wurde der zweite Pariser Frieden abgeschlossen, in welchem Frankreich auf die Grenzen von 1790 zurückgeführt, zu 700 Millionen Frcs. Kriegsentschädigung, sowie zur fünfjährigen Aufnahme eines Bundesheeres von 150,000 Mann in 17 Grenzfestungen genöthigt, und die ganze Familie Bonaparte bei Todesstrafe aus Frankreich verbannt wurde. Leider wurden die früher von Frankreich geraubten deutschen Länder Elsaß und Lothringen nicht wieder für Deutschland in Anspruch genommen. Der Wiener Congreß trat wieder zusammen,

und auf demselben wurden jetzt die Völker= und Staatsver=
hältnisse Europa's definitiv geordnet.

§ 69. Der heilige Bund und der deutsche Bund.

Es war eine schöne, herrliche Zeit, die Gott der Herr
über unser deutsches Vaterland kommen ließ, die Zeit der
Befreiung von der Herrschaft Napoleon's. Eine gewaltige
Begeisterung für die deutsche Einheit und Freiheit hatte die
Fürsten und die Völker belebt, und große Versprechungen
waren gegenseitig gemacht worden. Alle hatten die Hülfe
Gottes in der Noth sichtbar erfahren und fühlten sich zum
Danke gegen ihn verpflichtet, und Frömmigkeit und Gottes=
furcht kehrten vielfach wieder, wo sie verschwunden gewesen
waren. Die drei Fürsten, welche den Kaiser Napoleon be=
siegt hatten, König Friedrich Wilhelm III. von Preußen,
Kaiser Alexander von Rußland und Kaiser Franz von Oe=
sterreich, faßten neue Entschlüsse, ihre Völker gut und gerecht
zu regieren und glücklich zu machen; sie schlossen in solcher
Gesinnung im Jahre 1815, ehe sie von Paris abreisten,
den **heiligen Bund**, dem sich nach und nach die meisten
europäischen Fürsten anschlossen. Die Fürsten gelobten
sich da, durch die Bande christlicher Bruderliebe verbunden
zu bleiben, sich stets einander beizustehen, ihre Unterthanen
wie Väter zu regieren und Religion, Frieden und Gerechtig=
keit in Europa, als in einer großen Völkerfamilie, zu för=
dern. Das waren herrliche Ideen und Entschlüsse, aber
es ging hiermit, wie mit allen menschlichen Entschlüssen, daß
ihre Ausführung nicht so schön und vollkommen wurde, son=
dern sich vieles Menschliche und Verkehrte im Lauf der
Zeiten daran anschloß. Das geschah besonders durch ein=
zelne oberste Staats=Diener, Minister der Fürsten, die die
Erhabenheit der fürstlichen Ideen nicht so zu fassen vermoch=
ten, die Begeisterung der Nation aus den Freiheitskriegen
her verkannten und daher das Streben der deutschen Völker
nach Freiheit und Einheit ungern sahen. Hier ist besonders
der österreichische Staatskanzler Fürst Metternich zu nennen,

§ 69. Der heilige Bund und der deutsche Bund. 143

der viele Maßregeln in Deutschland durchführte, die mit den
in der Zeit der Freiheitskriege erweckten Ideen und gege=
benen Versprechungen nicht übereinstimmten. Als Mittel
zu solchen gemeinschaftlichen Maßregeln und Gesetzen für
ganz Deutschland benutzte man den deutschen Bund,
der, 1815 zu Wien abgeschlossen, nachdem das alte deutsche
Kaiserthum in der französischen Zeit untergegangen war,
jetzt die einzelnen deutschen Fürsten und Staaten nur lose
zu einem Fürsten= und Staatenbund vereinigte. Dieser
deutsche Bund hatte seinen Mittelpunkt auf dem deutschen
Bundestage zu Frankfurt am Main, wohin jeder deutsche
Fürst seinen Abgesandten schickte, und die Bundestagsge=
sandten beriethen dann unter dem Vorsitze des österreichi=
schen Gesandten über die gemeinschaftlichen Angelegenheiten
Deutschlands. Aber sie erließen wichtige Gesetze und Ver=
ordnungen, die zum Theil Unzufriedenheit im Volke erreg=
ten. Viele, besonders jüngere Leute in Deutschland, die
noch mitgefochten hatten zur Befreiung ihres Vaterlandes,
wollten dessen Einheit und Freiheit anders gesichert sehen,
als dies durch die strengen Maßregeln des deutschen Bundes
geschah, und meinten wohl auch, in der Wiederherstellung
des alten deutschen Kaiserthums beruhe das Heil Deutsch=
lands. Zugleich trachteten sie, die Mannhaftigkeit und
Wahrhaftigkeit dem Volke, und namentlich der deutschen
Jugend, zu erhalten durch fleißige Uebung der Leibeskräfte
im Turnen; es wurden durch den alten Jahn auf den
deutschen Universitäten Turnvereine gebildet und Turnfeste
gefeiert, z. B. auf der Wartburg, die aber allmälig sich in
politisches Streben einließen und so den Verdacht der Regie=
rungen erregten. Die jungen Leute schwuren unauslösch=
lichen Haß den Feinden des Vaterlandes, und da sie für
einen solchen vorzüglich den unsittlichen, leichtsinnigen deut=
schen Schriftsteller Kotzebue hielten, so entstand der
gottlose Wahn, es werde dem Vaterlande ein Dienst er=
wiesen, wenn dieser getödtet würde. Ein junger Student
aus Jena, Namens Sand, vollführte die ruchlose That.
Natürlich kam das Treiben der deutschen Jugend, dem ur=

sprünglich ein guter, sehr edler Kern zu Grunde lag, so daß viele vorzügliche Jünglinge und Männer sich mit hinein ziehen ließen, durch solche Dinge nur noch mehr in Verdacht und überall in Deutschland wurden die Untersuchungen gegen die „demagogischen Umtriebe" sehr strenge geführt, so daß viele, viele deutsche Jünglinge im Kerker die schönsten Jahre ihres Lebens durchschmachten mußten. Die deutschen Fürsten vereinigten sich in den Carlsbader Beschlüssen und in der Wiener Schlußakte zu strenger Ueberwachung der Regung im Volke für die Freiheit; eine strenge Censur für alle Schriften, die gedruckt werden sollten, wurde eingeführt, und die Regierungen, die eine Mitwirkung von Abgeordneten ihres Volkes bei der Verwaltung des Landes hatten, wurden der Controle des deutschen Bundestags strenger unterworfen, während in den anderen Staaten, namentlich in Preußen und Oesterreich, das Ringen und Trachten der constitutionellen Partei nach solcher Verfassung (Constitution), die dem Volke gesetzlichen Einfluß auf die Regierung des Landes sicherte, niedergehalten wurde. Man nannte diese Partei die liberale oder freisinnige, und ihr stand gegenüber die aristokratische, die für die Alleinherrschaft des Königs und den Einfluß der Vornehmen und des Adels war, während eine dritte Partei die demokratische hieß, weil sie die große Masse des Volkes zur Herrschaft bringen wollte; sie trat den Fürsten feindlich gegenüber und ward daher strenge verfolgt.

§ 70. Die Juli=Revolution und ihre Folgen.

Das arme Frankreich mit seinem unzufriedenen Volke konnte noch immer nicht zur Ruhe kommen und stürzte sich aus einer Revolution in die andere. Die Ideen von Volksherrschaft, Freiheit, Gleichheit und Brüderlichkeit, welche in der Revolution von 1789 sich geltend gemacht und das Volk in so großes Unglück und endlich unter die Gewaltherrschaft des Kaisers Napoleon gebracht hatten, tauchten immer wieder auf, und Frankreich mußte es wiederholt vom Throne

§ 70. Die Juli=Revolution und ihre Folgen.

bis zur Hütte erfahren, daß die Sünde der Leute Verder=
ben ist. — Nach Beendigung des Krieges von 1815 und
Verbannung Napoleon's nach St. Helena war L u d w i g
XVIII. wieder König von Frankreich geworden. Er gab
ein freisinniges Staatsgrundgesetz, worin viele billige An=
sprüche des Volkes befriedigt wurden. Das war aber den
Vornehmen und Reichen im Lande nicht recht; sie hielten
noch mehr auf die ausschließliche, blos unter ihrem Einfluß
stehende Gewalt und Herrschaft des Königs, als er selbst,
und dieser Partei schloß sich die Geistlichkeit im Lande an.
Der König konnte sich dem Andringen des Adels und der
Geistlichkeit nicht entziehen und ward endlich genöthigt, die
Freiheiten des Volkes zu beschränken und ein anderes Mini=
sterium zu ernennen. Er starb im Jahre 1824, und sein
Bruder bestieg als König K a r l X. den Thron. Er
wandte sich ganz der Adelspartei zu, ließ sich von ihr leiten,
machte sie sehr mächtig und rief auch die Jesuiten in's Land
zurück. Dadurch zog er sich den Haß des Volkes zu, und
weil er wirklich viel zu weit ging in Beschränkung der Volks=
freiheiten, so schlossen sich fast alle Männer von Geist und
Bildung der Volkspartei an und traten gegen den König
auf. Je mächtiger diese aber wurde, desto verblendeter suchte
der König und die ihn beherrschende Partei sie zu unter=
drücken, und vergaß, daß das Volk auch bestimmte Rechte
und Ansprüche hatte. 1829 entließ Karl X. sein Mini=
sterium, das ihm noch zu freisinnig war, und ernannte ein
anderes, viel strengeres, unter Polignac's Vorsitz. Die
französische Kammer, die Versammlung der gesetzlich er=
wählten Volksvertreter, erklärte ihr Mißfallen über die
volksfeindliche Politik der Regierung, wurde aber alsbald
aufgelös't und nach Hause geschickt. Das Volk wählte neue
Vertreter, aber diese erklärten sich noch stärker gegen die
Regierung. Jedoch der König wollte nicht hören und
wurde nur desto strenger. Am 26. Juli 1830 erließ er
Verordnungen, wodurch die Preßfreiheit ganz aufgehoben,
die neue Kammer aufgelös't und das Wahlgesetz für die Ab=
geordneten zu Ungunsten des volksthümlichen Einflusses ver=

geändert wurde. Alsbald brach die Juli=Revolution aus; das Volk baute Barikaden in Paris, und in wildem, dreitägigem Straßenkampfe befreite es sich endlich von der Herrschaft des Adels und der Priester. König Karl X. mußte aus Frankreich fliehen, ohne daß ihn Jemand beweinte. 1836 starb er. An seiner Statt wurde der kluge Herzog **Ludwig Philipp von Orleans**, der sich vor und während der Revolution die Gunst des Volkes zu erwerben gewußt hatte, zum Könige der Franzosen erhoben. Er machte das Staatsgrundgesetz freisinniger und schwur, danach stets regieren zu wollen. So begann ein neues, vom Volke durch eine Revolution geschaffenes Bürgerkönigthum, das aber keineswegs die vom Volke gestellten Erwartungen befriedigte und bald in manche alte Uebel zurück verfiel.

Um dieselbige Zeit fanden auch sonst in Europa mannigfache Veränderungen statt, die zum größten Theil als Folgen dieser französischen Revolution anzusehen sind. Kurz vorher war ein neues Königthum im Südosten von Europa gebildet worden, indem die **Griechen**, das aus der alten Zeit so hochberühmte Volk, sich durch einen langen, begeisterten Kampf von der Herrschaft der Türken befreit hatten. Die Russen halfen ihnen dabei besonders durch den tapfern General **Diebitsch**, der wegen seines kühnen Uebergangs über den Balkan den Beinamen Sabalkanski erhielt. Auch die Engländer halfen den Griechen gegen die Türken und entschieden die Seeschlacht bei Navarin zu Gunsten der tapfern Griechen. So wurde denn 1829 der Friede zu Adrianopel geschlossen, Griechenland als selbstständiges Königreich anerkannt und ein baierischer Prinz als **Otto I.** zum König eingesetzt.

Aehnlich ging es mit **Belgien**, wo ganz bald nach der französischen Juli=Revolution auch eine Revolution ausbrach. Auf dem Wiener Congresse war dieses Land, obschon es in Religion, Volkscharakter, Sprache und Interressen wesentlich von Holland verschieden war, doch mit diesem zu einem Königreiche der Niederlande vereinigt worden. Dem König Wilhelm I. war die Aufgabe nicht ge-

§ 70. Die Juli-Revolution und ihre Folgen.

lungen sich die Liebe des Volkes in den belgischen Provinzen zu erwerben, was denn allerdings auch wohl sehr schlimm sein mochte; es fühlte sich immer gegen die nördlichen Provinzen zurückgesetzt, und so entstand, als die Revolution in Paris so vollständigen Erfolg gehabt hatte, alsbald auch in Brüssel, der Hauptstadt von Brabant, eine Revolution; rasch fiel das Volk von dem König von Holland ab, und obschon der Prinz von Oranien einen tapfern und ruhmreichen Feldzug gegen die Aufständischen machte, so gelang es ihm doch nicht sie wieder zu unterjochen, denn die Franzosen kamen den Belgiern zu Hülfe. Die Truppen des Königs von Holland zogen sich nach Antwerpen zurück, und auf der Citadelle hielt der tapfere General Chassé eine lange Belagerung aus, bis die Citadelle endlich von den Franzosen bombardirt wurde. Die Unabhängigkeit Belgiens ward nun von den europäischen Großmächten anerkannt, und dieselben bestimmten auf einer Conferenz zu London den Prinzen Leopold von Sachsen-Koburg zum König von Belgien, welcher weise, freisinnig und glücklich regierte.

Nicht so erfolgreich war der gleichfalls 1830 ausbrechende Aufstand in Polen. Durch die Theilung Polens unter die drei benachbarten Großmächte war eine ehedem kräftige Nation in ihren heiligsten Interessen tief verletzt, und so ist es erklärlich, daß die Polen stets neue Versuche zu ihrer Befreiung machten. Am strengsten wurden sie von den Russen behandelt, und so richtete sich denn gegen diese auch besonders ihr Haß. Tapfer kämpften sie, aber sie erlagen doch natürlich der russischen Uebermacht, um so mehr, da sie auch unter sich selbst uneins waren, wie immer, indem die reichen adeligen Gutsbesitzer ihre leibeigenen Bauern schwer darnieder hielten. Die Polen hofften von dem französischen Volke, das sich eben selbst auch befreit hatte, Unterstützung, aber vergebens. In der großen Schlacht bei Ostrolenka wurden sie geschlagen und kamen nun nur desto mehr unter Rußlands Scepter. Das bisher schon vom russischen Kaiser regierte Königreich Polen verlor seine eigene Verfassung und ward einfach eine russische Provinz. Sehr viele für die

Freiheit begeisterte Polen flohen besonders nach Frankreich und die zurückbleibenden Theilnehmer an der Revolution wurden auf's Strengste bestraft.

Aber auch in Deutschland blieb es nicht ruhig nach der französischen Revolution. Die Freiheits=Ideen fanden auch da vielen Eingang. So entstand im Herzogthum Braunschweig ein Aufstand, in welchem der gewaltsame Herzog Karl, der wirklich viel gethan hatte, um das Volk zu kränken, vertrieben, sein Schloß verbrannt und nachher sein Bruder Wilhelm zum Herzog gemacht wurde, welcher die Landstände anerkannte. Auch im Königreiche Sachsen und im Kurfürstenthum Hessen entstanden Unruhen, die die Fürsten nöthigten Mitregenten anzunehmen. 1831 entstand ebenso in Hannover eine Aufregung, in deren Folge 1833 eine neue ziemlich freisinnige Staatsverfassung gemacht und vom König Wilhelm IV. von England und Hannover bestätigt wurde. 1837 starb aber dieser König, und in England kam nun die Königin Victoria zur Regierung; da aber in Hannover bloß der Mannesstamm zum Throne berechtigt ist, so bekam dies Land einen eigenen König in der Person des Herzogs von Cumberland, eines Onkels der Königin Victoria. Dieser König Ernst August von Hannover hob alsbald widerrechtlich die hannöverische Verfassung wieder auf, und wer im Lande damit nicht zufrieden war, wurde bestraft oder aus dem Lande verwiesen; so sieben berühmte Professoren der Universität Göttingen, die aber freundlichst in den anderen deutschen Ländern aufgenommen und wieder angestellt wurden.

Um Deutschland gegen die französischen Freiheits=Ideen zu schützen, faßte im Jahre 1832 der deutsche Bundestag neue strenge Beschlüsse und ergriff energische Maßregeln gegen die deutschen freisinnigen Schriftsteller, gegen das Streben der Völker nach Mitwirkung bei der Regierung und gegen die constitutionellen Verfassungen, wo sie in Deutschland waren, wie z. B. besonders im Großherzogthum Baden. Gegen diese Maßregeln des Bundes ward ein Aufstand versucht im Jahre 1833 zu Frankfurt am Main, der aber entdeckt und im Keime erstickt wurde; er mag wohl mit durch das 1832 gefeierte Hambacher Constitutionsfest entstanden sein und hing mit einer in Würtemberg entdeckten Verschwörung zusammen. Viele deutsche Jünglinge und Männer wurden nun, ähnlich wie bei den früheren Untersuchungen gegen die demagogischen Umtriebe, gefangen genommen, und viele entflohen und wanderten aus, zum Theil nach Amerika, welches Land überhaupt immer mehr deutsche Familien herüberzog. Oesterreichs Einfluß war bei Ordnung und Leitung der allgemeinen deutschen Angelegenheiten noch immer der mächtigste. Der alte Fürst Metternich lenkte den Bundestag nach seinem Willen und versuchte durch ihn in ganz Deutschland Zustände einzuführen wie sie in Oesterreich waren, bei denen das Volk zu keiner freien, frischen Bewegung und Entwickelung kommen konnte, sondern durch allerlei Einflüsse, auch durch Geistlichkeit und Adel, niedergehalten wurde. „Alles für das Volk, nichts durch das Volk," war das Losungswort der damaligen deutsch-österreichischen Bundes-Politik. Der Tod des Kaisers Franz II. von Oesterreich und die Thronbesteigung Ferdinand's I. im Jahre 1835 änderte nichts hierin.

§ 71. England.

In England kam 1830 der bei Hannover schon erwähnte König Wilhelm IV. zur Regierung. Der Haupt-Einfluß bei der Regierung dieses Landes liegt immer bei der Volksvertretung, dem Parlamente, und man drang nun auf eine Reform dieses Parlaments, die auch zu Stande kam, indem das Recht, einen Abgeordneten zu wählen, gleichmäßiger vertheilt wurde. Dadurch verlor die Adelspartei (Torys) viel von ihrem Einflusse an die Volkspartei (Whigs), und es ist also nicht zu verwundern, daß die Adelspartei der Parlaments-Reform sehr entgegen war und sie lange heftig bekämpfte. Die freisinnige Volkspartei befestigte sich aber immer mehr und schloß sich enger zusammen, indem sie ihre Grundsätze einer politischen und gesellschaftlichen Reform im Jahre 1835 in einem besonderen Aktenstück, Volkscharte genannt, niederlegte, woher diese Partei den Namen „Chartisten" erhielt. Durch ihren Einfluß ist Manches zum Wohle des ärmeren Volkes gethan, indem die strengen Korngesetze gemildert wurden, der Eingangszoll für's Getreide herabgesetzt, dadurch natürlich die Einfuhr erleichtert und die Kornpreise niedriger gemacht wurden. Den hiermit verbundenen, nicht unerheblichen Ausfall an den Staats-Einnahmen deckte der berühmte englische Staatsmann und damalige Minister Robert Peel, dem das Volk sehr viel verdankt, durch eine Einkommensteuer, die natürlich die Wohlhabenden, den reichen englischen Adel, am Meisten traf. Die Ideen des freien, nicht durch Schutzzölle zu beschränkenden Handels wurden in England immer mehr angeregt, und das war für diese zur See so mächtige, durch ihren Welthandel so reiche Nation von besonderer Bedeutung. — In einer unerfreulichen Stellung hat sich immer das arme Irland zu England befunden. Verschiedenheit des Stammes, der Confession und der Standesverhältnisse läßt den Irländer stets als den Unterjochten und den Engländer als den Unterjocher erscheinen. Robert Peel hatte nun im Parlament und bei der Regierung die Emancipation, die politische Gleichstellung der Katholiken mit den Protestanten in England durchgesetzt, und so konnte dann auch das größtentheils katholische Irland im Parlament gehörig vertreten werden. Da zeichnete sich denn besonders ein sehr begabter Irländer, Daniel O'Connel, durch Thätigkeit und Sorge für sein armes, nothleidendes Volk aus. Auch außerhalb des Parlaments wirkte er dafür durch große Volksversammlungen (Meetings), und hielt das Volk immer in Aufregung durch den Gedanken und die Drohung einer Aufhebung der Union mit England. — 1837 starb König Wilhelm IV. von England, und die junge Königin Victoria trat die Regierung an; sie heirathete 1840 den Prinzen Albert von Koburg. Er wußte seine schwierige Stellung als Prinz-Gemahl mit großer Klugheit auszufüllen und sich die Liebe der Engländer in hohem Grade zu erwerben, so daß sein früher Tod am 14. December 1861 im ganzen Lande, ja in ganz Europa betrauert wurde, am meisten natürlich von der Königin, der das Gerücht mehrfach die Absicht zuschrieb, abdanken zu wollen zu Gunsten ihres ältesten Sohnes, des Prinzen von Wales, welcher im Anfang des Jahres 1863 eine dänische Prinzessin heirathete. Englands Macht nach Außen hin wächst stets durch seine zunehmende Bedeutung zur See. Der Reichthum des Landes wird sehr durch die vielen Colonien gehoben, die England überall, besonders auch in Ostindien hat. Hierdurch wird es aber auch in viele Kriege in Asien, besonders mit China, verwickelt, aber die klugen englischen Staatsmänner wissen es doch immer zu vortheilhaften Friedensschlüssen zu bringen.

§ 72. Spanien und Portugal.

Einen weniger erfreulichen Anblick bietet uns das von der Natur und durch seine Lage an zwei Meeren so begünstigte, aber durch Zwietracht und Bürgerkriege tief zerrissene Spanien. Im Jahre 1830, nicht lange vor der französischen Revolution, hob König Ferdinand auf Anregung seiner Gemahlin Marie Christine das salische Gesetz auf, welches die weibliche Thronfolge ausschloß, und sicherte dadurch seiner eben gebornen Tochter das Recht der Nachfolge in der Regierung. Hierdurch ging aber seinem Bruder Don Carlos die Aussicht auf den spanischen Thron verloren. Derselbe stützte sich besonders auf die katholische Priester-Partei in Spanien, und diese brachte den kranken König Ferdinand zu einem Widerrufe der Aufhebung des salischen Gesetzes, den er aber gleich nachher wieder zurücknahm, so daß also die Aufhebung galt und die weibliche Erbfolge zulässig blieb. Als nun Ferdinand im Herbst 1833 starb, begann alsbald der Bürgerkrieg, indem Don Carlos als Carl V. von seiner Partei, die sich Carlisten nannte, zum König ausgerufen wurde. Er sollte absoluter, unbeschränkter König sein und die spanische

Verfassung mit der Volksvertretung (Cortez) nichts gelten. Auf diese Verfassung und die freisinnigen Ideen im Lande stützte sich nun die verwittwete Königin Christine, welche zur Regentin für ihre unmündige Tochter Isabella bestellt wurde. Ihre Partei nannte sich die Christinos, und so ward sieben Jahre lang ein blutiger Bürgerkrieg in Spanien geführt zwischen den Carlisten und den Christinos. Hauptfeldherr der ersteren war seit 1835 Cabrera und der letzteren Espartero. Dieser benutzte eine Spaltung unter den Carlisten und machte einen Vertrag, wodurch mehrere Stämme von Don Carlos abfielen. Allmälig immer mehr verlassen, floh derselbe endlich nach Frankreich, wo man ihn 1845 zwang, seine Ansprüche an den Thron auf seinen ältesten Sohn, den Grafen von Montemolin, zu übertragen; er selbst ging nach Italien. Die Königin Christine hatte nun das Reich allein, aber sie machte nicht die erwarteten zeitgemäßen Zugeständnisse an das Volk im Sinne der freisinnigen Partei, auf die sie sich gestützt hatte, sondern regierte willkürlich und grausam. Daraus entstanden neue Parteikämpfe und Hofzänkereien, bis endlich die Königin Christine abdankte und 1841 Espartero von den Cortez zum Regenten von Spanien ernannt wurde. Aber die Königin Christine fand eine Stütze an dem General Narvaez, den Frankreich begünstigte, und welchem der von England unterstützte Espartero weichen mußte. Gleich darauf wurde die erst 13 Jahre alte Königin Isabella für volljährig erklärt, obschon sie geistig und sittlich verwahrlos't war, und der schlaue König Ludwig Philipp von Frankreich brachte es zu Wege, daß sie ihren Vetter Franz von Assis heirathen mußte, während zugleich ihre Schwester den Grafen von Montpensier, jüngsten Sohn des französischen Königs, heirathete. Hierdurch bekam der französische Prinz Aussicht auf den spanischen Thron, um so mehr, da die junge Königin sich einem leichtsinnigen Leben ergab, von ihrem Gemahl sich trennte und statt dessen den General Serrano begünstigte. Im Juli 1854 brach eine neue Revolution, namentlich unter dem Militär, aus, wodurch das Ministerium gestürzt und ein liberaleres unter Espartero eingesetzt wurde. Kaum zwei Jahre hielt es sich und ward dann durch einen Staatsstreich von O'Donnel, verbunden mit einem Aufruhr in Madrid, gestürzt, um einer strengeren Regierung unter Narvaez wieder Platz zu machen, bis nachher doch O'Donnel Minister-Präsident wurde. Derselbe begann Ende 1859 einen Krieg gegen Marocco, welchen er siegreich, rasch zu Ende führte. — Auch in Portugal gab es Parteikämpfe und Hofstreitigkeiten. 1836 und 1837 ward nach langen Kämpfen die freie Verfassung von 1820 wieder eingeführt, nachdem die Königin Maria del Gloria vergebens versucht hatte, mit der weniger freisinnigen Verfassung Don Pedro's das Volk zu befriedigen. 1846 kam der Thron auf's Neue in Gefahr, und die Königin übergab dem Herzog Palmella die Leitung der Regierung. Der Bürgerkrieg hat in Portugal noch lange gewährt, bis glücklichere Zeiten eintraten mit dem Regierungs-Antritt des jungen Königs Pedro V., dem 1859 seine junge Gemahlin Stephanie von Hohenzollern starb. Er selbst starb auch schon im November 1861 nebst einem seiner Brüder, und König wurde der andere Bruder Don Luis.

§ 73. Friedrich Wilhelm IV. König von Preußen.

Am 7. Juni 1840 legte der alte König Friedrich Wilhelm III. von Preußen sein müdes Haupt zur Ruhe nieder mit den Losungsworten seines Testaments an seinen hohen Sohn und sein Volk: „Meine Zeit in Unruhe, meine Hoffnung in Gott." Tiefe Trauer ging damals durch ganz Preußen, und über die Grenzen dieses Landes hinaus ward der alte edle Herr beweint, der, einer der letzten Fürsten aus jener wunderbaren Zeit großer Trübsale und herrlicher Errettung, sich den schönen Beinamen „der Gerechte" erworben hatte und ein liebes, treues Andenken in seinem Volke hinterließ. In der friedlichen Einsamkeit des Charlottenburger Schloßgartens schlummert er an der Seite seiner treuen Gattin, der schon 1810, mitten in der schweren Zeit, ihm vorangegangenen edlen Königin Louise. Der älteste Sohn Friedrich Wilhelm's III. bestieg den Thron: König Friedrich Wilhelm IV. Viele und große Hoffnungen empfingen diesen edeln Monarchen, und Alles jauchzte ihm zu bei den Huldigungen in Königsberg und in Berlin. Politischen Fortschritt, Erfüllung der Versprechungen von 1813 und 1815, kirchlichen Frieden und Eintracht, Einigung Deutschlands, Alles erwartete man von ihm, und der König selbst war tief durchdrungen von der Wichtigkeit, aber auch von der Schwierigkeit seiner Aufgabe, die er nicht ohne den Aufblick zu Gott dem Herrn, dem Könige aller Könige, zu erfüllen gedachte. Namentlich in kirchlicher Beziehung fand er bei seinem Regierungsantritte vielfältige Aufregung vor. In der katholischen Kirche war besonders wichtig geworden der Streit über die gemischten Ehen zwischen Protestanten und Katholiken. Der Staat verlangte die Erziehung aller Kinder aus solchen Ehen in der Confession des Vaters, aber die katholische Kirche wollte die Ehe nur dann einsegnen, wenn alle Kinder katholisch werden sollten. Den beharrlichsten Widerstand in dieser Beziehung leistete der damalige Erzbischof von Köln, Clemens August Droste zu Vischering, und er wurde deshalb 1837 von seinem Amte entfernt und auf die Festung Minden gefangen weggeführt, so wie der Erzbischof Dunin von Gnesen und Posen nach Colberg. Bald nach seiner Thronbesteigung ließ nun Friedrich Wilhelm IV. beide Prälaten wieder frei, wodurch die durch jene Ereignisse entstandene Aufregung gemildert wurde. Auch durch seine lebhafte Betheiligung bei dem um diese Zeit wieder begonnenen Ausbau des Kölner Doms erwarb sich der König Ansprüche auf Dank und Liebe von Seiten der katholischen Bevölkerung seines Landes. — Bald nachher entstand eine große Aufregung anderer Art im Schooße der katholischen Kirche, besonders Preußens. Der Bischof Arnoldi von Trier veranstaltete nämlich im Jahre 1844 eine großartige

Wallfahrt nach dem heil. Rocke zu Trier, den man für das Gewand Jesu Christi hielt. Ein Priester in Schlesien, Namens Johannes Ronge, protestirte hiergegen in einem Schreiben an den Bischof Arnoldi und stellte das als Miß= brauch und Aberglauben dar. Es bildete sich in Folge des= sen die sogenannte d e u t s ch = k a t h o l i s ch e Sekte in der katholischen Kirche, die einen freisinnigen, aufgeklärten Ka= tholicismus einführen zu wollen schien, Anfangs sehr viel von sich reden machte, bald aber wegen ihrer Oberflächlich= keit und wegen ihres völligen Mangels an wirklich christli= chem Gehalt der verdienten Vergessenheit anheim fiel. Auch in der evangelischen Kirche Preußens trat um diese Zeit eine ungläubige Partei auf, die ein oberflächliches gehaltlo= ses Vernunft=Christenthum aufstellen wollte und mit dem Namen Lichtfreunde bezeichnet wurde. Es entstanden viele freie Gemeinden, die sich von der Landeskirche und dem lan= desherrlichen Kirchen=Regiment lossagten, indem das letz= tere, besonders seit dem Regierungsantritt Friedrich Wil= helm's IV., die rechtgläubige Auffassung des Christenthums begünstigte. Ein im Jahre 1847 erlassenes Toleranz= Edict erkannte den Lichtfreunden die bürgerlichen Rechte zu. — Zur Aufrechthaltung, Bildung und Unterstützung armer evangelischer Gemeinden in katholischer Umgebung bildete sich unter Preußens Schutz der sogenannte Gustav-Adolphs= Verein, und zum Schutz der evangelischen Christen im Orient gründete der König von Preußen mit der Königin von England ein evangelisches Bisthum in Jerusalem.

Ein großes und bleibendes Verdienst erwarb sich Fried= rich Wilhelm IV. um die Anbahnung der deutschen Ein= heit und die Förderung des deutschen Handels durch Grün= dung des d e u t s ch e n Z o l l v e r e i n s, der die Zoll= schranken zwischen den meisten deutschen Ländern aufhob, dem sich aber leider nicht alle Regierungen anschlossen, be= sonders auch die österreichische nicht. Auf dem Wege zur Erreichung einer gesetzlichen Betheiligung des Volkes bei den Staatsangelegenheiten, gemäß den 1813 und 1815 ge= gebenen Versprechungen, machte der König von Preußen im Jahre 1847 einen Fortschritt, indem er am 3. Februar den **ersten vereinigten Landtag** nach Berlin zusammenberief, auf dem Abgeordnete aus allen preußischen Provinzen sich gemeinschaftlich über das Wohl des Landes und die von der Regierung eingeschlagenen und einzuschlagenden Maßregeln beriethen. Die von der freisinnigen Partei gewünschten und gehofften constitutionellen Rechte und Freiheiten wurden aber noch nicht ertheilt, und so bildete sich auf dem vereinigten Landtage 1847 eine Opposition gegen die Regierung, nach wie vor blieb aber der königliche Wille allein der entscheidende. Im Jahre 1845 ward der König Friedrich Wilhelm IV. auch von Mörderhand angegriffen; ein ehemaliger Bürgermeister Tschech schoß nach ihm, und später ein Unteroffizier Sefeloge, aber Gott erhielt ihn gnädig. Dem König stand noch eine Zeit schwerer Drangsale und großer Pläne bevor. —

Der preußische Antheil vom alten Königreich Polen, die Provinz Posen, ward im Jahre 1846 tief aufgeregt durch einen neuen Versuch zur Befreiung Polens, aber dieser neue **polnische Aufstand** blieb erfolglos, wie der frühere. Die Strenge namentlich der Russen gegen Polen vermehrte sich nur, der freie Staat Krakau wurde Oesterreich einverleibt, und die Theilnehmer am Aufstande flohen oder wurden strenge bestraft.

Durch den Besitz des Fürstenthums Neufchatel oder Neuenburg, das zugleich einen Canton der schweizerischen Republik bildete, hätte Preußen im Jahre 1847 bei dem schweizer Sonderbundskriege leicht mit in Verwickelungen kommen können. Es war nämlich in einigen Cantonen der **Schweiz** das katholische Element immer mächtiger geworden, und die Jesuiten gewannen Einfluß; in Luzern z. B. wurde ihnen die Jugend-Erziehung übertragen. Da sah sich die Aarauer Cantonal-Regierung veranlaßt, katholisches Kloster- und Kirchengut einzuziehen, welchen Schritt die schweizer Tagsatzung mit einigen Modificationen guthieß. Das veranlaßte die sieben alten, meist katholischen Urcantone der Schweiz: Schwyz, Uri, Unterwalden, Luzern, Zug,

Freiburg und Wallis, einen Sonderbund abzuschlie=
ßen zum Schutze des Katholicismus in der Schweiz wider
die freisinnigen Tendenzen der Bundes-Regierung. Nach=
dem früher ein Freischaarenzug der Liberalen gegen Luzern
leicht zurückgeschlagen war, führte jetzt die Tagsatzung gegen
Ende des Jahres 1847 einen kurzen, wohlgeordneten Feld=
zug gegen den Sonderbund, der, nach Eroberung der
Cantone Freiburg und Luzern durch den General Dufour,
die Unterwerfung der übrigen Sonderbunds-Cantone zur
Folge hatte. Preußen hatte wohl mit Oesterreich und
Frankreich eine Dazwischenkunft zu Gunsten des Sonder=
bundes beabsichtigt, aber dieselbe wurde durch die rasche,
völlige Vernichtung desselben unmöglich. Die Tagsatzung
aber nahm nach ihren Siegen einige zweckmäßige Verände=
rungen in der Verfassung vor. Der Canton Neuenburg,
der Preußen zu einem Einschreiten in dieser Sache hätte
veranlassen können, nahm bei diesen Vorgängen so viel als
möglich eine neutrale Stellung ein, aber die freisinnige
Partei in demselben war nicht für Preußen und bewirkte
späterhin eine völlige Losreißung Neuenburgs von der
Krone Preußen.

§ 74. Die neuen Erfindungen.

Die neueste Zeit ist sehr reich an vielfältigen, wichtigen
Erfindungen, wodurch der Verkehr der Völker erleichtert,
Kunst und Wissenschaft bereichert, der Handel gehoben und
as ganze Leben der Nationen zu einem Fortschritte geführt
wurde. Amerika, das Millionen von Auswanderern aus
Europa, namentlich aus Irland und Deutschland, über den
Ocean hinüberzieht und auch mit durch sie ganz riesenhafte
Fortschritte in Cultur und Industrie macht, ist uns in
manchen großen, wichtigen Unternehmungen weit voraus
und hat nebst England bei vielen Erfindungen den Ton an=
gegeben. Das neuentdeckte Gold in Californien hilft ihm
zu den großen Fortschritten wesentlich. Den vornehmsten
Platz unter den Erfindungen der Neuzeit nimmt ohne Zwei=

fel die Anwendung der **Dampfkraft**, um ungeheure Maschinen zu treiben, ein. Wie man im Fabrikwesen durch Dampfmaschinen von fabelhafter Größe die Kräfte von Pferden und Menschen, von Wasser und Wind tausendfältig ersetzt, so hat man dieselbe Dampfkraft auch zu benutzen gewußt als fortbewegende Kraft. Schon in den zwanziger Jahren unseres Jahrhunderts trieb man Schiffe mit Dampf, statt durch den Wind oder durch die armen Zugthiere. Es vergingen aber noch Jahre darüber, ehe man so weit kam, auch zu Reisen und Waarentransporten auf dem Lande die Dampfkraft zu benutzen und Wagen, statt mit Pferden, durch Dampfmaschinen, die man so angebracht, Lokomotiven nennt, ziehen oder treiben zu lassen. Dazu bedurfte es aber gerader, ebener Wege, die mit eisernen Fahrgleisen belegt sind und deshalb **Eisenbahnen** heißen. Auf diesen läuft dann eine Reihe von großen, schweren Wagen, gezogen durch eine Lokomotive, mit solch' ungeheurer Geschwindigkeit, daß man eine Stunde in 10 oder wohl gar in 7 Minuten zurücklegen kann. In unbegreiflich kurzer Zeit waren nun alle Länder Europa's mit Eisenbahnen durchschnitten, und in unmittelbarer Nähe rückten sich dadurch die fernsten Länder und Orte. Personen- und Waarenverkehr wird so bedeutend erleichtert. Noch viel rascher als der Mensch selbst und das Werk seiner Hände, kann aber jetzt sein Wort, mit Geschwindigkeit des Blitzes, von einem Ort nach einem andern weit entfernten, ja über's Meer mitgetheilt werden durch die wundervolle Erfindung des **elektro-magnetischen Telegraphen**. Die elektrische und magnetische Kraft hat man so sinnreich mit einander in Verbindung zu bringen und anzuwenden gewußt, daß sich Bewegung und Ruhe eines zwischen einem Buchstabenkreise angebrachten Zeigers oder einer über einen Papierstreifen gehenden Nadel durch einen nach fernen Orten hingeleiteten Eisendraht fast in demselben Augenblick auch jenem dort befindlichen Zeiger oder jener Nadel mittheilt. Aus den einzelnen Buchstaben und Zeichen, auf denen der Zeiger ruhen bleibt, lies't man nun die Worte, die man einander mittheilen will, leicht zusammen, oder die elektro=magnetische Nadel bringt sie in einem aus Punkten und Strichen gebildeten Alphabet auch gleich zu Papier. Und nicht nur durch viele hundert Meilen lange Drahtleitung zu Lande unterreden sich jetzt die Menschen an den entferntesten Orten also mit einander, sondern man leitet die Drähte in dicken Tauen auch durch große Meere, ja selbst zwischen Amerika und Europa ward eine solche elektro=magnetische Verbindung durch den atlantischen Ocean hergestellt, die aber nicht von Dauer war. Es soll 1865 der Versuch erneuert werden, hoffentlich dann mit besserm Erfolg. — Aber mit der raschen Bewegung und Mittheilung auf der Erde ist der Mensch noch nicht zufrieden; er will auch durch die Luft sich fortbewegen. Die Erfindung des **Luftballons** hat man in unsern Tagen auch weiter ausgebildet, findet aber noch unüberwindliche Schwierigkeiten dabei, den mit leichterer Luft als die atmosphärische gefüllten und daher von dieser getragenen, durch sie rasch dahin fliegenden, großen Ballon von Seide gehörig nach dem Willen des Menschen zu lenken. Dies erst kann die Erfindung so recht praktisch machen. — Auch machte man die sehr nützliche Erfindung, eine brennbare Luft, **Leucht=Gas**, zu gewinnen, welches, durch Röhren in die Laternen auf den Straßen, sowie in die Häuser geleitet, dieselben viel heller erleuchtet, als je Oellampen oder Kerzen es vermögen. — Eine sehr schöne Erfindung ist auch die der **Daguerrotypie** und **Photographie**, die Kunst, durch die Einwirkung der Lichtstrahlen Bilder von dem menschlichen Antlitz oder von Gebäuden, Landschaften und andern Bildern sich selbst auf einer durch chemische Zubereitung höchst empfindlich gemachten Metallplatte oder Papier ausprägen zu lassen. Weiterhin hat man im Einzelnen vielfältige **Maschinen** erfunden, die die Arbeit der Thierkraft und der Menschenhände ersetzen oder doch wesentlich erleichtern: so kunstvolle neue Webestühle aller Art, Dresch=, Säe= und Mähmaschinen für den Landwirth, Strick= und Nähmaschinen, sehr weittragende und sicher schießende Zündnadel=Ge-

§ 74. Die neuen Erfindungen.

wehre für die Jäger und Soldaten, bei denen die Ladung, und oft mehrere miteinander, unten am Gewehrkolben in den Lauf hineingeschoben wird, Schießbaumwolle und vielfältige neue Wurfgeschosse und Kanonen für den Feuerwerker und Artilleristen u. s. w. Durch die verbesserte Erfindung großer Fernröhre hat man sich auch die Sternenwelt näher zu rücken gewußt und viele **neue Planeten** entdeckt, deren Zahl sich jetzt schon von 11 auf mehr als 60 vermehrt hat. Kurz, die Menschen sind in vieler Beziehung klüger und Viele auch durch Ausbeutung der neuen Erfindungen in großen industriellen Etablissements und **Aktien=Gesellschaften** reicher geworden, ob auch glücklicher und besser, ist eine andere Frage. Die Association, das Zusammentreten vieler Einzelnen zu einer Genossenschaft zur Förderung ihrer Interessen findet übrigens nicht blos zur Bildung gewinnbringender Geld-Unternehmungen statt, sondern wird namentlich von Schulze-Delitzsch auch zur Besserung der Lage des Arbeiterstandes mit großem Erfolg zur Anwendung gebracht. Immerhin mag unser Zeitalter stolz sein auf Darstellungen der Fortschritte in Kunst und Industrie, Erfindungsgabe und Unternehmungslust, Fleiß und Ausdauer, wie sie die großen **Welt-Industrie-Ausstellungen 1851 zu London, 1855 zu Paris** und **1862 wieder zu London** zur Erscheinung gebracht haben, wo in kolossalen Palästen aus Glas und Eisen die herrlichsten Werke der Menschenhand und des menschlichen Geistes aus allen Weltgegenden zur Bewunderung der Millionen von Reisenden von überall her zusammengestellt waren. Für die Culturgeschichte aller Völker und die Gemeinsamkeit ihrer Bestrebungen in Handel und Industrie, Kunst und Wissenschaft sind solche Ausstellungen von unläugbarer Bedeutung, da sie die Nacheiferung wecken und so den allgemeinen Fortschritt befördern. Wie wenig der Mensch mit Hülfe der neuen Erfindungen und der Vereinigung des Kapitals in Aktien-Gesellschaften vor den größten Unternehmungen zurückschreckt, zeigt das jetzt trotz des Widerspruchs Englands begonnene Werk der

Durchstechung der Landenge von Suez und der Plan, einen unterseeischen Weg oder eine Brücke zwischen England und Frankreich anzulegen. Rascher als solche kolossalen Unternehmungen ist die vor 1000 Jahren schon projektirt gewesene feste Brücke über den Rhein bei Köln zur Vollendung gelangt, und nachher noch drei andere bei Kehl, bei Mainz und bei Coblenz, so daß die Lokomotive jetzt unaufhaltsam Europa von Westen nach Osten hin durchfliegt, und ebenso Amerika.

§ 75. Die französische Revolution von 1848 und Kaiser Napoleon III.

Der französische König Ludwig Philipp, den die Revolution von 1830 eingesetzt hatte, befriedigte, wie wir schon erwähnt haben, nicht die Erwartungen des Volkes. Er sorgte auch in der That gar zu sehr für sich und seine große Familie, ohne das Glück und die Wohlfahrt des in Parteien zerrissenen Volkes gehörig im Auge zu haben. Obschon er die Verfassung beschworen hatte, kümmerte er sich doch wenig um die Kammern und beschränkte das Recht zu den Abgeordnetenwahlen sehr. Seine Minister waren stets Werkzeuge seiner schlauen, wohlüberlegten, aber zu selbstsüchtigen Politik, und er entließ und wählte sie neu nach Gutbefinden, wie sie seinen persönlichen Plänen am dienlichsten waren. Es gab aber unter den höchsten Staatsbeamten auch solche, die selbst der Bestechlichkeit beschuldigt wurden und die Bestechung im Lande sehr beförderten. Ueberhaupt ließen sich die vornehmen Kreise in Paris viel zu Schulden kommen und setzten sich großen Vorwürfen aus. Im Jahre 1847 hat z. B. ein Herzog von Praslin in Paris sogar seine eigene Gemahlin ermordet. Die tiefen Schäden der Gesellschaft und die ganze, von der Liebe des Volkes abgesonderte Stellung des Königs konnten nicht vertuscht werden durch den großen Kriegsruhm, den sich Frankreichs Heere in diesen Jahren in Nord-Afrika erwarben bei der Eroberung und Vertheidigung Algiers, besonders gegen den tapfern Emir **Abdel-Kader**, der endlich als Gefangener nach Frankreich abgeführt wurde. Auch die Klugheit, mit der der König durch die Freundschaft mit Mehemed Ali, Pascha von Aegypten, seinen Einfluß bei Ordnung der orientalischen Angelegenheiten geltend zu machen wußte, worüber fast im Jahre 1840—41 ein Krieg mit England ausgebrochen wäre, und die schlaue Ueberlegung, mit der er durch die spanische Heirath seiner Familie Aussichten auf den spanischen Thron zu verschaffen suchte, half ihm nicht. Dahingegen ist der plötzliche unglückliche Tod seines ältesten Sohnes, des Herzogs von Orleans, des bei dem Volke sehr beliebten Thronerben, als ein entschiedenes Unglück für Louis Philipp's Haus und für ganz Frankreich anzusehen. Am schlimmsten aber waren die Wühlereien der verschiedenen **Parteien**, die Frankreich in Unruhe erhielten und den Thron Ludwig Philipp's, der acht Mal aus Mörderhand errettet ward, doch endlich wirklich umstürzten. Außer der sogenannten Partei der **Legitimisten**, die als gesetzmäßigen (legitimen) Herrscher Frankreichs den Enkel des vertriebenen Königs Carl X., den Herzog von Bordeaux, ansahen, waren die **Bonapartisten** thätig, und besonders machte ein Neffe des großen Kaisers Napoleon, **Louis Napoleon**, zwei abenteuerliche Versuche, 1836 zu Straßburg und 1840 zu Boulogne, um sich zum Kaiser zu machen. Beide mißglückten aber, und der erste endigte mit seiner Verbannung nach Amerika, der zweite mit seiner Gefangenschaft auf der Festung Ham. Weit bedeutender und für Frankreich und seinen Thron verhängnißvoller war die mehr in der Stille und in Gestalt geheimer Wühlerei betriebene Wirksamkeit der **republikanischen** Partei, der **Communisten** und **Socialisten**. In Folge der Revolution des vorigen Jahrhunderts waren die Arbeiter, die Armen und Geringen auch zu politischen Rechten und vielfach zu kleinem Besitze, jedenfalls aber zu allerlei hohen Ideen und großen Ansprüchen gekommen, die bei den bestehenden gesellschaftlichen Verhältnissen in Frankreich und in Europa überhaupt

§ 75. Die franz. Revolution von 1848 ꝛc.

nicht befriedigt werden konnten. Auch ward durch große industrielle Unternehmungen eine Menge von Arbeitern gesammelt, die durch das Maschinenwesen und neue Erfindungen vielfach brodlos wurden. So vermehrte sich immer mehr das Mißverhältniß zwischen Reichen und Armen. Das brachte nun viele Menschen auf Ideen zur Umgestaltung der gesellschaftlichen (socialen) Verhältnisse, die diesen Nothständen abhelfen sollte. Die Communisten gingen so weit, daß sie alles Privat-Eigenthum aufheben und durch eine gemeinschaftliche Vertheilung und Verwaltung alles Gutes und aller Erzeugnisse der Arbeit, unter Abstellung von Reichthum und Armuth, eine Gleichheit aller Menschen in Beziehung auf Wohlstand hervorbringen wollten, wobei denn der höchste Lebensgenuß als das Ziel alles menschlichen Strebens galt. Die Socialisten wollten aber, ohne Aufhebung des Eigenthums, durch Vergesellschaftung und Vereinigung aller Geistes- und Körperkräfte eine Ausgleichung und einen gesteigerten Grad von Glück und Wohlstand erzeugen, der auch dem Aermsten blühen sollte. Solche Ideen verbreiteten sich ungemein rasch in Frankreich und über seine Grenzen hinaus. Ein königliches Regiment konnte und sollte dabei nicht bestehen: Republik war die ersehnte Staatsform, und man hoffte allmälig zu diesem Ziele zu gelangen, wenn den unteren Classen der Bevölkerung gleiche politische Rechte, besonders bei den Abgeordnetenwahlen, zugestanden würden. Vergebens hatte man schon früher eine Reform des Wahlgesetzes und entsprechende Verfassungsveränderungen verlangt. Louis Philipp's Regierung leistete beharrlichen Widerstand, aber zu Ende des Jahres 1847 und zu Anfang 1848 wurde das Drängen nach solcher Wahlreform immer heftiger, und in großen Volksversammlungen, sogenannten Reformbanketten wirkte man dafür. Die Regierung suchte diese Versammlungen zu verhindern, und wagte es endlich, auf Grund eines alten Gesetzes von 1790, eine solche große Volksversammlung, die am 22. Februar 1848 stattfinden sollte, ganz zu verbieten. Sie unterblieb, aber das Volk ward dadurch nur desto aufgebrachter; es empörte sich in Paris, Barrikaden wurden gebaut, und am 22. und 23. Februar kämpften Volk und Militär heftig in den Straßen der Hauptstadt Frankreichs. Besonders richtete sich die Wuth gegen den Premierminister des Königs, Guizot. Man erlangte endlich vom Könige das Versprechen, diesen zu entlassen und das Wahlgesetz zu Gunsten der ärmeren Volksklassen zu verändern. Jubelnd zog nun das Volk durch die Straßen von Paris, aber durch einen Schuß vor dem Hotel Guizot's entbrannte der Kampf auf's Neue, und zwar viel heftiger als vorher. Am Morgen des 24. Februar war ganz Paris verbarrikadirt, und die Nationalgarde wollte das Volk nicht angreifen. Nun versuchte der König durch die Ernennung eines ganz aus der Widerstandspartei genommenen Ministeriums das Volk zu beschwichtigen, aber es war zu spät: das Volk beruhigte sich nicht, bis **Ludwig Philipp** zu Gunsten seines Enkels, des Grafen von Paris, **abdankte** und mit Lebensgefahr nach England **floh**, wo er im August 1850 starb. Umsonst versuchte die Herzogin von Orleans, ihren Sohn, den Grafen von Paris, zur Anerkennung zu bringen in der National-Versammlung; dieselbe proklamirte die **Republik** und ernannte eine **provisorische Regierung**, deren Seele der Schriftsteller und Staatsmann **Lamartine** war. Ganz Frankreich beugte sich willig vor dem in Paris Geschehenen. Auch zwei Arbeiter waren Mitglieder der Regierung, und diese versuchten nun im Sinne der socialistischen Ansichten den Arbeiterstand zu beglücken durch Nationalwerkstätten, die aber die Arbeiter blos faul machten und dem Staat sehr viel Geld kosteten, indem die Arbeitslosen außerdem noch Unterstützung aus der Staatskasse erhielten. So sah sich die im Mai aus ganz freien Volkswahlen zusammengetretene National-Versammlung genöthigt, die Nationalwerkstätten zu schließen und den immer drohender werdenden Forderungen der Arbeiter (des Proletariats) entgegen zu treten. Dadurch entstand im Juni ein nur noch viel schrecklicherer **Straßenkampf**, der

§ 70. Die franz. Revolution von 1848 ꝛc. 165

vier Tage dauerte. Man trachtete die Revolution ganz zu Gunsten des Socialismus und der blutigrothen Republik auszubeuten. Der General Cavaignac ward in der Noth des Augenblicks von der National-Versammlung zum Dictator, d. h. zum alleinigen Befehlshaber in kriegerischen und bürgerlichen Angelegenheiten ernannt; er dämpfte endlich den Aufstand und bestrafte die rothen Republikaner streng und energisch. Cavaignac erwählte sich nun, da die provisorische Regierung zurückgetreten war, ein Ministerium und regierte mit demselben verständig und besonnen, während die National-Versammlung eine Verfassung für die Republik Frankreich zu Stande brachte, welcher gemäß am 10. Dezember 1848 vom Volk ein **Präsident** auf vier Jahre gewählt wurde. Die Wahl traf mit etwa 6 Millionen Stimmen den Prinzen **Louis Napoleon**, einen Neffen des großen Kaisers, der, wie oben erwähnt, schon zwei Mal vergeblich versucht hatte, sich an die Spitze Frankreichs als Kaiser zu stellen. Er regierte als Präsident weit verständiger und klüger, als man von ihm hätte erwarten sollen, hatte aber dabei einen unbeugsamen Willen und verfolgte bestimmt seine Pläne des Ehrgeizes und der Herrschsucht. Wollten seine Minister sich denselben nicht fügen, so entließ er sie ohne Weiteres. Durch die gewaltsame Wiedereinführung des Papstes nach Rom und Besiegung der dortigen Republik hat sich der Präsident Louis Napoleon viele Freunde gemacht. Er erwarb sich auf alle Weise die Gunst des Heeres und des niederen Volkes, während die National-Versammlung der Vergrößerung seiner persönlichen Macht und seines Einflusses sehr entschieden entgegen trat. Da im Mai des Jahres 1852 nach der Verfassung an die Stelle Louis Napoleon's ein neuer Präsident der französischen Republik zu wählen war, so kam er dieser Krisis, die leicht Bürgerkrieg und Unglück über Frankreich hätte bringen können, zuvor und führte am 2. Dezember 1851 einen **Staatsstreich** aus, indem er die von ihm eidlich beschworene Verfassung brach, die National-Versammlung auflös'te, ihre vornehmsten Mitglieder, seine

Hauptfeinde gefangen nahm und verbannte, und sich auf 10 **Jahre zum Präsidenten** der Republik erklärte mit einer Verfassung, die ihm viel mehr Macht gab und des Volkes Einfluß beschränkte. Der am 2. Dezember entstandene Straßenkampf in Paris ward leicht bewältigt, und in einer darauf folgenden Abstimmung fiel das Volk mit beinahe 7 Millionen Stimmen dem Louis Napoleon zu, und nahm ihn auf 10 Jahre zum Präsidenten mit den mächtigsten Gewalten an. Im Laufe des Jahres 1852 fuhr der kluge Neffe seines großen Onkels fort, sich die Gunst der Soldaten und des ärmeren Volkes, besonders auf seiner großen Rundreise durch Frankreich, zu erwerben, und ließ dann im November 1852 auf's Neue das Volk abstimmen, wobei er mit mehr als 7 Millionen Stimmen zum erblichen **Kaiser der Franzosen** ernannt wurde. Er nannte sich Kaiser **Napoleon III.**, und die europäischen Höfe erkannten ihn einer nach dem andern als solchen an. Ende Januar 1853 heirathete er eine spanische Gräfin, Eugenie von Montijo, die ihm am 14. März 1856 einen Sohn und Thronerben gebar, dessen Taufe mit großem Gepränge in Paris gehalten wurde. Ueberhaupt liebt der Kaiser Napoleon III. sehr den Luxus, sowohl in glänzenden Hoffestlichkeiten und Costümen, als in Prachtbauten und Anlagen, namentlich zur Verschönerung seiner Hauptstadt Paris, wodurch viele Arbeiter zweckmäßig beschäftigt werden. Seine Regierungsmaßregeln sind in der Regel klug, aber strenge, namentlich gegen die Presse, deren Freiheit fast ganz aufgehoben ward. Ueberhaupt will der Kaiser von Volksfreiheiten nichts wissen, und Senat und National-Versammlung führen mehr ein Scheinleben, als daß sie wesentliche Bedeutung hätten. Trotz mancher Maßregeln klug berechneter Wohlthätigkeit zur Erlangung der Volksgunst, z. B. Einführung niedriger Brodpreise in Paris zur Zeit der Theuerung, Unterstützung und persönliche Sorge bei der großen Ueberschwemmung in Südfrankreich im Sommer 1856, ist es doch fraglich, ob die kaiserliche Regierung auf die Dauer in Frankreich Boden gewinnt.

denn der Franzose liebt seine Freiheiten und Rechte und ist nicht gern bevormundet. Kaum während ihn sein Herrscher zu Krieg und Siegen führt, läßt er sich das gefallen. Durch seine kluge auswärtige Politik sucht Napoleon sich unter den europäischen Fürsten mehr und mehr zu befestigen und vorzudrängen.

§ 76. Bewegungen und Entwickelungen in Preußen seit 1848.

Kaum war die Februar=Revolution in Paris ausgebrochen, als ganz Deutschland in ungeheure Bewegung gerieth. Der glückliche Erfolg ermuthigte die Völker in ihrem Freiheitsstreben und entmuthigte die Fürsten in ihrem Widerstande dagegen. Wie alle deutschen Regierungen, so wurde auch die preußische bestürmt mit Petitionen, die mehr oder weniger dringlich angebracht wurden, und fast alle desselben Inhalts waren; Preßfreiheit und Aufhebung der Censur, freies Vereinsrecht, Geschwornengerichte, Bürgerwehr, Gleichberechtigung aller Stände und Confessionen, Aufhebung der Steuerfreiheit des Adels und der alten Lasten und Verpflichtungen der Bauern der Gutsherrschaft gegenüber, freigewählte Volksvertretungen, verantwortliche Minister, ein deutsches Parlament, das waren im Wesentlichen die Forderungen in allen Petitionen. In den mittleren und kleinen deutschen Ländern gaben die Fürsten mehr oder minder rasch und vollständig nach, wählten verantwortliche Minister aus der freisinnigen Partei und begannen eine constitutionelle Regierung. Nicht so leicht ging es in Preußen und Oesterreich.

Was König Friedrich Wilhelm IV. von Preußen dem vereinigten Landtage von 1847 bewilligt hatte, genügte jetzt nicht, und aus allen Theilen des Landes ward sein Thron mit Wünschen in oben bezeichnetem Sinne angegangen. Endlich gab der König nach und machte am 17. März 1848 die gewünschten Zugeständnisse und Versprechungen, indem er zugleich ein anderes Ministerium ernannte und eine **constitutionelle Verfassung** verhieß. Jubelnd über das Errungene zog das Volk vor's Schloß, aber da brachten plötzlich am 18. März zwei von unbekannter Hand fallende Flintenschüsse eine gräßliche Aufregung in Berlin hervor; man schrie „Verrath," und alsbald war die Stadt verbarrikadirt, das Volk unter Waffen. Ein blutiger **Straßenkampf** wüthete die mondhelle Nacht vom 18. zum 19. März hindurch, bis endlich der König auf vielfaches Bitten, um dem Blutvergießen ein Ende zu machen, das Militär unbesiegt zurückzog. Nun folgte für ihn eine Kränkung und Demüthigung nach der andern, es ward aber Straflosigkeit für alles Geschehene erklärt. Der König versuchte es, in deutscher Einheits-Begeisterung sich **an die Spitze Deutschlands** zu stellen durch eine Proklamation vom 21. März, der zufolge Preußen in Deutschland aufgehen sollte und der König für sich und sein Heer die deutsche Cocarde, die bisher verpönte schwarz-roth-goldene Farbe annahm, eine solche Fahne auch selbst im Triumph durch die Straßen Berlins geleitete. Um die gesetzliche Anknüpfung an das bisherige bei dem neuen Gang der Dinge nicht fehlen zu lassen, trat im April der vereinigte Landtag nochmals auf kurze Zeit zusammen, und nahm ein von dem neuen, aus der freisinnigen Partei genommenen Ministerium vorgelegtes Wahlgesetz an, auf Grund dessen im Mai nach allgemeinen Volkswahlen die preußische **National-Versammlung** in Berlin zusammentrat. Diese Versammlung wußte sich aber in ihren Forderungen und in ihrem Verhalten nicht zu mäßigen, so daß ein Ministerium nach dem anderen ihr gegenüber abtreten mußte, da sie gar keine wirklich mächtige Regierung wollte. Endlich ward die National-Versammlung am 9. November 1848 vertagt, darauf nach Brandenburg verlegt und im Dezember aufgelös't. Der König hatte dazu ein energisches Ministerium unter Leitung des Grafen von **Brandenburg** und des Freiherrn von **Manteuffel** gewählt. Ueber die Stadt Berlin wurde zur Strafe für die bisherigen Un-

§ 76. Bewegungen und Entwickelungen in Preußen.

ruhen und um sie bei der neuen Staatsaction ruhig zu halten, unter General Wrangel ein strenger Belagerungszustand verhängt. Das neue Ministerium gab unter dem 5. Dezember 1848 im Namen des Königs eine freisinnige **constitutionelle Staatsverfassung**, die den neu zu berufenden Kammern nachträglich zur Genehmigung vorgelegt wurde; dieselben nahmen sie an unter Vorbehalt der Revision. Ende April 1849 wurden indeß die neuen Kammern wieder aufgelös't, da auch sie nicht conservativ genug waren, und im Sommer traten andere Kammern zusammen nach einem neuen von der Regierung gegebenen Wahlgesetz, welches das Volk, die Urwähler, nach der Höhe ihrer Steuerzahlung in drei Klassen eintheilte. Von diesen Abgeordneten-Wahlen schloß sich die sogenannte **demokratische Partei**, die das Wiedererstarken der Regierung nicht wollte, ganz aus, und so wurden sie um so mehr conservativ und vollendeten gegen Ende des Jahres 1849 die Revision der Verfassung vom 5. Dezember 1848. Die Regierung machte aber zu Anfang 1850 noch einige neue Vorschläge und Veränderungen dazu zu Gunsten der königlichen Macht, und als auch diese angenommen wurden, beschwor der König am 6. Februar 1850 die Verfassung, wodurch Preußen definitiv ein constitutioneller Staat wurde. Freilich nicht in dem Sinne wie England, wo Einfluß und Macht nur beim Parlament und dem Ministerium ruht und die Königin mehr nur den Namen der Herrschaft führt, sondern der König behält in Preußen die Regierungsgewalt in Händen, die er durch sein Ministerium führt, auch bei mißliebigen Beschlüssen die Volksvertretung auflös't. Diese letztere ist auch seit dem Jahre 1855 so geändert, daß an die Stelle der ersten Kammer das nicht gewählte, sondern vom König aus den früheren Reichsunmittelbaren, dem hohen Adel und den Vertretern der großen Städte und Haupt-Collegien im Lande auf Lebenszeit ernannte **Herrenhaus** trat, womit die zweite Kammer zugleich auf den Namen **Haus der Abgeordneten** und die ganze Volksvertretung den alten Namen **Landtag** bekam. In den einzelnen Provinzen sind auch

§ 76. Bewegungen und Entwickelungen in Preußen.

die früheren Provinzial-Landtage seit 1853 wieder zusammengetreten. Große Fortschritte hat übrigens Preußen in Beziehung auf Industrie, Handel und Verkehr in den letzten Jahren gemacht. Eine Eisenbahn nach der andern entsteht, die Bergwerke und die Fabriken blühen in nie geahnter Weise, und stehende Brücken über den Rhein bei Köln und Coblenz bieten dem Verkehr bedeutende Erleichterung. Beim großen orientalischen Kriege in den Jahren 1853 bis 1855 ist es Preußen gelungen, in Frieden zu bleiben, aber bald nachher drohte über N e u e n b u r g ein Krieg mit der S c h w e i z auszubrechen, indem dort am 3. Sept. 1856 die Royalisten einen Versuch gemacht hatten, die republikanische Regierung zu stürzen und die Rechte des Königs von Preußen, als Fürsten von Neuenburg, wieder zur Anerkennung zu bringen. Der Versuch mißlang, und die schweizer Bundes-Regierung wollte nun die Royalisten als Empörer bestrafen. Der König von Preußen verlangte aber ihre Freilassung und damit die Anerkennung seiner Rechte, in welchem Falle Preußen auf den faktischen Besitz von Neuenburg verzichten wollte. In diesem Sinne gab die Schweiz nach, und Kaiser Napoleon erbot sich im Januar 1857, als Preußen schon gerüstet hatte, zur Vermittlung, so daß nur Friedrich Wilhelm's IV. edle Gesinnung, die ihn die Erhaltung des Friedens höher schätzen ließ, als den Besitz des kleinen abgelegenen schweizerischen Ländchens, den Ausbruch des Krieges verhütete. Am 26. Mai 1857 ward auf der pariser Diplomaten-Conferenz der Vertrag abgeschlossen. — Eine sehr erwünschte Aussicht öffnete sich dem preußischen Volke und Königshause am 25. Januar 1858 durch die Vermählung des zukünftigen Thron-Erben Prinzen Friedrich Wilhelm mit der Prinzessin Victoria von England, denen am 27. Januar 1859 ein Prinz geboren ward. Dagegen erlitten Königshaus und Volk eine schmerzliche Heimsuchung, indem der edle, geistvolle, kunstsinnige König Friedrich Wilhelm IV., der so glänzend und vielverheißend vor 17 Jahren seine königliche Laufbahn begonnen, anfangs October 1857 schwer erkrankte und seitdem durch ein Gehirnleiden

verhindert wurde, selbst die Regierung zu führen. So er=
nannte er seinen ältesten Bruder, den Prinzen von
Preußen, zunächst zu seinem Stellvertreter und dann am
7. October 1858 zum Regenten. Ein längerer Aufent=
halt in dem milden Klima Italiens brachte keine Besserung
in dem Zustande des Königs hervor, und derselbe kehrte von
Rom nach Schloß Sansouci zurück, wo er, mit aufopfernder
Treue von der Königin gepflegt, am 2. Januar 1861
starb.

§ 77. Bewegungen in Oesterreich und den andern deutschen Ländern seit 1848.

In Wien entstand auch gleich im März 1848 eine Revo=
lution, die den Staatskanzler Fürsten Metternich zur
Abdankung und zur Flucht zwang und den Kaiser Ferdi=
nand nöthigte, ein constitutionelles Staats=Regiment zu
verheißen und mit einem volksthümlichen Ministerium als=
bald zu beginnen. Aber das österreichische Volk zeigte sich,
namentlich in Wien, für die neuen Freiheiten nicht reif und
nicht fähig, und es begann in der Hauptstadt bald ein wil=
des Treiben der Frechheit und Willkühr. Die Minister so
wenig als die Kammern konnten das Volk zügeln, und end=
lich begab sich der Kaiser von Wien weg nach Insbruck und
nachher nach Olmütz, und zog auch die Truppen einstweilen
aus der Hauptstadt zurück. Nun regierten die Studenten
die Stadt im October 1848, bis der Feldmarschall Fürst
von Windischgrätz, der kurz vorher einen heftigen Aufstand
in Prag mit großer Strenge niedergeschlagen hatte, gegen
Wien heranzog, die Stadt belagerte, bombardirte und er=
oberte, und darauf durch einen sehr strengen Kriegszustand
sie züchtigte und die Schuldigen bestrafte. Demnächst legte
Kaiser Ferdinand am 2. Dezember desselben Jahres die
Regierung nieder, und der Sohn seines Bruders ward
Kaiser: ein Jüngling von 18 Jahren Namens Franz
Joseph. Mit seinem neuen Ministerium unter Vorsitz
des energischen Fürsten Schwarzenberg begann er eine sehr

strenge Politik, behielt aber Anfangs doch noch die constitutionellen Formen bei, und gab am 4. März 1849 (ähnlich wie in Preußen am 5. Dezember 1848) selbst eine **constitutionelle Verfassung**, da es dem Reichstag, der zuletzt nach Kremsier verlegt worden war, nicht gelang, eine solche zu berathen und festzustellen. Die neue Verfassung des Ministeriums fand ihre sehr großen Schwierigkeiten in der Verschiedenheit der Nationalitäten, die zum österreichischen Kaiserthum gehörten, und die nach heftigem Kampfe, namentlich gegen die Ungarn und Italiener, doch alle wieder unter das starke Scepter Oesterreichs gezwungen wurden, obschon es eine Zeit lang geschienen hatte, als ob der österreichische Staat sich in seine einzelnen Theile auflösen sollte. Die Regierung hielt die Ausführung der österreichischen Verfassung am 4. März 1849 bald für unmöglich und unheilbringend für den Staat, und hob sie deshalb 1852 förmlich wieder auf, trat also hiermit auch der Form nach zu der alten absolutistischen Regierungsweise, wo der Kaiser und sein Ministerium ohne Beirath einer Volksvertretung zu regieren haben, wieder zurück. Im Februar 1861 gab der Kaiser eine neue Regierungsverfassung mit Volksvertretung für ganz Oesterreich, die sich aber auch noch nicht recht in das Volk einleben will und schwerlich ganz zur Ausführung kommt. Der Kaiser von Oesterreich schloß mit dem Papste zu Rom 1855 ein **Concordat** ab, in welchem der römisch-katholischen Kirche und ihren Bischöfen viele bisher unerhörte Rechte und Freiheiten eingeräumt wurden. 1854 verheirathete sich der junge Kaiser mit der Prinzessin Elisabeth von Baiern, die ihm später einen Sohn schenkte.

In den meisten deutschen Ländern, namentlich in Baden, Baiern, Hannover, Sachsen, Hessen, Nassau, Würtemberg, hatten die Fürsten dem Andringen der Volkspartei nicht widerstehen können, und sich zu liberalen Concessionen im Sinne der zahlreichen, oft sehr stürmischen Petitionen verstehen müssen. In **Baiern** war der alte König Ludwig, ein großer Kunstfreund, 1848 durch die Revolution, die auch wegen der Beziehungen des Königs zu einer spanischen Tänzerin, Lola Montez, ausbrach, genöthigt, abzudanken zu Gunsten seines Sohnes Max, der nun bis zu seinem plötzlichen Tode 1864 regierte, und ebenso dankte der Großherzog von Hessen-Darmstadt zu Gunsten seines Thronerben ab. In diesen beiden Ländern wurden aber nach und nach die in der Revolutions-Zeit den Fürsten abgezwungenen Freiheiten wieder bedeutend beschränkt, ebenso wie in den andern deutschen Staaten. Am auffallendsten geschah das in Hessen-Cassel durch den Minister Hassenpflug und in Hannover, wo unter der Regierung des neuen blinden Königs noch hinter die Zeit vor 1848 zurückgegangen wurde. Aehnlich so in Mecklenburg. Man berief sich dabei auf Beschlüsse des wiederhergestellten deutschen Bundestages. In Würtemberg und Baden ging, nachdem das Revolutionsjahr 1848 dort viele Aufstände der Bauern wider den Adel zur Erscheinung gebracht hatte und die badische Republik 1849 durch preußische Truppen besiegt worden war, die Rückkehr zu den alten Zuständen und die Wiedererstarkung der Regierung weniger auffallend vor sich. Der junge Großherzog Friedrich von Baden regierte freisinnig und weise, und wandte die Gefahren eines päpstlichen Concordats glücklich von seinem Lande wieder ab. In Würtemberg starb Ende Juni 1864 der alte König Wilhelm, und sein Sohn Carl I. trat die Regierung an.

§ 78. Die Versuche zur Einigung Deutschlands.

Es konnte nicht ausbleiben, daß mit den neuen Veränderungen, die in Frankreich vorgingen, und mit den Freiheitsbestrebungen der Deutschen im Jahre 1848 auch das alte Verlangen nach einem einigen Deutschland, wie es 1813 verheißen, nach 1815 niedergehalten, aber nicht vergessen war, wieder auf's Neue stark erwachte, und so war die Bitte um ein allgemein deutsches Parlament in fast allen Bittschriften enthalten, die 1848 den deutschen Fürsten von ihren Völkern vorgelegt wurden. Aber man suchte sich

§ 78. Die Versuche zur Einigung Deutschlands.

auch gleich selbst zu helfen, indem noch im März 1848 einige freisinnige deutsche Männer aus den verschiedenen Ländern zu dem sogenannten **Vorparlament** in Frankfurt am Main zusammentraten, wo die Souveränität des Volkes als Grundsatz aufgestellt und die Zusammenberufung einer allgemeinen deutschen National-Versammlung, die aus freien Wahlen des ganzen Volkes hervorgehen sollte, beschlossen wurde. Ein Ausschuß von 50 Männern blieb in Frankfurt zurück, um die Ausführung dieses Beschlusses zu leiten und mit den Fürsten darüber zu verhandeln. Diese Männer waren damals in der Zeit der allgemeinen Bestürzung und Verwirrung in Deutschland sehr einflußreich. Am 18. Mai trat die **deutsche National-Versammlung** in der Paulskirche zu Frankfurt am Main zusammen. Ihr Präsident war Heinrich von Gagern, und sie hatte viele bedeutende Mitglieder, so daß sie damals sehr viel galt. Um in Deutschland wieder ein einheitliches Oberhaupt zu haben, wählte die Versammlung am 29. Juni den österreichischen **Erzherzog Johann zum deutschen Reichsverweser**. Ihm übertrug der bisherige Bundestag förmlich seine Macht und Befugnisse und löste sich auf. Man berieth nun im Parlament zu Frankfurt eine allgemeine deutsche Verfassung und setzte auch die Grundrechte derselben fest, die sofort in einigen Staaten eingeführt wurden. Aber durch den zustimmenden Beschluß des Parlaments über den Waffenstillstand, den Preußen damals am 26. August 1848 zu Malmö in Bezug auf Schleswig-Holstein mit Dänemark abgeschlossen hatte, entstand Unzufriedenheit und am 18. Sept. entbrannte in **Frankfurt ein Aufruhr**, der niedergekämpft wurde, wobei aber die edlen Abgeordneten Auerswald und Lichnowsky den Tod durch Mörderhand fanden. Die Schwierigkeit bei der Einigung Deutschlands bestand nun besonders in dem Verhältniß zu Oesterreich, welches mehr außerdeutsche als deutsche Länder besitzt, und nun doch mit allen seinen Besitzungen, auch mit Ungarn und Italien, zu Deutschland hinzutreten wollte. So hätte Oesterreich und seine zum großen Theil ausländische Macht Alles bestimmt in Deutschland, und kein anderer deutscher Einfluß, namentlich der Preußens nicht, hätte sich dem gegenüber geltend machen können. Daher erstrebten die edelsten deutschen Männer einen engern deutschen Bundesstaat mit Preußen an der Spitze, der in einem weitern, losern Bunde mit Oesterreich stehen sollte. Hierfür war namentlich auch Herr von Gagern, den der Reichsverweser im Dezember zu seinem ersten Minister machte. Simson aus Königsberg ward darauf zum Präsidenten der Frankfurter National-Versammlung gewählt, und dieselbe vollendete nun im März 1849 die deutsche Reichsverfassung, worauf **der König von Preußen zum Kaiser von Deutschland** gewählt wurde. Am 3. April **lehnte dieser die Wahl** ab. Nun entstand große Verwirrung in Deutschland und der Rest der National-Versammlung, von der Preußen seine Abgeordneten zurück berief, verlegte sich nach Stuttgart, wo man versuchte, eine republikanische Reichsregierung unter Vorsitz des Tabaksfabrikanten Franz Raveaux aus Köln in Deutschland zu bilden. Bald aber wurde das Rumpf-Parlament mit seiner Reichsregierung auseinandergetrieben. Deutschland war in **tiefer Gährung**; vielfach entstanden Unruhen, die meistens die Einführung der deutschen Reichsverfassung zum Vorwande nahmen, eigentlich aber republikanische Tendenzen hatten. In **Dresden** brach Anfangs Mai der Aufruhr aus, der den König von Sachsen zur Flucht nöthigte und erst durch preußische Truppen niedergeschlagen wurde. In **Baden**, wo schon ein Jahr vorher unter Hecker ein Versuch zur **Republik** gemacht wurde, ward dieselbe jetzt, nachdem der Großherzog hatte fliehen müssen, förmlich eingeführt, ebenso in Rheinbaiern. Preußen schickte jedoch im Sommer 1849 eine Armee unter dem Oberbefehl des Prinzen von Preußen dahin ab, welcher die Republikaner besiegte. Aber auch in Preußen selbst entstanden Aufstände: so in Elberfeld, Düsseldorf, Iserlohn und andern Orten, die jedoch leicht unterdrückt wurden. Der König Friedrich Wilhelm IV. ließ aber jetzt doch den

Gedanken an eine Einigung Deutschlands nicht fahren, sie sollte indessen anders, als es die Frankfurter National-Versammlung versucht hatte, nämlich auf dem Wege eines **Bündnisses der Regierungen** begonnen werden. Preußen schloß ein solches deutsches Bündniß zunächst mit den Königen von Sachsen und Hannover ab, am 26. Mai 1849, und die drei Verbündeten erließen alsbald eine **Verfassung für den deutschen Bundesstaat**. Die norddeutschen Staaten schlossen sich dieser **preußisch-deutschen Union** an, im Süden aber nur Baden, das von Preußen noch abhängig war. Die andern süddeutschen Regierungen widersetzten sich und versuchten sogar, ein **Gegenbündniß** gegen die preußische Union aufzustellen. Dieselbe hatte keinen erwünschten Fortgang, indem Sachsen und Hannover bald wieder abfielen. Dennoch aber kam verfassungsmäßig das **deutsche Parlament in Erfurt** im Februar 1850 zusammen, beschickt von Preußen und dessen noch gebliebenen kleineren Verbündeten. Hier ward die von Preußen vorgeschlagene Verfassung im Ganzen angenommen, die Union aber in Uebereinstimmung mit einem in Berlin abgehaltenen Fürsten-Congresse nur vorläufig constituirt, und das Provisorium zweimal verlängert, bis man sie endlich ganz fallen ließ, da die Beziehungen derselben zu Süddeutschland, und namentlich zu **Oesterreich**, sich nicht günstig gestalten wollten. Oesterreich hatte nämlich — nachdem eine **Bundes-Central-Commission** von ihm und Preußen gebildet worden war, um das deutsche Bundes-Eigenthum nach Abdankung des deutschen Reichsverwesers, Erzherzog Johann, gemeinschaftlich zu verwalten — mit den vier kleinen deutschen Königen zu Bregenz ein Schutz- und Trutzbündniß gegen Preußen abgeschlossen, und mit ihnen den alten **Bundestag zu Frankfurt am Main** wieder eröffnet. Derselbe versuchte seine Macht geltend zu machen, als der neue kurhessische Minister Hassenpflug die Verfassung brach und die Bundeshülfe gegen das hessische Volk in Anspruch nahm. Oesterreicher und Baiern rückten in **Hessen** ein, und die

§ 78. Die Versuche zur Einigung Deutschlands. 177

Preußen standen ihnen kampfgerüstet gegenüber, da Preußen mit seinen Verbündeten gegen die Wiedereinführung des alten Bundestages protestirte. Der **Krieg drohte** auszubrechen zwischen Preußen und Oesterreich gegen Ende des Jahres 1850. Die Oesterreicher standen an Preußens Grenze mit großer Heeresmacht, und Friedrich Wilhelm IV. rief sein Volk unter die Waffen zum Kampfe für Preußens Ehre und Deutschlands Einheit. Da verständigten sich die beiderseitigen Ministerpräsidenten Manteuffel und Schwarzenberg bei einer **Zusammenkunft in Olmütz**, nachdem eine frühere Zusammenkunft in Warschau vor dem russischen Kaiser vergebens gewesen war. Preußen hob die Union ganz auf, gab Hessen und Holstein, wo es die Volkspartei unterstützt hatte, preis, und man beschloß freie Conferenzen in Dresden, die aber ohne Resultat blieben für die deutsche Einheit. So blieb denn nichts Anderes übrig, als **zum alten deutschen Bundestage wieder zurückzukehren**, und derselbe tagt seit dem Mai 1851 in alter Weise wieder in der Eschenheimer Gasse zu Frankfurt am Main. Die Hoffnungen und Wünsche für eine wahrhaft nationale Einigung Deutschlands sind mit ihren Symbolen, den edlen deutschen Farben wieder zurückgedrängt, und die ganze Bewegung von 1848 erscheint in dieser wie in mancher andern Hinsicht fast resultatlos. Vielleicht macht eine andere bessere Zeit die an sich edlen Hoffnungen doch noch wahr! 1859 nach dem Schluß des auch Deutschland bedrohenden italienischen Krieges führte das lebendig erkannte Bedürfniß nach einer Einheit viele patriotische Männer dazu in Adressen und Erklärungen, namentlich von Eisenach aus, ihre Ueberzeugung von der Nothwendigkeit einer Einigung Deutschlands unter Preußens Führung öffentlich kundzugeben, und so entstand eine friedliche, aber doch von Oesterreich ungern gesehene Bewegung zu Gunsten einer deutschen Bundes-Reform, die ihre Hoffnungen, einen Nationalverein gründend, namentlich eine Zeit lang auch auf König Wilhelm I. von Preußen richtete, von Oesterreich aber immer feindlich betrachtet und ein zu Würzburg abgeschlossenes Bündniß mit süddeutschen Fürsten bedroht wurde. Der Kurfürst von Hessen=Cassel wurde im Frühjahr 1862 endlich doch durch Preußen genöthigt, sein Ministerium zu wechseln und die widerrechtlich aufgehobene Verfassung von 1831 wieder einzuführen. Im August 1863 berief der Kaiser Franz Joseph von Oesterreich auf eigene Hand, ohne sich vorher mit Preußen darüber zu verständigen, eine Versammlung der deutschen Fürsten nach Frankfurt am Main, welcher er eine Vorlage zu einer einheitlicheren Gestaltung Deutschlands anstatt des Bundestags machte. Da Preußen sich von diesem **Fürstentag** aber ganz fern hielt, so konnte aus der Sache nichts werden, und sie diente nur dazu, die Nothwendigkeit einer Einigung Deutschlands desto lebendiger Allen zum Bewußtsein zu bringen und die Eifersucht zwischen Oesterreich und Preußen zu verschärfen.

§ 79. Kriege in Dänemark und Ungarn.

Die Herzogthümer **Schleswig** und **Holstein**, deren letzteres zu Deutschland gehört, hatten den König von Dänemark zu ihrem Herzog, aber sie hatten ihre eigene Verfassung und eigene Rechte, auch dies, daß sie stets ungetrennt zusammenbleiben sollen. Am 8. Juli 1846 erklärte nun König **Christian** VIII. von Dänemark in einem **offenen Brief** seine Absicht, das Herzogthum Schleswig einfach zur dänischen Provinz zu machen, es von Holstein loszureißen und die weibliche Erbfolge einzuführen. Die beiden Herzogthümer erhoben sich dagegen, und fast ganz Deutschland nahm Partei für ihr gutes, altes Recht, indem man befürchtete, daß Holstein für Deutschland verloren gehe, wenn des Königs Pläne durchgingen. Christian VIII. starb indeß, und ihm folgte **Friedrich** VII., der keine Söhne hatte, so daß also unter seinem Nachfolger die Herzogthümer Schleswig und Holstein von Dänemark getrennt werden mußten, da bei ihnen die weibliche Erbfolge verfassungswidrig ist. Um so stärker erhob sich die dänische

§ 79. Kriege in Dänemark und Ungarn.

Partei, die Schleswig von Holstein losreißen und zur dänischen Provinz machen wollte. 1848 kam diese Partei durch eine Revolution an's Ministerium, und die beiden Herzogthümer mußten nun für ihre Selbstständigkeit zur Selbsthülfe greifen. In Kiel bildeten sie, indem sie sich von Dänemark losrissen, eine eigene provisorische Regierung. Preußen ward von der deutschen Bundesbehörde damit beauftragt, diese im Krieg gegen die Dänen zu unterstützen und Deutschlands gutes Recht in Holstein zu wahren. Siegreich führte Preußen den Krieg, aber nicht sehr kräftig bis zu dem Waffenstillstande von Malmö am 26. August 1848. Da die inzwischen begonnenen Friedens-Verhandlungen erfolglos waren, so brach der Krieg im März 1849 wieder aus, und die Dänen wurden bis in die Spitze von Jütland zurückgetrieben. Obschon es keine deutsche Kriegsflotte gab, die jetzt zur Kriegführung gegen Dänemark so nöthig gewesen wäre, gelang es doch der deutschen Artillerie, bei Eckernförde ein großes dänisches Kriegsschiff gänzlich zu vernichten und eine Fregatte, Gefion, zu erobern. Im Juli 1849 machte man wieder Waffenstillstand, und ein Jahr später schloß Preußen Frieden mit Dänemark ab, ohne daß Deutschlands Ehre und Schleswig-Holsteins gutes Recht gehörig gewahrt wurde. Die Herzogthümer setzten zwar den Krieg mit Dänemark auf eigene Hand fort, wurden aber nun geschlagen, besonders bei Idstädt und Friedericia. Nachdem Preußen und Oesterreich am Ende des Jahres 1850 in Olmütz sich wieder verständigt hatten, gab man im Januar 1851 die tapfern Herzogthümer ganz in die Gewalt des Königs von Dänemark. Oesterreichische Truppen zogen nach Holstein hin, nöthigten die Statthalterschaft zum Rücktritt und zwangen das Land, nach Auflösung der Armee, zur völligen Unterwerfung unter den König von Dänemark. Nach dem Londoner Protokoll von 1852 sollte Holstein zwar zum deutschen Bunde gehörig, aber mit Schleswig für immer ein integrirender Theil des Königreichs Dänemark bleiben, auch unter den Thronerben aus der weiblichen Linie, wozu Prinz Christian bestimmt wurde. Jedoch versprach der König die beiden Herzogthümer im Besitze ihrer gemeinsamen politischen Einrichtungen zu erhalten, die deutsche Nationalität in Schleswig zu schützen und dasselbe nicht zur dänischen Provinz zu machen. Von Allem geschah das Gegentheil. Die Dänen verfuhren gewaltsam in den Herzogthümern, setzten deutsch gesinnte Beamte und Geistliche ab, und thaten alles Mögliche, um in Schleswig die deutsche Sprache und jede Annäherung an Deutschland unmöglich zu machen. So oft inzwischen in Deutschland, und namentlich in Preußen das nationale Bewußtsein neue Kräftigung erhielt, trat die Pflicht, Deutschlands Recht in Schleswig zu wahren, wieder in den Vordergrund. Leider sind aber England und Frankreich dagegen. Auf die Aufhebung des bisher von Dänemark erhobenen Sundzolles ist diese Angelegenheit glücklicherweise ohne Einfluß geblieben. Sie erledigte sich erst 1864.

Wie die Herzogthümer Schleswig und Holstein ihre verfassungsmäßige Selbstständigkeit gegen den König von Dänemark vertheidigten, so suchten die Ungarn ihre alte Verfassung und ihre alten Rechte und Privilegien gegen Oesterreich in einem Freiheitskampfe zu wahren. Im Frühjahr 1848 waren die Ungarn mit vielen Forderungen dem Kaiserthrone nahe getreten, und der alte Kaiser Ferdinand hatte ihnen viel bewilligt, was man später, besonders als der junge Franz Joseph zur Regierung kam, nicht meinte halten zu können, ohne die Einheit des ganzen österreichischen Kaiserstaates daran geben. So wuchs die Empörung der Ungarn, und als man von Wien aus noch nichts gegen sie thun konnte, bekämpfte sie Jellachich, der Ban von Croatien; aber der Aufstand in Ungarn nahm nur immer mehr zu, bis endlich am 14. April 1849 Ungarn zur Republik erklärt und Kossuth zum Präsidenten derselben gemacht wurde. Ein österreichischer General nach dem andern ward gegen die tapfern Ungarn geschickt, aber alle wurden besiegt und keinem gelang die Unterwerfung der kühnen Magyaren. Endlich kamen die Russen dem jungen Kaiser zu Hülfe, und nun wich der ungarische Oberbefehlshaber Görgey der Uebermacht und ergab sich den Russen bei Vilagos im Juli 1849. Da der Präsident der Republik, Kossuth, kurz vorher abgedankt, dem General Görgey die ganze Leitung der Regierung übergeben hatte und nach der Türkei geflohen war, so war nun die Unterwerfung Ungarns überhaupt entschieden, und der österreichische General Haynau übernahm es, mit großer Grausamkeit das arme Volk zu strafen. Er ließ viele der Vornehmsten und Edelsten aufhängen und suchte durch die größte Strenge jede Regung der Freiheit im Lande niederzuhalten. Ungarn fügt sich nothgedrungen, und ist einstweilen dem österreichischen Kaiserhause wieder gesichert, dessen gegenwärtiges Haupt durch freundliche persönliche Begegnung sich demselben beliebt zu machen suchte, auch 1859 durch Wiedergewährung der alten kirchlichen Freiheiten und Rechte an die Protestanten in Ungarn, worüber jedoch in dem erregten Lande neue Unzufriedenheit entstand. Bei Erlaß der neuen Reichsverfassung 1861 traten die Ungarn mit den Forderungen ihrer alten Rechte und Freiheiten wieder hervor, und es ist schwer, sie zu befriedigen.

§ 80. Der orientalische Krieg.

Die neueste Zeit ist leider wieder reich an Kriegen gewesen. Im Osten brach ein solcher aus über die Existenz der Türkei und die orientalischen Verhältnisse. Diese haben schon wiederholt den Streitpunkt zwischen den europäischen Mächten abgegeben, und es kommen hier die wichtigsten Interessen in's Spiel. Ein Blick auf die Karte zeigt uns, wie Rußland namentlich seit Peter dem Großen seine Grenzen nicht nur nach Westen hin, auf Kosten Polens, sondern vor Allem auch nach Osten und nach Süden hin auf Kosten der Türkei und asiatischer Volksstämme bedeutend erweitert hat, womit der Einfluß des mächtigen Kaisers in Europa natürlich wachsen mußte. Kriegs-Verhältnisse sowohl wie Verträge haben die Herrscher des Ostens klüglich hierzu benutzt, und in neuester Zeit bot der schlechte Zustand des türkischen Reiches und die damit zusammenhängende Forderung des Kaisers Nikolaus I., als Oberhaupt der griechischen Kirche über die in der Türkei lebenden griechischen Christen eine Schutzherrschaft zu führen, Veranlassung zur Einmischung Rußlands in die türkischen Angelegenheiten, die den Westmächten England und Frankreich bedenklich erschien und sie für die Zukunft der Türkei fürchten ließ. Als die russischen Heere nun Anfangs Juni 1853 die Donau-Fürstenthümer, gestützt auf einen alten Vertrag, besetzten, um so die Türkei zur Nachgiebigkeit zu zwingen, verbündeten sich England und Frankreich zum Schutze des Sultans und ließen sich von ihm Zusicherungen zur Verbesserung der Lage der Christen im Orient machen. Die türkische Regierung protestirte nun gegen die Besetzung der Moldau und Walachei durch Rußland, und als das nichts half und die versuchte Vermittelung der Westmächte fruchtlos blieb, liefen die bisher in der Nähe sich aufhaltenden englischen und französischen Flotten zum Schutze Constantinopels in die Dardanellen ein, und die Türkei erklärte Rußland den Krieg. In der zweiten Hälfte October 1853 begannen die Feindseligkeiten an der Donau; an vielen Orten, namentlich bei Giurgewo und Oltenitza, wurde beiderseits sehr tapfer gekämpft, und die Türken unter ihrem Feldherrn Omer Pascha leisteten viel mehr, als man von ihnen erwartet hatte, namentlich setzten sie sich bei Kalafat jenseits der Donau fest, welches die Russen ihnen vergebens wieder zu entreißen versuchten. Dagegen verbrannte aber der russische Admiral Nachimoff die türkische Flotte bei Sinope im schwarzen Meere. Während des Winters geschah weder an der Donau, noch auf dem asiatischen Kriegsschauplatze viel. Dagegen beriethen die europäischen Mächte in Wien über Friedensvorschläge, jedoch vergebens. Als hierauf am 21. März 1854 die Russen über die Donau gingen und in die eigentliche Türkei einfielen, erklärten England und Frankreich am 27. März dem russischen Kaiser den Krieg, nachdem sie sich vom Sultan Freiheiten für die Christen in der Türkei hatten garantiren lassen, wodurch diese den Tür-

§ 80. Der orientalische Krieg.

len gleichgestellt wurden. Preußen und Oesterreich schlossen im April desselben Jahres ein Neutralitäts=Bündniß miteinander ab. Trotz der englisch=französischen Kriegserklärung mußten aber die Türken sich doch noch Monate lang allein gegen den russischen Feldherrn Gortschakoff schlagen, und wurden noch überdies im Süden durch Empörungen und feindliche Einfälle der Griechen bedrängt. Aber die Türken waren im Felde glücklich, und die Monate lange Belagerung Silistria's durch die Russen blieb erfolglos, ja im Juni zogen sich die Russen überhaupt aus der Walachei ganz wieder zurück, und verließen bald auch die Moldau und die eroberte Dobrudscha wieder. Die verbündeten Westmächte, welche in der Ostsee die Festung Bomarsund zerstörten und die Alandsinseln besetzten, hatten in der Türkei viele Mühe und Zeit nöthig, ihre Truppen so weit herüber zu bringen, und sie litten durch Drangsal und Krankheiten schon große Verluste, ehe sie etwas ausgeführt hatten. Endlich fuhren sie im September von Varna nach der Halbinsel Krim im schwarzen Meere hinüber und griffen so im Süden Rußland an. Von Eupatoria, wo sie die Landung ausführten, zogen sie abwärts, besiegten die Russen an der Alma und belagerten Sebastopol, Rußlands Hauptfestung und Kriegshafen auf der Krim, von wo aus es das schwarze Meer beherrschte. Die Siege der Verbündeten bei Balaklawa und bei Inkermann führten noch immer nicht zur Eroberung von Sebastopol, und unter unsäglichen Leiden und Entbehrungen, durch Cholera, Typhus und nasses Wetter bedrängt, blieben die Engländer und Franzosen den Winter über vor Sebastopol liegen. Während desselben schloß Oesterreich am 2. Dezember 1854 einen Bund mit den Westmächten gegen Rußland, und auch der König von Piemont und Sardinien schloß sich an sie an, letzterer zu unmittelbarer Betheiligung am Kriege. Die Friedens=Unterhandlungen in Wien wurden auch wieder aufgenommen, führten aber zu keinem Erfolge, auch nicht, nachdem am 2. März 1855 Kaiser Nikolaus I. von Rußland gestorben und der friedlicher gesinnte Kaiser Alexander II. auf den Thron gekommen war. So fingen die Feindseligkeiten im Sommer 1855 desto heftiger wieder an. In der Ostsee bombardirten die Verbündeten die Festungen Wieborg und Sweaborg, Admiral Napier richtete aber gegen Kronstadt nichts aus, eben so wenig wie im Jahre vorher. Auf der Krim griff jedoch der neue französische Oberfeldherr Pelissier energischer an als Canrobert, ließ Kertsch und Jenikale an der Einfahrt des Asow'schen Meeres besetzen, so wie später Kinburn an der Westseite der Krim, ward aber nach einem vorläufigen Siege am 18. Juni vor Sebastopol am Malakow=thurm tüchtig geschlagen. Im August siegte er an der Tschernaja, und endlich am 8. September fiel der Malakowthurm den Verbündeten nach heftigem Sturme in die Hände, und damit war Sebastopol erobert, nach fast ein Jahr lang dauernder Belagerung, bei der von beiden Seiten Wunder der Tapferkeit und Ausdauer geschahen. Die Russen versenkten ihre Flotte in's Meer und zogen sich nach den gegenüber liegenden Forts auf der Nordseite zurück. — Auf dem asiatischen Kriegsschauplatze vertheidigten die Türken sehr tapfer ihre Festung Kars, mußten sich aber endlich doch, da Omer Pascha trotz seiner Siege am Ingur nicht rechtzeitig zum Entsatz eintraf, durch Hunger genö=thigt, ergeben. — Der Winter brachte wieder neue Frie=dens=Unterhandlungen in Wien, die endlich, nachdem Oe=sterreich nun entschieden Stellung gegen Rußland einge=nommen und die Donau=Fürstenthümer besetzt hatte, dazu führten, daß Rußland am 17. Januar 1856 die vier Haupt=Friedensbedingungen der Westmächte an=nahm, worauf dann in Paris am 30. März 1856 der Friede unterzeichnet wurde. Rußland mußte auf seine besondere Schutzherrschaft über die Christen in der Türkei verzichten, die Freiheiten derselben wurden aber von allen Mächten garantirt: das schwarze Meer wurde für neutral und die Donauschifffahrt für frei erklärt; Rußland mußte sein Protectorat über die Donaufürstenthümer daran geben und den an die Donau anschießenden Distrikt von

Bessarabien abtreten, wofür es Sebastopol und den südlichen Theil der Krim zurückerhielt. Ueber die Grenzregulirung an der Donau entstand später eine Meinungsverschiedenheit, die erst auf einem neuen Friedens-Congreß in Paris im Januar 1857 friedlich geschlichtet wurde. So endete dieser 2½jährige orientalische Krieg, der sehr viel Menschenleben und sehr viel Geld gekostet hatte, und über die Organisation der Donaufürstenthümer noch im Sommer 1858 eine pariser Conferenz nöthig machte. Dennoch ward wider die Satzung der Conferenz für die Moldau und Walachei der alte Oberst K u s a zum Hospodaren gewählt, wodurch die Union der Donaufürstenthümer vorbereitet wurde. Daß die tiefen innern Schäden der Türkei durch den Krieg nicht ganz geheilt und der „kranke Mann" nicht gesund geworden, erwies sich auch noch durch die große Christen-Verfolgung in Syrien im Sommer 1860. Auch mit den widerspenstigen Vasallen in S e r b i e n und M o n t e n e g r o hatten die Türken noch viel zu kämpfen, da sie geheim von Rußland unterstützt wurden. In Rußland zeigt sich seit dem orientalischen Kriege ein Fortschritt im Innern, namentlich auch in Aufhebung der Leibeigenschaft. — Im Frühjahr 1864 gelang den Russen endlich nach 150jährigem blutigen Kriege die völlige Unterwerfung des westlichen Kaukasus-Gebietes.

Im Jahre 1862 brach in Folge zu harten Verfahrens bei den Militär-Aushebungen in P o l e n eine Revolution aus, die auf die Losreißung Polens von Rußland ausging und auch Preußen im Besitz von Posen und Oesterreich in dem Galiziens bedrohte. In Warschau bildete sich eine geheime revolutionäre National-Regierung, die durch Dolch und Gift einen rohen Terrorismus ausübte. Schaarenweise eilte die Jugend Polens in die Corps der Freischaaren, die aber überall durch die russische Uebermacht besiegt wurden. Dennoch dauerte, begünstigt vom katholischen Clerus, die Empörung in Polen bis ins Jahr 1864 fort, wo sie ganz erschöpft zu Ende ging.

In G r i e c h e n l a n d brach im Herbste 1862 eine

Revolution aus, in Folge deren König Otto I. sein Land verließ, womit der 1829 daselbst gegründete bairische Thron umgestoßen war. Zuerst wurde dann der englische Prinz Alfred zum König von Griechenland gewählt; als dieser aber ablehnte, wählte man, auf Veranlassung Englands den 17jährigen Sohn des Prinzen Christian von Dänemark, welcher gegen Ende 1863 als König Georg I. den griechischen Thron bestieg.

§ 81. Die außereuropäischen Kriege der letzten Jahre.

Die letzte Zeit hat auch die fremden Welttheile Afrika, Asien und Amerika im Krieg gesehen. In Afrika handelte es sich um eine Erweiterung der französischen Eroberungen und eine Ausdehnung der Grenzen des französischen Algiers über das Land der Kabylen, welche Unternehmung Kaiser Napoleon durch seinen General Randon im Frühjahr 1857 rasch und glücklich vollführte. Eben so glücklich führten später die Spanier Krieg gegen Marocco. In Asien führten die Engländer Krieg mit Persien, der durch einen mit Feruk-Khan abgeschlossenen Frieden zu Paris am 12. Juni 1858 beendigt wurde. Viel bedeutsamer war aber der furchtbare und weitverbreitete Aufstand in Indien, wodurch der ganze Besitzstand Englands dort eine Zeit lang bedroht erschien. Mirut und Delhi waren die Hauptsitze des Aufstandes, in denen furchtbare Grausamkeiten gegen die Engländer verübt wurden. Erst allmälig begannen die Letztern im Sommer 1857 Etwas gegen die Aufständischen auszurichten. Namentlich der tapfere englische General Havelock erschien zuerst als Retter der englischen Sache, die dann aber auch in Colin Campbell einen tüchtigen Oberanführer hatte, so daß mit der Bezwingung von Delhi, Lucknow und Cownpur schon zu Ende des Jahres 1857 dem indischen Aufstande, dem es an tüchtigen Führern (Nena Sahib) fehlte, die Kraft gebrochen war. Doch gab es 1858 noch viel zu thun, bis die Empörung, namentlich auch im Königreich Audh, ganz

§ 81. Die außereuropäischen Kriege der letzten Jahre. 187

bezwungen war. Nachdem dies glücklich gelungen, trat die englisch-ostindische Compagnie zurück, und das englische Ostindien trat unmittelbar unter die Regierung der Königin Victoria wie eine ausländische Provinz.

In Gemeinschaft mit Frankreich führten die Engländer um diese Zeit auch einen Krieg mit China, das die früheren Verträge nicht achtete und namentlich durch seinen dummstolzen Gouverneur Yeh von Canton die Europäer vielfach beleidigte. Canton wurde daher bombardirt, und die verbündeten Engländer und Franzosen drangen siegreich vor, so daß sie bald den Kaiser in seiner Hauptstadt Peking bedroht hätten. Da ward im Juni 1858 der Friede von Tientsin abgeschlossen, durch den China dem Christenthum und dem Handelsverkehr der Europäer geöffnet wurde. Bei der bis zum Juni 1859 verzögerten Reise der europäischen Gesandten nach Peking, um die Ratificationen auszuwechseln, übten die Chinesen neue Feindseligkeiten gegen sie am Peiho aus, und dadurch wurde ein neuer Krieg Englands und Frankreichs gegen China nöthig, um den Uebermuth und die treulose Vertrags-Brüchigkeit des himmlischen Reiches noch gründlicher zu züchtigen. Dasselbe geschah, indem die Verbündeten bis Peking, seiner Hauptstadt vordrangen, den Kaiser zur Flucht und nachher zur Abdankung nöthigten, sein Schloß zerstörten und einen Frieden zu Stande brachten, in welchem den Christen für immer freier Zutritt in China gesichert ward.

In den Vereinigten Staaten von Nordamerika siegte bei der Wahl des Präsidenten Lincoln die Partei der Nordstaaten, welche wider die Sclaverei ist, gegen die der südlichen Sklavenstaaten, und das bewog letztere zu Anfang des Jahres 1861 zum Abfall von der Union und zur Bildung einer eigenen Conföderation, die für die Beibehaltung der Sclaverei war. Ein Staat nach dem andern fiel ihr zu, und Anfangs war die neue Conföderation siegreich. Seit dem Jahre 1862 wandte sich aber der Sieg auf die Seite der Union, und sie fing an, die abgefallenen Staaten zurückzuerobern, erlitt aber im Sommer erhebliche

Niederlagen bei Richmond. Der Krieg dauerte mit furchtbaren Opfern an Gut und Blut auch noch in den Jahren 1863 und 64 fort. Die Südstaaten waren wieder glücklicher, und es mag vielleicht noch dazu kommen, daß ihre Selbstständigkeit in Amerika und Europa anerkannt wird.— Ein durch die Gefangennahme zweier Gesandten der Südstaaten durch ein Schiff der Union auf einem englischen Schiff (Trent) drohender Krieg zwischen England und Nordamerika ward durch die Nachgiebigkeit des letztern glücklich abgewandt. Dagegen begannen die Spanier 1862 einen Krieg mit Mexiko um einiger Geldentschädigungen und sonstiger Forderungen willen. Die Engländer und Franzosen schlossen sich an und drangen in Mexiko vor. Sie veruneinigten sich aber in Bezug auf die daselbst zu unterstützende Partei und die weitern Pläne, und die Franzosen setzten den Krieg nachher allein fort, um Mexiko zu einer Monarchie unter einem europäischen Fürsten zu machen. Kaiser Napoleon ließ den Thron dem Bruder des Kaisers Franz Joseph von Oesterreich, Erzherzog Ferdinand Maximilian, anbieten, welcher, von den Vertretern des Reiches gewählt, im April 1864 über den Ocean hinüberzog, um sein Reich einzunehmen, zu dessen Behauptung er aber wohl der französischen Soldaten einstweilen nicht wird entbehren können. Die nordamerikanische Union hat wenig Lust, das neue Kaiserthum anzuerkennen, das sich durch Vermittelung zwischen den Parteien im Lande zu befestigen sucht.

§ 82. Italiens Befreiungskämpfe.

Das in neuerer Zeit unter verschiedene größtentheils fremde Fürsten zerstückelte Italien ringt seit 14 Jahren um seine Einheit und Freiheit. Ein Theil von Nord-Italien, der zu Oesterreich gehörte, die Lombardei, fiel 1848 zur Zeit allgemeiner Bewegung ab und versuchte selbstständig zu werden. Der König des benachbarten italienischen Landes, Carl Albert von Piemont und Sardinien, unterstützte den Aufruhr und eroberte fast die ganze Lombardei. Aber im Juli 1849 eröffnete der alte österreichische Feldmarschall Radetzky einen kühnen Feldzug gegen König Carl Albert, besiegte ihn, besonders bei Novara, nöthigte ihn zur Abdankung zu Gunsten seines Sohnes, Victor Emanuel, und brachte die ganze Lombardei wieder in die Gewalt Oesterreichs. Das widerspenstige Land ward strenge gezüchtigt, namentlich die Hauptstadt Mailand, die immer noch feindliche Elemente gegen Oesterreich in sich schloß, was sich z. B. auch in einem bald unterdrückten Aufstandsversuch im Februar 1853 zeigte.

Auch im mittlern und südlichen Italien gab es Aufruhr und Krieg in den Jahren 1848 und 1849. Pius IX., der 1846 Papst geworden war, hatte alsbald ein freisinnigeres Regiment eingeführt, aber die Volkspartei ward ihm zu mächtig: seine guten Absichten wurden verkannt und gemißbraucht, und im November 1848 floh er aus Rom. Die ewige Stadt wurde zur Republik erklärt. Die Besiegung derselben konnte dem Papste allein nicht gelingen, und im Sommer 1849 schickte daher Louis Napoleon, der damalige Präsident der französischen Republik, eine Armee ihm zu Hülfe, welche Rom belagerte und eroberte, es auch seitdem besetzt hält. Unter französischem Schutze kehrte der Papst zu Anfang des Jahres 1850 nach Rom zurück. Süd=Italien, das Königreich Neapel und Sicilien, ward auch tief aufgewühlt. Sicilien riß sich los, wurde aber wieder unterjocht, und die Hauptstadt Neapel machte einen Aufruhr, der aber gedämpft und grausam bestraft wurde. Eben so ward ein im Herbst 1856 ausbrechender Aufstand auf der Insel Sicilien wieder unterdrückt, und der König Ferdinand von Neapel, einem gleichzeitigen Mordversuche entgangen, weigerte sich, trotz Englands und Frankreichs Vorstellungen und Drohungen, freisinniger und milder zu regieren. 1859 starb er nach langer Krankheit, aber sein Sohn Franz II. führte die Regierung in des Vaters Weise fort.

Alle Einheits= und Freiheitshoffnungen Italiens richteten

sich allmälig immer mehr auf Victor Emanuel von Sardinien und Piemont, und dieser verfeindete sich daher auch immer mehr mit Oesterreich, hoffte dabei aber auf Frankreichs Hülfe. Er gab deshalb seine Tochter dem Vetter des Kaisers Napoleon zur Gemahlin, und versprach dem Kaiser die nachher auch stattgefundene Uebertragung von Savoyen und Nizza an Frankreich. Dieser immer mächtiger gewordene Kaiser selbst hatte inzwischen Europa wieder in vielfältiger Weise beunruhigt, indem er, namentlich seit dem am 14. Januar 1858 auf ihn gerichteten Mordversuch Orsini's, seine Politik änderte, nach Innen die strengsten Maßregeln ergriff und nach Außen einen immer höheren Ton anstimmte. So erklärte er sich denn bei der Neujahrs-Cour am 1. Jan. 1859 gegen den österreichischen Gesandten etwas unfreundlich, und seitdem hielt man in Europa einen Krieg Frankreichs gegen Oesterreich zur Realisirung der in der französischen Staatsschrift „Napoleon III. und Italien" ausgesprochenen Ideen für ausgemacht. Alle andern Großmächte bemühten sich indeß, den Krieg durch einen Friedens-Congreß zu vermeiden, allein als letzterer schon fast so gut wie gesichert erschien, stellte Oesterreich, um nicht mit dem Könige von Piemont und Sardinien auf einem Congresse sitzen zu müssen, diesem die Forderung einseitiger Entwaffnung, und als dieselbe natürlich unbefriedigt blieb, fielen die Oesterreicher am 29. April 1859 in Piemont ein, indem sie den Ticino überschritten. Alsbald kam nun Kaiser Napoleon seinen italienischen Bundesgenossen mit 200,000 Mann Franzosen zu Hülfe, und begann einen eben so raschen, als in allen Treffen und Schlachten siegreichen Feldzug gegen die Oesterreicher. Am 20. Mai wurden die Oesterreicher bei Montebello geschlagen, am 31. bei Palestro, am 4. Juni bei M a g e n t a und einige Tage nachher bei Marignano. Eiligst zogen sie sich aus der Lombardei zurück, und Kaiser Napoleon hielt mit dem König Victor Emanuel seinen Einzug in Mailand, drang bald, während Garibaldi die nördlichen Theile der Lombardei eroberte, über Brescia vor und erschien an der Grenze des venetianischen Gebiets. Dort fand **am**

24. Juni noch die mörderische Schlacht bei Solferino statt, und als man allgemein den Angriff der Franzosen auf Venedig und die vier Festungen an der lombardischen Grenze erwartete, schloß Napoleon am 8. Juli einen **Waffenstillstand** mit Oesterreich, hatte am 11. Juli eine persönliche Zusammenkunft mit dem Kaiser Franz Joseph zu **Villafranca**, und Tags nachher überraschte der Telegraph die Welt mit der Nachricht von dem abgeschlossenen **Frieden**, in welchem Oesterreich die Lombardei an Kaiser Napoleon abtrat und dieser sie an den König Victor Emanuel schenkte. Die Stipulationen dieses Friedens von Villafranca wurden auf einer Conferenz in **Zürich** näher festgesetzt und endlich am 20. October unterzeichnet. Die Frage wegen Zurückführung der beim Ausbruch des Krieges aus ihren Staaten geflohenen italienischen Fürsten in ihre, inzwischen von provisorischen Regierungen im Namen des Königs Victor Emanuel regierten Länder Toskana, Parma und Modena blieb, eben so wie die Unterwerfung der vom Papste abgefallenen Romagna und der Versuch einer Vereinigung Italiens zu einer Conföderation, einer spätern Conferenz der europäischen Großmächte überlassen. Dieselbe kam aber nicht zu Stande, und so blieben die Italiener sich selbst überlassen. Toskana, Parma, Modena, die Romagna, ja bis auf Rom und das eigentliche Erbtheil Petri, welches die Franzosen besetzt hielten, der ganze Kirchenstaat, fielen, letzterer nach kurzer Gegenwehr der päpstlichen Truppen, Victor Emanuel zu und erklärten sich in einer Volksabstimmung für ihn. Im Königreich Neapel gährte es fortwährend, und endlich kam der rechte Mann, der es befreite. Am 1. Mai 1860 schiffte sich **Garibaldi** mit 1000 tapfern und kühnen Männern bei Genua ein und landete bei Marsala in Sicilien. Bald fiel ihm Alles zu, und nach einigen Kämpfen kam Palermo und später auch Messina in seine Hände. Er setzte seinen Siegeszug auf dem neapolitanischen Festlande fort, und der König Franz II. floh vor ihm aus Neapel und zog sich erst nach Capua und dann nach Gaeta zurück. Garibaldi überließ es den geregelten Truppen Victor Emanuel's,

ihn von dort zu vertreiben und ging auf die kleine Insel Caprera. Erst im Februar 1861, nachdem die französischen Kriegsschiffe abgezogen waren, ward Gaeta, wo sich Franz II. tapfer vertheidigte, bombardirt und zur Uebergabe gezwungen, und König Franz II. verließ sein Land und ging nach Rom. Von dort aus wurden unter dem Schutz der französischen Fahne immer neue Banditenzüge in Neapel und Sicilien organisirt, aber die Länder hielten fest an Victor Emanuel, der im März 1861 den Titel König von Italien annahm und bald darauf eine Volksvertretung von ganz Italien in Turin um sich versammelte. Im Juni starb sein Minister-Präsident Cavour, ehe noch das Werk seines Lebens, die Einigung Italiens, ganz vollendet war, denn Rom und Venetien werden sobald nicht dazu kommen, indem die Oesterreicher letzteres mit starker Hand festhalten und die Franzosen in Rom den letzten Rest der päpstlichen Weltmacht beschützen und erhalten. Ermüdet durch die stets zweideutige Politik Napoleon's III., stellte sich Garibaldi im Sommer 1862 wieder an die Spitze seiner Freischaaren, um Rom zu erobern, und Sicilien fiel ihm zu, aber die Truppen Victor Emanuel's mußten sich ihm entgegenstellen, um das jetzt auch von Preußen und Rußland anerkannte Königreich Italien nicht der Macht der Revolution preiszugeben. So wurde denn Garibaldi bei Aspromonte geschlagen, seine Schaar zerstreut und er selbst am Fuße verwundet. Er zog sich nach der Insel Caprera zurück, von wo aus er, nachdem sein Fußleiden sich gehoben, im April 1864 eine Reise nach England machte und sich von Hoch und Niedrig daselbst als Volksbefreier fetiren ließ, selbst aber in verhängnißvolle Beziehungen zu dem Erz-Verschwörer und Revolutionär Mazzini trat, die noch auf weitere Pläne, gegen Rom und Venedig gerichtet, schließen lassen. In dem Königreich Italien herrscht, trotz mancher Unzufriedenheit, namentlich in Neapel, doch **mit der politischen auch religiöse Freiheit, die der Ausbreitung des Evangeliums daselbst zu Gute kommt.**

§ 83. König Wilhelm I. von Preußen und Schleswig-Holsteins Befreiung.

Als Friedrich Wilhelm IV. am 2. Januar 1861 seinem langen Gehirnleiden erlag, trat damit insofern für Preußen keine wesentliche Veränderung ein, als sein Bruder, der nunmehrige König Wilhelm I., schon gleich im October 1858, sobald er als Prinz-Regent die Regierung übernahm, ein freisinniges Ministerium um sich sammelte und mit strenger Gesetzlichkeit und Geneigtheit für die in der preußischen Staatsverfassung von 1850 bewilligten Rechte und Freiheiten regierte. Er erwarb sich dadurch die Sympathieen in Deutschland und die höchste Anerkennung und einflußreiche Stellung in Europa, wie sich namentlich bei einer Zusammenkunft in Baden mit Napoleon III. und anderen Fürsten zeigte. Einige Monate nachdem er König geworden war, am 14. Juli 1861, entging Wilhelm I. durch Gottes wunderbare Bewahrung glücklich der mörderischen Kugel eines Leipziger Studenten, Oscar Becker, und feierte am 18. October desselben Jahres mit großem Glanz seine Krönung in Königsberg, wobei der König das hauptsächlich hervorhob, daß er seine Krone von Gottes Gnaden habe.

Leider brach um diese Zeit ein Conflict aus zwischen Regierung und Volksvertretung über die mit großen Mehr-Ausgaben verbundene Reorganisation des preußischen Heeres, wodurch die allgemeine Dienstpflicht mehr zur Wahrheit werden, die Landwehr weniger leicht zur Einberufung kommen und das unter den Fahnen befindliche stehende Heer ansehnlich vermehrt werden sollte. Die Stimmung der großen Mehrzahl wäre wohl nicht gegen die Heeres-Organisation, wenn damit eine zweijährige Dienstzeit verbunden und so die längere Entziehung von der bürgerlichen Arbeit und die Mehrausgabe für so viel mehr Mannschaften vermieden würde. Die Regierung blieb aber bei der dreijährigen Dienstzeit stehen und das Abgeordnetenhaus verweigerte bei Aufstellung des Staatshaushalt-Etats die Ausgaben für die neue Organisation der Armee. So kam kein Budget zu Stande, das Haus wurde im März 1862 aufgelös't und der König berief jetzt zur entschiedenen Durchführung seiner Pläne ein neues, viel weniger freisinniges Ministerium. Die neugewählte Volksvertretung war aber nur noch freisinniger, und der Gegensatz und die Mißstimmung zwischen der Regierung, der das Herrenhaus zustimmte, und dem Abgeordnetenhause, das den größten Theil des Volkes auf seiner Seite hatte, stieg leider immer mehr. So wurde das Haus, ohne daß eine Einigung über das Ausgabe= und Einnahme=Budget und die Heeres=Organisation zu Stande gekommen war, im Juni 1863 vertagt und, nach Erlaß einer strengen Verordnung gegen die freie Presse, einige Monate später aufgelös't, worauf im October 1863 Neuwahlen stattfanden, durch die aber die Regierung nur ein paar Stimmen gewann. Die Opposition blieb bei Weitem überwiegend und verweigerte dem Ministerium, an dessen Spitze Herr v. Bismark stand, selbst den Credit für die Unternehmung gegen Dänemark, worauf alsbald eine Vertagung des Abgeordneten=Hauses folgte und der budgetlose Zustand fortdauerte.

Eine viel erfreulichere Gestaltung nahm die auswärtige Politik Preußens in Folge der Wendung der Dinge in Dänemark. Dort war der König **Friedrich** VII. gerade im Begriff, seinem im § 79 schon erwähnten Bedrückungswerke in dem Herzogthume Schleswig, so wie auch in dem zu Deutschland gehörigen Herzogthume Holstein durch die willkürliche Einführung einer Gesammtstaats=Verfassung, die alle alten Rechte und nationale Besonderheit Schleswigs vernichtete, die Krone aufzusetzen, als er am 15. November 1863 plötzlich an der Gesichtsrose starb. Diese wunderbare Fügung Gottes weckte überall in Deutschland die Sympathieen für die arg bedrückten deutschen Herzogthümer. Denn nun war der letzte in Schleswig und Holstein erbberechtigte König von Dänemark ohne Erben gestorben, und diese Herzogthümer mußten, ebenso wie 1837 Hannover, nach Recht und Gerechtigkeit einem besonderen Herrscher zufallen, indem in ihnen die weibliche Linie nicht erbberechtigt ist. **Ein**

§ 83. König Wilhelm I. und Schleswig-Holsteins Befreiung.

Glied derselben, der Prinz Christian, war nun zwar durch das Londoner Protokoll von 1852 als Herrscher über den Gesammtstaat Dänemark, einschließlich Schleswig-Holstein und Lauenburg, bestimmt worden, aber es fehlte dieser die Thronfolge-Rechte ändernden Bestimmung, die zu ihrer Gültigkeit unerläßlich nöthige Zustimmung der Stände in Schleswig und Holstein, so wie die für Holstein (mit dem aber nach altem Rechte Schleswig ewig ungetheilt zusammenbleiben soll) erforderliche Anerkennung des deutschen Bundes und die Verzichtleistung der großjährigen Söhne der männlichen Herrscherlinie, aus der nur der Familienvater für eine Summe Geldes auf seinen Anspruch an die Erbfolge in Schleswig und Holstein verzichtet hatte. So trat denn jetzt alsbald der älteste Sohn, Prinz F r i e d r i c h von Holstein-Sonderburg-Augustenburg, mit seinen Ansprüchen hervor, und ihm fiel als rechtmäßigen Thronerben in Holstein und Schleswig fast Alles zu. Der Huldigungs-Eid, den der im Londoner Protokoll bestimmte König von Dänemark, Christian IX. (von Holstein-Glücksburg), in den Herzogthümern rasch sich zu erzwingen suchte, wurde ihm von den meisten Beamten verweigert, und so sah man ähnliche Verfolgung und Vertreibung der Geistlichen und anderer Beamten in Schleswig und Holstein entgegen, wie vor 15 Jahren. Da trat aber der deutsche Bund, der schon mit Friedrich VII. lange über die Bewilligung der Rechte und Freiheiten namentlich in Holstein verhandelt hatte, dazwischen, verweigerte dem König Christian IX. von Dänemark die Anerkennung als Herzog in Holstein und führte die am 1. Oct. beschlossene B u n d e s - E x e c u t i o n aus, indem um Weihnachten 1863 sächsische und hannoversche Truppen in Holstein einrückten und es ohne Schwertstreich besetzten, da die Dänen überall vor ihnen wichen und sich nach Schleswig zurückzogen. Preußen und Oesterreich gingen in der Sache ihren eigenen Weg, der Anfangs nicht klar war und, da sie das Londoner Protokoll mit vollzogen hatten, den Schein hatte, als wollten sie die Ansprüche des Königs Christian IX. in den Herzogthümern begünstigen, wenn dieser nur die von seinem

Vorgänger beschlossene Gesammtstaatsverfassung, die er von der in Kopenhagen die Regierung beherrschenden demokratischen Partei genöthigt, anerkannt hatte, wieder aufheben wollte. Sie stellten ihm dazu den 18. Januar 1864 als letzten Termin, und als dieser vorüberging, unternahmen sie die Occupation Schleswigs, die der deutsche Bundestag mit 11 gegen 5 Stimmen abgelehnt hatte, auf eigene Hand. Ende Januar rückten die preußischen und österreichischen Heere durch das vom deutschen Bunde besetzte und verwaltete Holstein in Schleswig ein und standen bald an der stark befestigten dänischen Vertheidigungslinie der Dannewirke in Südschleswig. Groß waren die Mühseligkeiten und Strapazen dieses Feldzuges mitten in einem sehr kalten Winter; aber groß auch die Theilnahme, die von ganz Deutschland den tapfern Kriegern gewidmet wurde und die in Geld und Victualiensendungen und in Vorkehrungen für die Verwundeten von Einzelnen und von christlichen Vereinen aller Confessionen sich äußerte. Während die Oesterreicher bei Oberselk und Jagel die Dänen schlugen und den Königsberg, ein Vorwerk der Dannewirke, eroberten, zogen die Preußen siegreich in Eckernförde ein, machten von dort einen Versuch, bei Missunde über die Schlei zu gehen, und als dieser mißlang, wandten sie sich nordöstlich nach Arnis, und indem sie dort am 6. Februar über die Schlei setzten, umgingen sie die dänische Stellung am Dannewirke. Um dieselbe Zeit ward diese aber auch schon von den Dänen ohne weiteren Kampf geräumt, und die Dänen zogen sich, verfolgt von den siegreichen Oesterreichern, von denen sie zwischen Schleswig und Flensburg, bei Oeversee, in einem blutigen Gefecht geschlagen wurden, nach Norden zurück, hielten sich auch in Flensburg nicht, sondern eilten vielmehr nach der Halbinsel Sundewitt, wo sie sich hinter ihr zweites starkes Bollwerk, die Düppeler Schanzen, zurückzogen. Während ein Theil der unter dem Oberkommando des alten Feldmarschalls Wrangel stehenden verbündeten Preußen und Oesterreicher weiter nach Norden zog, Apenrade und Ha-

§ 83. König Wilhelm I. und Schleswig-Holsteins Befreiung.

dersleben besetzte und in Jütland eindrang, belagerte das Hauptcorps der Preußen, unter dem tapfern Prinzen Friedrich Carl, dem die neuen gezogenen Kanonen herrliche Dienste thaten, die Düppeler Schanzen, welche, von den Dänen tapfer vertheidigt, endlich nach harter, blutiger Arbeit an dem glorreichen Tage des 18. April von 10 bis 12 Uhr e r s t ü r m t wurden. Unaufhaltsam drangen die tapfern Preußen vor, erstürmten auch noch den Brückenkopf bei Sonderburg und jagten die Dänen über den Alsensund hinüber auf die Insel A l s e n. Als nun die Oesterreicher daran gingen, auch noch die dänische Festung F r i e d e r i c i a in Südjütland, der Insel Führen gegenüber, zu belagern, um sie zu erobern, ward dieselbe von den Dänen geräumt, und die Verbündeten besetzten nun J ü t l a n d' bis an den Limfjord.

Inzwischen hatte aber England, das immer sehr für die Dänen war, doch ohne ihnen zu helfen, den Zusammentritt einer F r i e d e n s - C o n f e r e n z in London zu Stande gebracht, welche eine sechswöchentliche W a f f e n r u h e, die nachher noch um 14 Tage verlängert wurde, beschloß. Bei der Conferenz waren die deutschen Großmächte erst bereit, auf der Grundlage einer Personal-Union eines übrigens selbstständigen Schleswig-Holsteins mit dem König von Dänemark zu unterhandeln, und nachher auf der einer Theilung Schleswigs mit der Linie Apenrade-Tondern oder Flensburg-Tondern, wobei dann der südlich von derselben liegende Theil Schleswigs nebst Holstein zu Deutschland gekommen, der nördliche Dänemark wieder zurückgegeben worden wäre. Glücklicherweise blieben die Dänen hartnäckig und wollten nichts anders als Holstein und den südlich von der Schlei liegenden kleinen Theil von Schleswig abtreten. So kam kein Friede zu Stande, und am 26. Juni brach der Krieg wieder aus, der gleich am 29. in der Frühe mit der glorreichen E r o b e r u n g der I n s e l A l s e n durch die tapfern Preußen wieder begann. Am 10. Juli rückten die Preußen dann über den Limfjord und drangen am 14. bis in die nördlichste Spitze Jütlands nach Skagen vor, während die Oesterreicher die schleswigschen Inseln im Westen, namentlich Sylt, besetzten. Nun war endlich der Starrsinn der Dänen gebrochen. Eine Landung auf Fühnen oder Seeland konnte folgen, darum beschloß der dänische König, durch unmittelbare Verhandlungen mit Preußen und Oesterreich einen Ausgleich herbeizuführen. Am 20. Juli wurde eine Waffenruhe vereinbart. Nachdem die Einleitungspunkte (Präliminarien) festgestellt waren, wurde ein längerer Waffenstillstand abgeschlossen, während dessen die Bevollmächtigten der drei kriegführenden Mächte in Wien zur Friedensberathung zusammentraten. Diese sogenannte Wiener Conferenz brachte endlich am 30. October 1864 den Friedensvertrag zu Stande. Dänemark trat darin, bis auf einen schmalen Streifen von Nordschleswig, das ganze Schleswig-Holstein sammt Lauenburg an die deutschen Großmächte ab, während die Erbschaftsfrage unerledigt blieb.

Anhang.

§ 84. Die deutschen Großmächte und Schleswig-Holstein nach dem dänischen Kriege.

Die Herzogthümer waren nun „los von Dänemark." Ueber ihr endliches Schicksal blieb das deutsche Volk im Unklaren. Außer dem Augustenburger Herzog war auch der Großherzog von Oldenburg mit Erbansprüchen aufgetreten. Der deutsche Bund, der in deutschen Angelegenheiten von Rechtswegen ein Wort mitzusprechen gehabt hätte, erwies sich, wie stets, als „lahm und langsam." Er berieth, und beschloß, wann er wieder berathen wollte, zum wohlthätigen Handeln für Deutschland, dessen höchste Regierung er darstellen sollte, hat er's in seinem Leben überhaupt kaum je gebracht. Wir können uns Preußen und Oesterreich als die Drathzieher vorstellen, während die übrigen Regierungen als die Puppen hin- und herspielten.

§ 84. Die deutschen Großmächte und Schleswig-Holstein. 199

Ernst kam erst in die Handlung, als jene sich über's Spiel entzweiten. — Preußen drang beim Bundestage auf die Abberufung der Bundestruppen. Da es zugleich eine drohende Haltung annahm, hielt Oesterreich es für geboten, sich diesem Verlangen durch einen Antrag in der Bundesversammlung anzuschließen. Die Sachsen und Hannoveraner zogen ab. Somit war der deutsche Bundestag von der Lösung der schleswig-holstein'schen Frage ausgeschlossen. Von den beiden Großmächten machte sich Preußen bald zur gebietenden. Das sah man endlich mit Verdruß in Wien ein, und die österreichische Regierung schlug vor, die durch den Wiener Frieden erworbenen Herrscherrechte vorläufig an den Prinzen von Augustenburg zu übertragen. Preußen's Regierung lehnte dies ab, indem sie als Vorbedingung hinstellte, „zur Sicherung Preußens sowohl wie Deutschlands müsse Preußen verlangen, daß die militärischen und andere Einrichtungen mit denen Preußens in Einklang gebracht würden." In den gegnerischen Zeitungen erhob sich ein lautes Geschrei über die Gewaltpolitik Bismarck's, der indeß ruhig seinen Weg verfolgte. In Preußen machte man sich am ersten mit dem Gedanken vertraut, daß es das Beste für Preußen wie Deutschland sei, wenn die Herzogthümer mit dem erstern auf die möglich engste Weise verbunden würden. Selbst in Schleswig-Holstein war ein Bruchtheil der Bevölkerung für die Verbindung mit Preußen thätig. Die Mehrzahl der Bevölkerung dagegen wünschte den Herzog Friedrich zum Regenten. Doch dieser wollte nicht auf die Bedingungen eingehen, die Preußen ihm gestellt hatte, weßhalb weiter keine Rücksicht auf ihn genommen wurde. Dann kam am 14. August 1865 zu Gastein eine Uebereinkunft zwischen Preußen und Oesterreich zu Stande, wonach die beiden Großmächte noch ferner im Besitze der Herzogthümer blieben, Oesterreich Holstein, und Preußen Schleswig regierte und verwaltete. Dem Kaiser von Oesterreich wurden für die Abtretung von Lauenburg an den König von Preußen $2\frac{1}{2}$ Millionen Thaler gezahlt. Verschiedene Rechte wurden Preußen außerdem in Holstein eingeräumt.

Nach einer persönlichen Zusammenkunft des Kaisers und des Königs in Salzburg kam der Vertrag zur Ausführung.

Es ist nicht zu verwundern, daß zwischen den beiden Regierungen, die so verschiedene Zwecke verfolgten, bald Reibungen entstanden. Preußen hätte Oesterreich gern mit einer Geldsumme für das Mitbesitzungsrecht abgefunden; allein Oesterreich, obwohl es das kleine Lauenburg verschachert hatte, hielt es doch unter seiner Würde, dasselbe mit Holstein zu thun. Hatte es doch die Anerbietungen Italiens, Venetien durch einen Kaufvertrag abzutreten, standhaft abgewiesen und lieber die Ausgaben für stete Kriegsbereitschaft getragen! Oesterreich suchte jetzt wieder, sich auf den deutschen Bund zu stützen, und gestattete, daß in Holstein in Vereinen und Volksversammlungen gegen preußische Vergewaltigung geeifert ward. Graf Bismarck beschwerte sich in scharfen Worten. Die Antwort der österreichischen Regierung war nicht weniger scharf. So trat ein Streit hervor, der blutig enden sollte. Oesterreich verhehlte es sich nicht, daß Preußen ein Bündniß mit Italien zu Stande bringen möchte. Preußen hatte es nämlich bewirkt, daß die deutschen Regierungen des Zollvereins einen Handelsvertrag mit dem Königreiche Italien geschlossen und somit dasselbe anerkannt hatten. Dies hielt man für die Einleitung zu einem Bündnisse. Dennoch dachte Oesterreich, es werde Preußen demüthigen können wie im Jahr 1850. Es rechnete auf die Abneigung der meisten deutschen Bundesregierungen gegen die preußische Politik, den Widerwillen des preußischen Volkes selbst gegen einen Bruderkrieg, auch auf den Streit zwischen dem Ministerium Bismarck und dem Abgeordnetenhause, der auf die Handlungen des erstern lähmend einwirken müßte; vor allem aber unterschätzte Oesterreich Preußens Militärkräfte. Preußen ließ indeß keine Zweifel darüber bestehen, daß es klar wisse, was es wolle. Es regierte „ziemlich eisern" in Schleswig, und Bismarck erklärte einer Anzahl holstein'scher Edeln, die eine Adresse wegen Vereinigung der Herzogthümer mit der preußischen Monarchie an ihn gerichtet hatten,

§ 84. Die deutschen Großmächte und Schleswig-Holstein.

„er halte dies selbst für die vortheilhafteste Staatsform für Schleswig-Holstein." Im Gegensatz zu Preußen suchte Oesterreich durch mildes Auftreten in Holstein sich die Volksgunst zu gewinnen. Außerdem suchte es nun, da es sein Vortheil erheischte, durch Annäherung an den Bundestag die verstimmten Regierungen und Bundesfürsten wieder zu versöhnen. In einem Rundschreiben vom 16. März 1866 gab die österreichische Regierung den Bundesmitgliedern zu verstehen, daß sie möglichen Falls das Einschreiten des Bundes in Anspruch nehmen müsse auf Grund des Artikels 11 der Bundesakte und des Artikels 19 der Wiener Schlußakte, um zu verhüten, daß Streitigkeiten zwischen Bundesgliedern mit Gewalt verfolgt würden. Deshalb wurde vertraulich angefragt, ob Oesterreich auf ihre Unterstützung rechnen könne, falls es zum Kriege käme. Zugleich wurden die Kriegsvorbereitungen verstärkt. Während so Oesterreich um die Gunst der kleinern Bundesfürsten buhlte, blos um Preußen in Schach zu erhalten, blieb dieses nicht müssig. Graf Bismarck setzte denselben Regierungen kaum um eine Woche später in einer Circulardepesche auseinander, wie der Streit entstanden, daß Preußen nur rüste, weil eben ein Feind gegen ihn rüste, legte aber vor allem die Schäden der Bundesverfassung bloß, die nicht allein nicht im Stande sei, Zusammenstöße der beiden deutschen Großmächte zu verhüten, sondern die selbst nicht bei ausbrechenden europäischen Streitfragen im Stande sei, schlimmsten Falles Deutschland vor dem Schicksal Polens zu bewahren, und es daher einer neuen Verfassung dringend bedürfe. Die meisten Regierungen antworteten ausweichend auf die Frage, ob sie zu Preußen stehen würden, wenn es von Oesterreich angegriffen oder durch Drohungen zum Kriege genöthigt würde, oder verwiesen auf die Bundesverfassung. Preußen mußte ein solches Benehmen vorausgesehen haben, denn außer dem Großherzog von Baden und dem Herzog von Koburg-Gotha, die stets als freisinnige Fürsten für das Wohl Deutschlands besorgt waren, gab es kaum einen unter den Fürsten Deutschlands, der nicht gedacht hätte, von Preußen am meisten für seine unbeschränkte Selbstherrschaft fürchten zu müssen. Preußen verließ sich daher einzig auf sich selbst. Ohne Rücksicht auf die Kundgebungen des deutschen Volkes für Erhaltung des Friedens, wurden die Rüstungen beschleunigt. Mit Italien wurden die Unterhandlungen so weit geführt, daß im April ein Bündnißvertrag zwischen den beiden Staaten unterzeichnet werden konnte, worin beide Theile sich verpflichteten, im Kriege gegen Oesterreich zu einander zu stehen, bis Preußen seine Pläne hinsichtlich der deutschen Bundesreform ausgeführt, Italien aber Venetien in Besitz habe. Auch sollte keiner der Monarchen der beiden Länder ohne den andern Frieden schließen. Sodann stellte Preußen am 9. April am Bund einen Antrag auf Einberufung eines deutschen Parlamentes und Neugestaltung der Bundesverfassung. — Noch einmal schien es, als wenn der Friede erhalten bleiben sollte. Eine gegenseitige Abrüstung sollte stattfinden. Doch wollte Oesterreich dies nur gegen Preußen, nicht auch gegen Italien thun, weil dasselbe Venetien bedrohe. Zugleich machte es den Vorschlag, die Sache der Herzogthümer an den Bund zu bringen. Falls Preußen letzteres ablehne, müsse es diesen Weg allein einschlagen, würde auch die holsteinischen Stände einberufen, um die Stimme der Bevölkerung zu hören. Damit verschwanden die friedlichen Aussichten wieder. Mit verstärktem Eifer wurde auf allen Seiten die Kriegsbereitschaft betrieben. Kaiser Napoleon, der im Trüben fischen zu können glaubte, erklärte in einer Rede, daß er die Verträge von 1815 verabscheue. In Oesterreich wurde der Oberbefehl über das Heer in Venetien an Erzherzog Albrecht, der über das Nordheer, das gegen Preußen zu kämpfen bestimmt war, an Feldzeugmeister Benedek übertragen. Im Kaiserreiche und in den meisten der Bundesstaaten herrschte eine erbitterte Stimmung gegen Preußen und dessen ersten Minister. Sogar ein Mordversuch wurde von einem jungen Manne, Karl Cohn, auf den Grafen Bismarck, den er für den einzigen Urheber des zu erwartenden

Bürgerkrieges hielt, gemacht. Die Kugeln verfehlten glücklicherweise ihre Wirkung, und der unbesonnene Jüngling nahm sich im Gefängniß selbst das Leben. Man glaubte vielfach, Bismarck sei im Einverständnisse mit Napoleon, dem er für das Versprechen, Preußen gewähren lassen zu wollen, die Erweiterung der französischen Grenze nach dem Rheine zu in Aussicht gestellt haben sollte. — Noch einmal versuchten die nichtbetheiligten Großmächte, den Frieden zu erhalten. Ein Congreß sollte stattfinden, um die brennenden Fragen des Tages, auch die der deutschen Bundesreform, zu lösen. Preußen und Italien wollten darauf eingehen, aber Oesterreich vereitelte das Zustandekommen der Conferenz durch den Vorbehalt, daß es nur Theil nehmen könne, „wenn nichts auf derselben zur Verhandlung komme, was auf eine Gebietserweiterung oder einen Machtzuwachs eines der eingeladenen Staaten abzwecke."

§ 85. Preußen und Oesterreich im Kriege.

1. Vorbereitungen.

Es bedurfte nur eines äußern Anstoßes, um die bange Erwartung, die im Anfang Juni 1866 alle Gemüther belastete, in traurige Gewißheit zu verkehren. Trotz der ausdrücklichen Erklärung Preußens, daß es dem Bunde keine Berechtigung in der schleswig-holsteinischen Sache zugestehen könne, legte Oesterreich diese dem Bundestag zur Entscheidung vor, und erließ Befehl, daß die holsteinischen Ständ auf den 11. Juni nach Itzehoe einberufen würden. Preußen protestirte gegen dieses Vorgehen als einen Bruch des Gasteiner Vertrages. Es hatte mittlerweile 400,000 Mann, Linie und Landwehr, unter Waffen gebracht, die alle wohlausgerüstet waren. Das österreichische Heer war angeblich von gleicher Stärke, doch sollen die Militärlisten mit dem wirklichen Bestande der Mannschaft nicht gestimmt haben; dazu war die Ausrüstung weit weniger vollständig. Mißstände in der Heerverwaltung und den Verpflegungsanstalten, die schon im italienischen Kriege so üble Folgen gehabt hatten, traten auch jetzt wieder zu Tage. Die österreichischen Verhältnisse waren überhaupt so zerrüttet, daß es hieß, Oesterreich habe nur deshalb den Krieg herbeigeführt, um seinen Finanzen durch preußische Kontributionen oder durch einen ehrenvollen Bankerott aufzuhelfen.—Da nun nach preußischer Auffassung der Gasteiner Vertrag erloschen war, so rückten preußische Truppen auch in Holstein wieder ein. Oesterreich gegenüber ward geltend gemacht, es dürfe ja ein Gleiches in Bezug auf Schleswig thun. Der österreichische F.M.L. von Gablenz zog darauf unter Protest mit seinen Truppen nach Altona. Nun nahm der preußische General v. Manteuffel, da Gablenz nicht zur Herstellung der frühern gemeinsamen Regierung mithelfen wollte, auch von Holstein Besitz, verhinderte den Zusammentritt der Landstände, und stellte den Baron von Scheel Plessen als „Oberpräsidenten" an die Spitze der Verwaltung. Die Oesterreicher zogen darauf aus Holstein ab, und begaben sich zur Nordarmee nach Böhmen. Jetzt glaubte Oesterreich den Bund anrufen zu müssen, und stellte den Antrag auf schleunige Mobilmachung des ganzen Bundesheeres mit Ausnahme der preußischen Armeecorps. Als trotz des Protestes des preußischen Gesandten am 14. Juni über den Antrag abgestimmt und derselbe zum Beschluß erhoben ward, erklärte Preußen, daß durch diese verfassungswidrige Abstimmung der Bund aufgelöst sei, und machte zugleich die den deutschen Regierungen schon voher zur Erwägung mitgetheilten Grundzüge einer Reform bekannt, auf denen es einen neuen Bund einzugehen bereit sei. Danach sollte Oesterreich vom übrigen Deutschland ausgeschlossen werden. Nach diesen Schritten theilte sich Deutschland in zwei große Heerlager. Alle Freiheitsfeindlichen, alle der Priesterherrschaft Zugethanen, alle, denen die volle Selbstständigkeit ihres Landes oder Ländchens höher stand als ein starkes Deutschland, auch alle, die von Gunst und Gnade der kleinen Fürstenhöfe lebten—sie hielten es mit Oesterreich. Und wer hielt es mit Preußen? Diejenigen freilich, in denen die Ueberzeugung klar war, daß mit Preußen Deutschland stehe oder falle. Wie denn die Geschichte es lehrt, daß Preußen nicht nur den Beruf, sondern auch die Befähigung hat, Deutschlands Hort zu sein. Gern ging selbst das preußische Volk nicht in den Kampf. Es fehlte nicht an Bittschriften an den Thron um Erhaltung des Friedens. Als es sich jedoch um die staatliche Existenz Preußens handelte, das man wieder zur Mark Brandenburg herunterzubringen sich ausgehen ließ, da trat ein Umschwung ein. An die Stelle der Gleichgültigkeit und des Mißmuths trat vaterländische Begeisterung.—Als der Beschluß für Kriegsbereitschaft in Frankfurt gefaßt wurde, war Preußen schon mit seinen Rüstungen und Heeraufstellungen fertig. Die Elb=Armee unter General Herwarth von Bittenfeld stand als rechter Flügel zwischen Halle und Torgau, bereit in Sachsen einzufallen; den linken Flügel bildete die zweite schlesische Armee, die der Kronprinz befehligte; unter dem Befehle des Prinzen Friedrich Karl hatte die erste schlesische Armee das Centrum zwischen Hoyerswerda und Görlitz inne. In Berlin stand ein Reservecorps unter General Mülbe. Die Westarmee unter General Vogel von Falckenstein sollte Westphalen und Rheinland decken, und gegen Hannover, Hessen und Nassau operiren.—Die österreichische Armee unter dem Oberbefehl Benedek's, der sich im italienischen Kriege in der Schlacht bei Solferino ausgezeichnet hatte, war längs der Eisenbahnlinie in einem weiten Bogen aufgestellt, der sich von Krakau bis auf das linke Elbufer erstreckte. Ihre Hauptstärke war zwischen Olmütz und Josephstadt konzentrirt. Auch die sächsische Grenze war bei Bodenbach gedeckt.

Durch den Bundesbeschluß vom 14. Juni war für die übrigen deutschen Staaten keine neutrale Stellung möglich; sie mußten mit Oesterreich, oder mit Preußen gehen. Preußen, das wohl gern ganz Deutschland unter Einen Hut gebracht hätte, konnte bei den widerstrebenden Elementen, die sich in Süddeutschland kundgaben, und mit Rücksicht auf das Scheelsehen der nichtdeutschen Großmächte vorläufig nicht daran denken, den neuen Bund weiter als bis zum Main auszudehnen. Es richtete deshalb am 15. Juni an die bei dem Bundesbeschluß betheiligten drei Staaten, die allein in Betracht kommen konnten, an Hannover, Sachsen und Kurhessen Noten, in welchen bis zum nächsten Tag Erklärungen gefordert wurden, ob sie vom Bundesbeschluß zurücktreten und sich dem neuen Bunde anschließen wollten. Im bejahenden Falle wurde den Fürsten der Fortbesitz ihrer Länder und ihrer Herrscherrechte innerhalb der Grenzen der Bundesreform versprochen, sonst aber mit militärischen Maßregeln gedroht. Die drei Regierungen wiesen die preußische Aufforderung zurück, worauf die Kriegserklärung und unmittelbar darauf das Einrücken der Preußen erfolgte. Sachsen suchte um Bundeshülfe nach, die Oesterreich und Baiern leisten sollten. Preußen erklärte Oesterreich, daß es die zugesagte Hülfeleistung als Kriegserklärung ansehe. Kurz nachher erklärte auch Italien den Krieg an Oesterreich.

2. Der Krieg selbst.

Von Seiten Preußens ging jetzt alles Schlag auf Schlag. Kaum daß die letzten Verhandlungen und die unmittelbar folgenden Kriegserklärungen bekannt geworden waren, als auch schon der Einmarsch der Preußen in Sachsen, Hannover und Kurhessen erfolgte. In Manifesten erklärten die Befehlshaber, daß sie nur gegen die Regierungen Krieg führten, die Einwohner dagegen als Brüder betrachteten, denen sie die Lasten des Krieges gern so wenig als möglich fühlbar machen möchten. — In Kurhessen hatten die kurfürstlichen Truppen noch zum größten Theile vor Ankunft der von General Beyer geführten Preußen ihren Abzug von Kassel nach Hanau bewerkstelligt, wo sie sich anfangs mit dem achten Bundesarmeecorps vereinigten, welches Prinz Alexander von Hessen, ein österreichischer General, befehligte. Später besetzten sie die Bundesfestung Mainz. Der Kurfürst von Hessen, als er auch jetzt noch die dargebotenen Bedingungen zurückwies, wurde am 23. Juni als Staatsgefangener nach Stettin geführt. Gleichzeitig (17. und 18. Juni) setzte General v. Manteuffel mit seiner schleswig-holsteinischen Division über die Elbe, und zog, nachdem er die Besatzung von Stade zur Kapitulation gezwungen hatte, über Lüneburg nach der Hauptstadt Hannover. König Georg hatte sich mit dem Kronprinzen nach Göttingen begeben, wo die hannoverschen Truppen sich sammelten, nachdem er vorher sein Privatvermögen nebst vielen Landesgeldern nach England in Sicherheit gebracht hatte. Als Manteuffel nach Hannover kam, war die Stadt bereits von Minden aus durch Vogel von Falckenstein besetzt. Die hannoverschen Truppen, etwa 19,000 Mann stark, wollten nach Süden durchzubrechen suchen, um sich mit den Baiern, welche Koburg besetzt hatten, zu vereinigen. Die Bayern, unter dem Oberbefehl des bejahrten Prinzen Ludwig von Bayern, bewiesen keine Eile mit Leistung der Hülfe, um die sie angerufen waren. Sie mochten glauben, die Hannoveraner seien stark genug, die schwachen Linien zu durchbrechen, die preußische und sachsen-gothaische Truppen um sie gezogen hatten. Nach verschiedenen Scharmützeln kam es am 27. Juni zur **Schlacht von Langensalza**, wo die Hannoveraner tapfer kämpften, auch den Sieg gegen die geringere Anzahl der Preußen unter General Flies erfochten, dennoch aber, die Nutzlosigkeit weiteren Blutvergießens einsehend, am 29. Juni kapitulirten. Dadurch wurden die Preußen Herren Hannovers und aller Kriegsvorräthe des Landes. Die hannover'schen Soldaten wurden nach Ablieferung der Waffen in die Heimath entlassen. König Georg und sein Sohn begaben sich nach Wien; die Königin blieb unter preußischem Schutze in Herrenhausen. — Während aller dieser Vorgänge war auch das Königreich Sachsen bereits im Besitz der Preußen. Das sächsische Heer hatte sich gleich nach der Kriegserklärung nach Böhmen begeben und dort mit den Oesterreichern vereinigt. Der König, der Kronprinz und der Minister von Beust gingen mit. Nur in der Festung Königstein war eine sächsische Besatzung geblieben. General Herwarth von Bittenfeld war auf dem linken Elbufer in Sachsen eingerückt, und hatte Besitz von der Hauptstadt Dresden genommen, andere Städte wurden von Abtheilungen der zweiten schlesischen Armee besetzt. Preußische Kommissarien übernahmen die Oberleitung der Verwaltung, und handelten mit Milde und Schonung. Diesen Ruf haben die Preußen sich überhaupt in diesem ganzen Kriege bewahrt.

Jetzt sollte der Hauptkrieg in Böhmen spielen. Zwar hatten österreichische Blätter, die den Gegner weit unterschätzten, in stolzer Siegeszuversicht prophezeit, daß der Oberfeldherr Oesterreichs in raschem Laufe Sachsen entsetzen und dann in Berlin einziehend die Bedingungen des Friedens vorschreiben würde; allein sie irrten sich. Die österreichischen Kriegsvorbereitungen waren nicht mit der Schnellkraft betrieben worden, wie die preußischen, und die Bundesheere waren ohne planmäßige Führung, und zum Theil schlecht ausgerüstet. Mit einem Worte, die Preußen ließen den Feinden nicht Zeit, das auszuführen, was sie im Sinne hatten zu thun. Von drei verschiedenen Seiten rückten die Preußen in Böhmen ein. König Wilhelm von Preußen, trotz seines vorgerückten Alters, übernahm den Oberbefehl. Ihn begleiteten der Ministerpräsident von Bismarck als Landwehrmajor, der Kriegsminister von Roon und der Chef des Generalstabs, General von Moltke, dem wegen seiner Fähigkeiten Preußen wohl am meisten unter allen seinen großen Männern die Erfolge in diesem Kriege zu verdanken hat. Die Preußen, die, wie schon gesagt, in drei Heerhaufen an verschiedenen Punkten in Böhmen eindrangen, erfochten nun eine ununterbrochene Reihe von glänzenden Siegen über die Oesterreicher und Sachsen. Nachdem am 27. Juni Prinz Friedrich Karl bei dem Dorfe Podol das heiße Gefecht gegen die sogenannte „eiserne Brigade" Gondrecourt's, die sich im schleswig-holsteinischen Kriege so sehr ausgezeichnet, bestanden, und General Herwarth von Bittenfeld die Feinde bei Hünerwasser geschlagen hatte, vereinigten sich ihre beiden Armeen am nächsten Tage. Dieselben Tage erfolgten die heftigen Treffen bei Münchengrätz und Gitschin. Mittlerweile war auch die Armee des Kronprinzen aufgebrochen, um durch die Pässe des Riesengebirgs vorzudringen und sich mit den andern

§ 85. Preußen und Oesterreich im Kriege.

Armeen zu vereinigen. Am 27. und 28. Juni bestand sie siegreiche Kämpfe bei Nachod und Skalitz, wo General Steinmetz, ein alter Kämpfer aus den Freiheitskriegen, sich als tapferer und erfahrener Führer auszeichnete. Das Zündnadel- oder Hinterladungsgewehr der preußischen Infanterie erwies sich von furchtbarer Wirkung. Viele Gefangene nebst Geschütz und Fahnen fielen in die Hände der Preußen. Eine andere Abtheilung derselben Armee eroberte Trautenau. Am 29. Juni fiel die Stadt Königinhof, so tapfer sie auch vertheidigt ward, in die Gewalt der Preußen. — So waren denn Ende Juni, als der König von Preußen in Reichenberg ankam und den Oberbefehl in Person übernahm, die vorgeschobenen Streitkräfte der Oesterreicher alle geschlagen, und Benedek sah sich genöthigt, seine Armee um Königgrätz zu konzentriren. Hier fand nun die Hauptschlacht statt. Früh am Morgen des 3. Juli, einem trüben und nebeligen Regentage, griff die vereinigte Streitmacht des Prinzen Friedrich Karl und des Generals Herwarth die durch ihre Stellung sehr geschützten Oesterreicher an. Um 9 Uhr erschien der König selbst auf dem Kampfplatz und wurde mit begeisterten Zurufen empfangen. Da die Oesterreicher weit stärker an Zahl waren, ihre Stellung vortheilhafter war, so fügten sie mit ihrem vortrefflichen Geschützfeuer den in der Linie von Sadowa bis Dohalitzka vorrückenden Preußen furchtbare Verluste zu. Rechtzeitig genug aber traf noch, trotz aller Hindernisse, der Kronprinz mit seiner Armee ein, um den Ausschlag zu geben. Um 3 Uhr Nachmittags, nach vielstündigem furchtbaren Kampfe war die vollständige Niederlage der Oesterreicher entschieden, und Benedek dachte nur noch daran, die Trümmer seiner Armee nach Königgrätz zu retten, von wo aus sie dann an beiden Ufern der Elbe ihren Weg nach Pardubitz suchten. Unter den Tausenden, die als Leichen oder Verwundete die Wahlstatt deckten, befanden sich von den Preußen der tapfere General Hiller von Gärtringen und der junge Prinz Anton von Hohenzollern. Elf Fahnen, 174 Geschütze und 18,000 unverwundete Gefangene fielen den Siegern in die Hände. Was aber den böhmischen Feldzug zu einem so ruhmvollen Ausgang für Preußen geführt hat, ist nicht allein das Zündnadelgewehr oder die gute Dressur seiner Soldaten, sondern vor allen Dingen der Umstand, daß das preußische Heer wirklich „das Volk in Waffen" ist, in dessen Reihen alle Stände und Berufsklassen vertreten sind, das die Blüthe und jugendliche Kraft des ganzen Landes vereinigt. Vergessen dürfen wir dabei nicht, daß ein Heer keine bessere Führer haben konnte.

§ 86. Das Ende des Krieges und der Friede.

Die Trauerbotschaft von der verlorenen Schlacht bei Königgrätz (oder Sadowa) kam um so unerwarteter und wirkte um so niederschmetternder in Wien, als vom italienischen Kriegsschauplatz kurz zuvor günstige Nachrichten eingelaufen waren. Erzherzog Albrecht, der Sohn des Helden Karl, der bei Aspern über den ersten Napoleon gesiegt, hatte am 24. Juni in der Schlacht von Custozza einen glänzenden Sieg über die Italiener erfochten.

Da die Hauptmacht Preußens außerhalb Deutschlands ihre Schläge führte, konnte in diesem die Entscheidung der Waffen nicht so rasch vor sich gehen. Nach der Uebergabe der Hannoveraner vereinigte Vogel von Falckenstein die Truppentheile der Generale Goeben, Manteuffel und Beyer zur sogenannten Main=Armee. Diese hatte es nun mit dem siebenten und achten Bundes=Armeecorps, die in der Nähe des Mains aufgestellt waren, aufzunehmen. Das erstere bestand aus ungefähr 50,000 Baiern, das andere aus den Kontingenten von Würtemberg, Darmstadt, Baden, Nassau, und einer Anzahl Oesterreicher. Zwei Prinzen befehligten sie, wie früher bemerkt, Karl von Baiern und Alexander von Hessen, die sich viel um ihren Rang stritten. Der erstere hatte dem Namen nach das Oberkommando; aber eine Einheit kam in die Handlungen nicht. Deßhalb trieben die Preußen, die in kaum halb so großer Anzahl ihnen gegen=

§ 86. Das Ende des Krieges und der Friede.

überstanden, die süddeutschen Heere von einem Punkte zum andern siegreich vor sich her, wie ihre Brüder die Oesterreicher in Böhmen. Bei Dermbach kam es am 4. Juli zuerst zu einem blutigen Zusammenstoße. Im Gefechte in und bei der Stadt Kissingen fand der ausgezeichnete baierische General von Zoller seinen Tod. Am 14. Juli eroberten die Preußen Aschaffenburg, was den feindlichen Oberfeldherrn so in Bestürzung setzte, daß er Frankfurt aufgab und sich mit der ganzen Armee nach dem Odenwald zurückzog. Der Bundestag verlegte zugleich seinen Sitz nach Augsburg. General von Falckenstein zog ohne Widerstand in die Bundesstadt ein, und nahm von ihr, wie von Nassau und Oberhessen, deren Fürsten ihr Land mittlerweile verlassen hatten, Besitz.

Oesterreichs Macht und Vertrauen war durch die Schlacht von Königgrätz tief erschüttert. Was that nun der Kaiser Franz Joseph? Er suchte Frankreich's Bundesgenossenschaft zu gewinnen, indem er Venetien an Napoleon abtrat. Anstatt ehrenvollen Frieden mit Preußen zu suchen, schämte er sich nicht, sich vor demjenigen zu demüthigen, dem er vor wenigen Jahren die schöne Lombardei hatte hingeben müssen. Wer noch Augen hatte zu sehen, der wußte jetzt, was Deutschland von Oesterreich zu erwarten hatte, das sich nicht scheute, den Erbfeind zur Demüthigung des übrigen Deutschlands anzurufen. Napoleon begnügte sich übrigens mit der Rolle eines Friedensstifters. Er wandte sich an die Könige von Preußen und Italien, um zunächst einen Waffenstillstand herbeizuführen. Preußen wollte sich in der Verfolgung der errungenen Vortheile nicht aufhalten lassen und lehnte einen Waffenstillstand ab, so lange nicht Oesterreich den Friedensbedingungen, die es stellen müsse, zustimme. Italien, das Oesterreich vom preußischen Bündnisse abwendig zu machen wähnte, indem es Venetien an Napoleon übergab, berief sich auf seine Verpflichtungen, die es nicht brechen könne. Während so, durch die Abgesandten Napoleons vermittelt, die Unterhandlungen für den Frieden vor sich gingen, ruhten auch die Waffen nicht. Den Oberbefehl über die gesammte österreichische Kriegsmacht übernahm am 13. Juli Erzherzog Albrecht, der einen Theil der Südarmee nach Wien geführt und hier mit dem Rest der Nordarmee vereinigt hatte. Noch gab es manche für die Preußen siegreiche Scharmützel, die unaufhaltsam vorwärts drangen. Als König Wilhelm sein Hauptquartier in dem kleinen Städtchen Nikolsburg in Mähren am 18. Juli aufschlug, waren Florisdorf und Preßburg die einzigen festen Stellungen, welche die Oesterreicher noch auf dem Nordufer der Donau inne hatten. Die preußischen Wachtfeuer leuchteten jetzt bis in die Hauptstadt Wien. Es konnte die Gemüther nicht aufrichten, daß um diese Zeit, wie die Truppen zu Lande über die Italiener, nun auch die österreichische Flotte unter dem Vice-Admiral Tegethoff in der Seeschlacht bei Lissa über die italienische siegte. Als am 22. Juli die Preußen unter den Generalen Fransecky und Bose Preßburg schon fast in ihrer Gewalt hatten, hemmte ein Parlamentär sie mitten im Siegeslauf durch die Nachricht, daß in Nikolsburg ein Waffenstillstand geschlossen sei. Am 23. August kam dann zu Prag der Friedensvertrag zu Stande. Oesterreich trat an Italien Venetien ab. Es erkannte die Auflösung des bisherigen deutschen Bundesverhältnisses an, ebenso die Errichtung eines neuen Bundes unter Preußens Führung nördlich vom Main. Es erklärte sich damit einverstanden, daß die süddeutschen Staaten einen Verband unter sich gründeten, dessen Verbindung mit dem norddeutschen Bunde besonderer Verständigung zwischen den beiden Staatengruppen überlassen bleiben sollte. Oesterreich verzichtete ferner auf sein Mitbesitzungsrecht auf Schleswig-Holstein, und hatte 20 Millionen Thaler Kriegsentschädigung an Preußen zu zahlen. Dagegen verpflichtete sich Preußen, Sachsen in seinem Bestande nicht zu schmälern, wenngleich es zum norddeutschen Bunde gehören sollte. Im Laufe desselben Monats schloß Preußen auch mit den einzelnen süddeutschen Staaten Frieden. Im allgemeinen bewies Preußen die Milde des Siegers. Am meisten mochte ein Umstand dazu beitragen, der erst be-

§ 86. Das Ende des Krieges und der Friede.

kannt wurde, als Preußen es angemessen fand, dem Ausland zu zeigen, daß unter gewissen Umständen ganz Deutschland zusammenstehe. Die süddeutschen Staaten nämlich verpflichteten sich in einem geheimen Vertrage, im Falle eines auswärtigen Krieges und sobald deutschem Gebiete Gefahr drohe, ihre Heere unter Preußens Führung zu stellen.

Wenn die äußeren Erfolge des denkwürdigen Krieges von 1866 für Preußens Größe alles Frühere übertrafen, so war sein Zuwachs an moralischer Bedeutung, an innerer Kraft und äußerer Geltung nicht minder groß. Preußen hatte sein gewaltiges Uebergewicht an nationaler und militärischer Macht über seinen alten deutschen Nebenbuhler in glänzender Weise dargethan. Es stand nun als alleinbestimmend in Deutschland da.

Aber auch im Innern ließen die wohlthätigen Folgen des großen Krieges nicht auf sich warten. Nun erst erkannte das Volk die wahren Ziele der Bismarck'schen Politik und als die Regierung der preußischen Volksvertretung die Hand zur Versöhnung reichte, die formelle Ungesetzlichkeit der bisherigen Finanzmaßregeln einräumte und um nachträgliche Genehmigung nachsuchte, wurde auch der langjährige beklagenswerthe Zwist zwischen Regierung und Volksvertretung zu Grabe getragen. Der preußische Landtag bewilligte die neue Heeresorganisation und beschloß die Einverleibung der neuerworbenen Länder in Preußen. So erwarb Preußen die Herzogthümer Schleswig-Holstein (Lauenburg war schon durch den Vertrag von Gastein preußisch geworden), das Königreich Hannover, das Kurfürstenthum Hessen, das Herzogthum Nassau und die freie Reichsstadt Frankfurt. Das Gebiet dieser letzteren wurde mit Hessen und Nassau zu der nunmehr preußischen Provinz Hessen-Nassau vereinigt.

Am 24. Februar 1867 trat dann der Reichstag des neuen norddeutschen Bundes in Berlin zusammen und nahm eine Verfassung an, die am 1. Juli desselben Jahres in Kraft trat. Auch wurden mit den norddeutschen Staaten die Zollverhältnisse neu geregelt und ein Zollparlament vereinigte die Vertreter von ganz Deutschland in Berlin zur Berathung der bezüglichen Fragen.

Aber auch für das besiegte Oesterreich hatte der Krieg heilsame Folgen gehabt. Kaiser Franz Joseph berief den protestantischen Grafen Beust (den früheren sächsischen Ministerpräsidenten) zu seinem ersten Rathgeber. Graf Beust wandte sich einem freisinnigeren Regierungssystem zu, brach die Fesseln des römischen Konkordates, das Oesterreich zu Grunde gerichtet hatte, verhalf den Evangelischen zu ihrem Rechte und brachte endlich einen Ausgleich mit Ungarn zu Stande, bei dem freilich der Schwerpunkt des Kaiserstaates nach Osten, d. h. nach Ungarn verlegt wurde.

§ 87. Der deutsch=französische Krieg und die Wiederaufrichtung des deutschen Reiches.

Mit wachsender Eifersucht blickte man in Frankreich auf die großartigen Erfolge der preußischen Waffen und auf das Erstarken des Staates, den man bisher in Europa kaum als Großmacht angesehen hatte. Man empfand die Siege der Preußen als eine Frankreich angethane Demüthigung um so mehr, als der Fehlschlag der mexikanischen Expedition die französische Eitelkeit schwer verletzt hatte. So entstand das Wort: „Vergeltung für Sadowa." Es drückt das Gefühl aus, das in erster Linie den deutsch=französischen Krieg herbeiführte.

Der scharfsinnige Napoleon III. hatte das sehr wohl erkannt, sich aber der Hoffnung hingegeben, er werde von dem Sieger ohne große Mühe eine Art Schadloshaltung für Frankreich erlangen können. Als sein Botschafter in Berlin aber darauf anspielte, erfuhr er eine scharfe Zurückweisung. Nicht ein Zollbreit deutschen Bodens wird je mit unserer Zustimmung abgetreten werden, erklärten König Wilhelm und sein Minister. Nun versuchte es der schlaue Franzose mit Luxemburg. Er wollte dem Könige von Holland dieses Land abkaufen und der war auch bereit. Aber Preußen, das die Festung Luxemburg besetzt hielt, wollte auch davon nichts wissen. Das war im Jahre 1867 und schon damals schien es zum Kriege kommen zu sollen. Auf einer zu London abgehaltenen Konferenz wurde der Streit noch einmal beigelegt.

§ 87. Der deutsch=französische Krieg ꝛc.

Preußen zog seine Besatzung aus Luxemburg, die Festungs=
werke wurden, so weit es anging, geschleift, das Ländchen selbst
wurde, wie die Schweiz, für neutral erklärt. Großherzog von
Luxemburg blieb aber der König von Holland und das Land
blieb auch im deutschen Zollverein.

Von da ab gewann in Frankreich die Kriegspartei immer
mehr die Oberhand. Der Kaiser Napoleon, körperlich schon
gebrochen, mußte ihr nachgeben. Nie ist freilich ein Krieg
leichtfertiger, grundloser und übereilter angefangen, als der
letzte Krieg Frankreichs gegen Deutschland. Noch am 30.
Juni 1870 hatte der französische Minister in der Kammer
erklärt, es sei am politischen Horizont nirgends eine Frage zu
erkennen, die eine Kriegsgefahr bergen könne, und schon am
19. Juli ließ Frankreich in Berlin den Krieg erklären. Den
Grund dazu mußten die spanischen Wirren hergeben. In
Spanien war nämlich die Königin Isabella vertrieben worden
und die dortigen Machthaber hatten dem Erbprinzen von
Hohenzollern die Krone angetragen. Obschon die preußische
Regierung nichts zu dieser Wahl gethan hatte, wurde ihr doch
zugemuthet, dieselbe zu verhindern, und als der Prinz von
Hohenzollern aus freien Stücken auf die spanische Krone
Verzicht leistete, verlangte der französische Botschafter Bene=
detti, der persönlich mit dem zur Brunnenkur in Ems weilen=
den Könige Wilhelm unterhandelte, der König solle eine Art
Entschuldigungsschreiben an den Kaiser Napoleon richten und
gleichzeitig versprechen, daß die Hohenzollernsche Thronkandi=
batur nie wieder aufgenommen werden solle. Auf diese un=
verschämte Zumuthung gab der König die in ganz Deutsch=
land mit Genugthuung aufgenommene Antwort. Er ließ
dem Grafen Benedetti durch seinen Flügeladjutanten sagen:
Er habe ihm nichts weiter mitzutheilen.
Das war am 13. Juli. Am 15. Juli kehrte der König von
Preußen nach Berlin zurück, wo er, wie auf der ganzen Reise
dorthin mit Begeisterung empfangen wurde. Um dieselbe
Zeit verkündigte der Ministerpräsident Ollivier unter Ver=
drehung von Thatsachen (er gab ein Berliner Zeitungstele=
gramm für eine Note der preußischen Regierung aus) die
Kriegserklärung an Preußen. Die Kammer jubelte ihm zu,
nur einige wenige Stimmen erhoben sich gegen den Krieg

oder fanden, wie die Abgeordneten Thiers, Gambetta, Favre, Grévy u. A., den Grund zum Kriege schlecht gewählt.

König Wilhelm hatte inzwischen unmittelbar bei seiner Ankunft in Berlin die Mobilmachung der ganzen Armee befohlen und den Reichstag des norddeutschen Bundes auf den 19. Juli nach Berlin berufen. In der Thronrede, mit welcher er den Reichstag eröffnete, erklärte der König, die Regierung des Kaisers der Franzosen habe in einer dem diplomatischen Verkehr seit langer Zeit unbekannten Weise den Kriegsfall gestellt und fuhr dann fort: „Hat Deutschland derartige Vergewaltigungen seines Rechts und seiner Ehre in früheren Jahrhunderten schweigend ertragen, so ertrug es sie nur, weil es in seiner Zerrissenheit nicht wußte, wie stark es war. Heut, wo das Band geistiger und rechtlicher Einigung, welches die Befreiungskriege zu knüpfen begonnen, die deutschen Stämme je länger, desto inniger verbindet; heut, wo Deutschlands Rüstung dem Feinde keine Oeffnung mehr bietet, trägt Deutschland in sich selbst den Willen und die Kraft der Abwehr erneuter französischer Gewaltthat.... Wir werden nach dem Beispiele unserer Väter für unsere Freiheit und für unser Recht gegen die Gewaltthat fremder Eroberer kämpfen und in diesem Kampf, in dem wir kein anderes Ziel verfolgen, als den Frieden Europas dauernd zu sichern, wird Gott mit uns sein, wie er mit unseren Vätern war."

Diese Worte des preußischen Königs zündeten in ganz Deutschland. In der Antwort-Adresse des Reichstages hieß es mit Recht: „Mit freudigem Stolze erfüllt die Nation der sittliche Ernst und die hohe Würde, mit welcher Ew. Majestät die unerhörte Zumuthung des Feindes zurückgewiesen, der uns zu demüthigen gedachte, jetzt aber unter schlecht ersonnenen Vorwänden das Vaterland mit Krieg überzieht.... Wir vertrauen auf Gott, dessen Gericht den blutigen Frevel straft."

So stand man denn vor der großen Entscheidung. Groß war der Jubel, als die süddeutschen Fürsten — allen voran der junge König von Bayern — und die Volksvertretungen trotz aller Verlockungen, mit denen Frankreich ihnen nahte, für die nationale Sache sich entschieden und ihre Truppen unter den Oberbefehl des Königs von Preußen stellten. Die lebendigste Begeisterung für die Vertheidigung des Vaterlandes entflammte alle Stämme, alle Stände, alle Bekenntnisse, alle Geschlechter, alle Lebensalter in Deutschland. Alles eilte zu den Fahnen. Die Frauen und Mädchen bildeten Vereine zur Pflege der Verwundeten, die Männer und Greise, die nicht ins Feld ziehen konnten, traten zusammen, um die Soldaten mit dem Nöthigen zu versorgen. Von überall her, wo Deutsche wohnten, ganz besonders aber aus den Vereinigten Staaten von Nordamerika lief Geld ein. Es war eine Zeit, da auch der Gleichgültigste mit Stolz sich einen Deutschen nannte, eine Zeit wie die Befreiungskriege von 1813 und 1814, deren Gedächtniß auch durch die erneute Stiftung des eisernen Kreuzes als Ehrenzeichen in dem neuen deutschen Unabhängigkeitskriege gegen Frankreich wachgerufen wurde. Am 27. Juli sammelte sich Alles zu einem allgemeinen Landesbettag, um den Sieg für die deutschen Waffen zu erflehen. In dem Erlaß, durch welchen dieser Bettag angeordnet wurde, hatte der König von Preußen hervorgehoben, wie beruhigend es ihm sei, zu dem Kriege keine Veranlassung gegeben zu haben. „Ich ziehe zum Kampf hinaus," sagte er, „im Aufblick zu dem allwissenden Gott und mit Anrufung seines allmächtigen Beistandes in der freudigen Zuversicht, daß Gott der gerechten Sache den Sieg verleihen werde. Von Jugend an habe ich vertrauen gelernt, daß an Gottes gnädiger Hülfe alles gelegen ist. Auf ihn hoffe ich, und fordere mein Volk auf zu gleichem Vertrauen. Ich beuge mich vor Gott in Erkenntniß seiner Barmherzigkeit und bin gewiß, daß meine Landsleute es mit mir thun."

Inzwischen hatten sich die Heere an den Grenzen gesammelt. Kaiser Napoleon hatte am 28. Juli in Metz den Befehl über die französischen Streitkräfte übernommen, deren Hauptmacht bei Metz vereinigt war, während MacMahon mit einem starken Heere die Vogesenpässe deckte. König Wilhelm traf am 1. August in Mainz ein. Ihn begleiteten der Bundeskanzler Graf Bismarck, General von Moltke als Chef des Stabes und der Kriegsminister von Roon. Das deutsche Heer, über welches der König den Oberbefehl übernahm, war in drei Armeen eingetheilt. Die erste Armee unter dem General von Steinmetz sammelte sich etwa bei

Trier, die zweite unter dem preußischen Prinzen Friedrich Karl marschirte in der bayerischen Rheinpfalz auf, und an sie schloß sich südlich die dritte Armee unter dem Kronprinzen von Preußen an, zu der auch die süddeutschen Truppen gehörten. Da man bei Beginn des Krieges nicht nur Oesterreich und Dänemark mißtraute, sondern auch eine Landung französischer Truppen an den Küsten der Nordsee oder der Ostsee für möglich hielt, so blieben mehrere Armeekorps vorerst noch in der Heimat. Sie folgten aber bald der großen Armee nach Frankreich und der Schutz der deutschen Küsten wurde Landwehrtruppen anvertraut, die unter dem Befehl des energischen Generals Vogel von Falkenstein traten.

Der erste Zusammenstoß der feindlichen Heere erfolgte bei S a a r b r ü c k e n. Dort hielten ein preußisches Ulanen-Regiment und einige Kompagnien Füsiliere die Grenzwacht. Sie wurden am 2. August durch drei französische Divisionen unter dem General Frossard angegriffen und zogen sich natürlich bald zurück. Frossard besetzte hierauf Saarbrücken und die französischen Zeitungen verkündeten in der lächerlichsten Uebertreibung einen entscheidenden Sieg der französischen Armee. Kaiser Napoleon, der persönlich dem Gefecht beigewohnt hatte, machte sich ebenfalls durch ein schwülstiges Telegramm an die Kaiserin lächerlich.

Inzwischen hatte sich der Aufmarsch der deutschen Heere mit bewunderungswürdiger Ordnung und Sicherheit vollzogen und der Einmarsch in Frankreich begann. Der erste Schlag fiel bei der Armee des Kronprinzen, indem am 4. August die französische Division Douay bei W e i ß e n b u r g angegriffen und nach tapferem Widerstande (namentlich um den Geißberg wurde hart gestritten) in die Flucht geschlagen wurde. General Douay selbst fiel. Preußen und Bayern hatten hier zum erstenmale wieder nebeneinander gekämpft. Zwei Tage darauf, am 6. August, griff der Kronprinz die in einer starken Stellung bei W ö r t h stehende Armee des Marschalls MacMahon an und erfocht einen glänzenden Sieg. MacMahons Rückzug artete in wilde Flucht aus und das Elsaß stand dem Sieger offen, der einen Theil seiner Truppen — u. a. die Badenser — zur Belagerung von Straßburg entsandte, während er mit dem andern MacMahon

§ 87. Der deutsch-französische Krieg ꝛc.

durch die Vogesenpässe folgte. Aber auch auf dem rechten Flügel der deutschen Aufstellung war es am 6. August zu einem blutigen Kampfe gekommen. Einzelne Abtheilungen der 1. und der 2. Armee waren bei Saarbrücken auf den Feind gestoßen. Der Kanonendonner zog weitere Truppen auf das Gefechtsfeld und schließlich führte der Drang der deutschen Regimenter, an den Feind zu kommen, zu einer der blutigsten Schlachten des ganzen Krieges. Unter großen Opfern stürmten die Preußen die Spicherer Berge und trieben endlich die Franzosen bis nach Forbach zurück. Die Verluste waren auf beiden Seiten groß. Auf deutscher Seite fiel der tapfere General von Francois, als er seine Bataillone zum Sturm gegen die Spicherer Höhen führte.

So waren die beiden Flügel der französischen Armee geschlagen und Kaiser Napoleon befahl den Rückzug an die Mosel. Dieser Rückzug brachte unter den eitlen und leichtsinnigen, sich für unbesieglich haltenden Franzosen eine furchtbare Aufregung hervor. In Paris kam es zu wüthenden Kundgebungen und die öffentliche Meinung zwang den Kaiser, den Oberbefehl niederzulegen. Marschall Bazaine, der von Mexiko her als ein rücksichtsloser und tapferer Soldat bekannt war, wurde Oberbefehlshaber und beschloß die Armee um Metz zusammenzuziehen, dann aber mit derselben den Rückzug über Verdun auf Chalons anzutreten, wo er die MacMahonsche Armee zu finden hoffte. Ein heftiges Gefecht, das die Nachhut der Bazaineschen Armee am 14. August bei Courcelles gegen einen Theil der 1. deutschen Armee zu bestehen hatte, verzögerte diesen Rückmarsch und als das französische Heer endlich am 16. August den Rückmarsch westlich von Metz antrat, war ein Theil der Armee des Prinzen Friedrich Karl schon südlich der Festung bei Pont à Mousson über die Mosel gegangen und griff die Franzosen bei Vionville und Mars la Tour an. In heldenmüthiger Ausdauer und unter furchtbaren Verlusten hielt namentlich das brandenburgische Armeekorps gegen die Uebermacht Stand, wobei es von der preußischen Kavallerie glänzend unterstützt wurde. Am folgenden Tage wurden die übrigen Korps der 2. Armee herangezogen und am 18. August wurde Bazaine abermals angegriffen. In der sich

hierbei entspinnenden, nach dem Orte Gravelotte ge=
nannten Schlacht führte König Wilhelm persönlich den Ober=
befehl. Lange schwankte der Kampf. Auf dem rechten Flü=
gel, wo der König selbst anwesend war, schien die Schlacht
schon verloren, als mit Einbruch der Dunkelheit, von Moltke
persönlich geführt, das pommersche Armeekorps noch herankam
und einen entscheidenden Stoß gegen den Feind führte. So
schien es, wie gesagt, auf diesem Theile des Schlachtfeldes.
In Wahrheit war die Entscheidung auf dem rechten Flügel
der französischen Schlachtordnung gefallen, wo die preußischen
Garden und die Sachsen unter ungeheuren Verlusten das
Dorf St. Privat erstürmt hatten. Bazaine war auf
Metz zurückgeworfen und von Paris vollständig abgeschnitten.

Die Deutschen nutzten ihren Sieg schnell aus. Von den
Streitkräften, die bei Metz gefochten hatten, wurden drei
Armeekorps ausgeschieden und unter der Bezeichnung Maas=
Armee unter den Befehl des Kronprinzen Albert von Sachsen
gestellt. Diese Armee setzte sich sofort nach Westen in Be=
wegung, um vereint mit der des preußischen Kronprinzen (die
während der Schlachttage von Metz bei Nancy gestanden
hatte) auf Paris zu marschiren. Prinz Friedrich Karl aber
übernahm den Befehl über die 1. und 2. Armee und schloß
mit diesen Metz vollständig ein.

Die auf Paris marschirenden Armeen mußten erwarten, die
inzwischen durch Reservetruppen erheblich verstärkte Armee
des Marschalls MacMahon in der Gegend von Chalons zu
treffen. Aber die vor den deutschen Heersäulen streifende
Kavallerie fand das berühmte Lager von Chalons verlassen.
Der Feind schien nach Norden ausgewichen zu sein. So war
es in der That. MacMahon hatte die Hauptstadt decken
wollen, war aber von der Pariser Regierung gedrängt wor=
den, etwas zum Entsatz von Bazaine zu unternehmen und
hatte sich endlich entschlossen, umzukehren, um längs der belgi=
schen Grenze Metz zu erreichen. Der Plan war kühn, konnte aber
nur gelingen, wenn die deutschen Armeen ihn nicht entdeckten
und den Vormarsch auf Paris fortsetzten. Aber er wurde
entdeckt und damit war das Schicksal der MacMahonschen
Armee besiegelt. In einem unter schwierigen Umständen
meisterhaft ausgeführten Flankenmarsch kamen die deutschen

§ 87. Der deutsch-französische Krieg ꝛc.

Heere MacMahon zuvor, die Maas-Armee lieferte ihm am 30. August bei Beaumont eine siegreiche Schlacht und als der französische Marschall zögerte, den Kopf aus der Schlinge zu ziehen, wurde er am 1. September von den Deutschen angegriffen, eingeschlossen und unter großen Verlusten in die kleine Festung Sedan geworfen. Es war einer der glänzendsten Siege aller Zeiten und unbeschreiblich war der Jubel der deutschen Krieger, als am Abend des Schlachttages ein Adjutant Napoleons beim Könige Wilhelm eintraf und diesem meldete, daß der stolze Franzosenkaiser sich dem Sieger gefangen gebe. „Welche Wendung durch Gottes Fügung!" so telegraphirte der König an die Königin nach Berlin, und dieses Gefühl innigen Dankes und hoher Freude ging durch die ganze deutsche Armee in Frankreich und durch das ganze Volk daheim. Am 2. September schlossen Bismarck und Moltke mit dem französischen General Wimpffen, der an des verwundeten MacMahon Stelle den Oberbefehl übernommen hatte, die Kapitulation der französischen Armee ab. 83,000 Mann wurden kriegsgefangen, an 500 Geschütze und über 10,000 Pferde fielen dem Sieger zur Beute. Kaiser Napoleon, der am 2. September eine kurze Zusammenkunft mit dem Könige von Preußen hatte, wurde als Kriegsgefangener nach dem Schlosse Wilhelmshöhe bei Kassel geschickt. Er hat Frankreich nicht wieder gesehen.

Die Hoffnung, daß der entscheidende Sieg von Sedan den Krieg beenden werde, ging nicht in Erfüllung. In Paris brach zwar auf die Nachricht von der Kapitulation von Sedan der morsche Kaiserthron zusammen, die Kaiserin mußte nach England flüchten und am 4. September wurde die Republik verkündet, aber die Regierung der nationalen Vertheidigung, deren Seele Gambetta und Jules Favre waren, beschloß den Krieg fortzusetzen und nicht Frieden zu schließen so lange noch ein deutscher Soldat auf französischem Boden stehe.

So setzten denn die deutschen Armeen ihren Marsch auf Paris wieder fort. Schon am 20. September war die französische Hauptstadt von allen Seiten eingeschlossen. König Wilhelm nahm sein Hauptquartier in Versailles. Am 27. September ergab sich endlich Straßburg und am 27. Oktober mußte die ganze Bazainesche Armee vor Metz die

Waffen strecken. 173,000 Mann, 3 Marschälle von Frankreich und 6,000 Offiziere wurden kriegsgefangen. An 60 Adler und Fahnen, 600 Feldgeschütze und Mitrailleusen, 800 Festungskanonen und 300,000 Gewehre wurden mit der stolzen Moselfestung dem Sieger übergeben.

Durch den Fall von Metz wurde die Armee des Prinzen Friedrich Karl zur Verwendung im Felde frei. Zur rechten Zeit. Denn durch die außerordentliche Thatkraft Gambettas, der Paris in einem Luftballon verlassen hatte und in den nicht von den Deutschen besetzten Landestheilen als Diktator schaltete, waren neue französische Armeen entstanden und suchten vom Norden wie vom Süden her gegen Paris vorzudringen. Im Süden hatte sogar der bayerische General v. d. Tann **Orleans** vor der andringenden Armee des Generals Aurelles de Paladine wieder räumen müssen. Gegen diese Armee wandten sich nun der Prinz Friedrich Karl und eine unter den Befehl des Großherzogs von Mecklenburg gestellte Armee-Abtheilung, während die nördlich von Paris der Belagerungsarmee den Rücken deckenden Streitkräfte unter das Kommando des Generals von Manteuffel traten. Prinz Friedrich Karl besetzte **Orleans** wieder, drang bis Blois und Tours vor und schlug endlich die französische Armee in einer entscheidenden Schlacht bei **Le Mans** am 13. Januar. Im Norden besetzte Manteuffel **Amiens** und **Dieppe** und siegte am 23. December an der **Hallue**. Als er später auf den südlichen Kriegsschauplatz gerufen wurde, übernahm General von Göben den Oberbefehl und erfocht am 18. und 19. Januar bei **St. Quentin** einen glänzenden Sieg über den französischen General Faidherbe.

So waren denn alle Anstrengungen der französischen Heere, Paris zu entsetzen, gescheitert und da auch alle Versuche der in Paris eingeschlossenen Armee, den Ring, den die Deutschen um die französische Hauptstadt gezogen, zu durchbrechen, fehlschlugen, während in Paris selbst Hungersnoth herrschte und die Bevölkerung selbst zu Rattenfleisch ihre Zuflucht nehmen mußte, kam endlich am 28. Januar zu Versailles ein Waffenstillstand zu Stande. Paris zahlte eine Kontribution von 200 Millionen Francs, durfte sich aber verproviantiren. Ausgeschlossen von dem Waffenstillstand blieb nur der Südosten Frankreichs, wo nach der Einnahme von Straßburg um den Besitz der wichtigen Festung Belfort ein heißer Kampf entbrannt war.

Dort kommandirte auf deutscher Seite der tapfere General von Werder. Er verfügte aber nur über eine verhältnißmäßig schwache Armee und mußte sein Hauptaugenmerk auf die von den Franzosen trefflich vertheidigte Felsenfestung Belfort richten. Gegen ihn standen u. a. auch die Freischaaren im Felde, welche der alte Garibaldi in Italien und Südfrankreich geworben hatte. Sehr schwierig aber wurde Werders Lage, als der unermüdliche Gambetta, der erst von Tours, dann von Bordeaux aus die Vertheidigung Frankreichs leitete, einer Armee, die sich unter dem General Bourbaki an der Loire gebildet hatte, den Befehl gab, Belfort zu entsetzen und von dort aus die Verbindungen der deutschen Heere zu bedrohen oder gar in Süddeutschland einzubrechen. Die Bewegungen Bourbakis wurden zwar von der deutschen Heeresleitung schnell erkannt und General Manteuffel erhielt den Befehl über eine Armee, die von Norden her gegen Bourbaki vorgehen sollte, ehe diese aber eingreifen konnte, griff Bourbaki mit unendlich überlegenen Kräften die kleine Armee des Generals Werder an. An der Lisaine kam es zu einer dreitägigen blutigen Schlacht. Die Deutschen, die im Rücken auch durch die Besatzung von Belfort bedroht wurden, fochten mit unvergleichlichem Heldenmuth. Nirgends vermochte Bourbaki ihre Stellen zu durchbrechen und am Abend des dritten Schlachttages mußten die Franzosen den Rückzug antreten. Gern hätte sich nun Bourbaki mit dem bei Dijon stehenden Garibaldi vereinigt, aber dazu war es schon zu spät, die Armee Manteuffels war inzwischen herangekommen und trieb alles vor sich her, was sich ihr entgegenstellte. So blieb denn, nachdem Bourbaki einen Selbstmordversuch gemacht hatte, dem französischen General Clinchant nur die Wahl, vor den Deutschen die Waffen zu strecken oder mit den Trümmern seiner Armee in der Schweiz eine Zuflucht zu suchen. Er wählte den letzteren Ausweg und am 1. Februar traten 80,000 Franzosen nach der Schweiz über, wo sie natürlich von den Truppen der Eidgenossenschaft sofort entwaffnet wurden. Belfort kapitulirte und der Waffenstillstand trat nun für ganz Frankreich in Kraft.

Bald darauf trat in Bordeaux die von den französischen Machthabern einberufene Nationalversammlung zusammen und ernannte Herrn Thiers zum Chef der Executivgewalt. Dieser schloß endlich mit dem Grafen Bismarck am 26. Februar einen Präliminarfrieden ab. Frankreich trat ganz Elsaß, mit Ausnahme von Belfort und einen Theil von Lothringen mit Metz und Diedenhofen an Deutschland ab und verpflichtete sich zur Zahlung von fünf Milliarden Francs Kriegsentschädigung. Bis zur Zahlung dieser Summe sollten deutsche Truppen einen Theil des Landes besetzt halten. Am 1. März zogen 30,000 Mann deutsche Truppen in Paris ein, räumten aber die Stadt schon am 3. wieder, nachdem die Nationalversammlung von Bordeaux die deutschen Friedensbedingungen angenommen hatte.

So war nach siebenmonatlichem gewaltigen Ringen der Kampf beendet. Unter schweren Opfern freilich, und auf den Siegesjubel des deutschen Volkes warf die Trauer um die Gefallenen ihre tiefen Schatten. Aber der Uebermuth des Erbfeindes, der Deutschland in den letzten Jahrhunderten unzählige Male mit Krieg überzogen hatte, war gezüchtigt; Straßburg, dem deutschen Reiche zur Zeit der tiefsten Erniedrigung entrissen, war wieder deutsch geworden; die höchste Errungenschaft des gewaltigen Kampfes war indessen **die Einigung Deutschlands, die Wiederaufrichtung des deutschen Reiches**. Vorüber war die traurige Zeit der Zerrissenheit und der daraus sich ergebenden Ohnmacht, die Zeit, da Deutschland stets die leichte Beute des Auslandes wurde, weil dieses Ausland allemal in Deutschland selbst Bundesgenossen gegen Deutsche gefunden hatte. Was die Besten der Nation erstrebt, nun stand es da vor aller Welt Augen: **Ein einiges Deutschland** und bis in die letzte Hütte drang das Wort des Dichters:

>Nun laßt die Glocken von Thurm zu Thurm
>Durchs Land frohlocken mit Jubelsturm!
>Des Flammenstoßes Geleucht facht an!
>Der Herr hat Großes an uns gethan.
>Ehre sei Gott in der Höhe!

Der glorreiche Krieg verwischte die Mainlinie. Wieder war es der durch und durch deutschgesinnte König von Bayern, der mit dem Beispiele voranging. Schon im September hatte er seinen Beitritt zum norddeutschen Bunde erklärt. Dann beantragte er die Wiederherstellung des deutschen Reiches unter einem Kaiser und nachdem auch eine Deputation des norddeutschen Reichstages den König von Preußen um die Annahme der Kaiserwürde gebeten, war am 18. Januar 1871 König Wilhelm I. von Preußen im Schlosse zu Versailles feierlich zum deutschen Kaiser ausgerufen worden. Nach der Rückkehr des Kaisers nach Berlin trat dann dort der erste deutsche Reichstag zusammen, um die Verfassung des neuen Reiches zu berathen.

Am 10. Mai schloß der inzwischen zum Fürsten ernannte deutsche Reichskanzler mit Herrn Jules Favre den endgültigen Frieden in Frankfurt a. Main, worauf die französischen Gefangenen, deren sich mehr als 500,000 in Deutschland befanden, in ihre Heimath zurückkehrten. Am 16. Juni aber erfolgte der feierliche Einzug der siegreichen Truppen, bei dem das ganze deutsche Heer durch Abordnungen vertreten war, in Berlin, die neue Reichshauptstadt. Am 18. Juni endlich wurde ein allgemeines Friedens- und Dankfest gefeiert zum Lobe Gottes, dessen große Barmherzigkeit weit über Bitten und Verstehen gegeben hatte, was die Väter erhofft und erstrebt, wonach sie in vielen heißen Kämpfen Jahrhunderte lang gerungen: **ein wieder geeintes, großes, deutsches Vaterland, ein Bollwerk des Friedens, ein Hort der Freiheit und des Rechtes.**

Und so bleib' es in alle Zeit. Möge die **deutsche Weltgeschichtsperiode**, die mit der Wiederaufrichtung des Reiches am 18. Januar 1871 begonnen hat, bis in die fernsten Zeiten dauern, der Menschheit zum Segen. Denn ein mächtiges Deutschland ist die sicherste Gewährleistung für den Frieden.

Das niedergeworfene Frankreich hatte nach dem Friedensschluß noch schwere Kämpfe durchzumachen. Von den Kommunisten angefacht, brach am 18. März 1871 ein blutiger Aufstand in Paris aus. Der entfesselte Pöbel beging die entsetzlichsten Ausschreitungen, mordete den Erzbischof und andere hervorragende Personen und brannte die prächtigsten öffentlichen Gebäude, u. a. das Tuilerienschloß, nieder. Erst am 22. Mai vermochten die der Regierung treu gebliebenen Truppen in die Stadt einzudringen. Ein mehrtägiger Straßenkampf, bei dem auch auf Seiten der Truppen viele Grausamkeiten begangen wurden, machte endlich der Kommune ein Ende. Zahlreiche Hinrichtungen und Verurtheilungen folgten. Erst nach längerer Zeit gelang es der Klugheit des alten Thiers, der zum Präsidenten der neuen Republik gewählt worden war, dem Lande die Ruhe wiederzugeben.

Kaiser Napoleon III., der sich nach Beendigung seiner Gefangenschaft auf Wilhelmshöhe nach England begeben hatte, starb dort am 9. Januar 1873.

§ 88. Die Kämpfe wider die Uebergriffe Roms und die Umsturzparteien.

Kämpfe gegen zwei mächtige innere Feinde sind es, die den Jahren, welche der Wiederaufrichtung des deutschen Reiches gefolgt sind, ihren Stempel aufgedrückt haben, die Kämpfe gegen das römische Papstthum und gegen die Parteien, die, unter verschiedenen Namen in den einzelnen Ländern auftretend, den Umsturz des Bestehenden auf ihre Fahnen geschrieben haben.

Der vollständig unter dem Einflusse der Jesuiten stehende Papst Pius IX. trachtete, als er durch die nationale Einigung Italiens seine äußere Herrschermacht im Kirchenstaate verloren hatte, darnach, durch kirchliche Verordnungen und Glaubenssätze eine um so größere geistige Herrschaft über die Gemüther zu gewinnen. Schon im Jahre 1854 hatte er das Dogma von der unbefleckten Empfängniß verkündet, dann erschien 1864 die berühmte päpstliche Encyklika mit dem Syllabus, worin alle jetzt ziemlich allgemein anerkannten Meinungen der Gegenwart über das Verhältniß von Kirche und Staat, Wissenschaft und Kultur, Duldsamkeit und Gewissensfreiheit verdammt und verworfen, dafür aber die Rückkehr zu den Grundsätzen der mittelalterlichen Priesterherrschaft

§ 88. Die Kämpfe gegen die Uebergriffe Roms ꝛc.

und des Aberglaubens erstrebt wurde. Abergläubische Wundersucht in Frankreich, Belgien und Deutschland, Muttergotteserscheinungen, Heiligenverehrung, Herz-Jesu-Kultus, Beförderung des Klosterwesens, Beherrschung der Gemüther durch katholische Zeitungen, ultramontane Gesellschaften und Vereine und Aufhetzerei gegen die Evangelischen hingen damit zusammen und hatten einen Zustand in Deutschland und seinen Nachbarländern geschaffen, der alles staatliche und nationale Leben, sowie den Frieden der Bekenntnisse ernstlich gefährdete. Die Maßregeln des Papstes und der ultramontanen Partei erreichten ihren Gipfel in der Verkündigung des Dogmas von der **Unfehlbarkeit des Papstes**. Und es war durchaus nicht etwa Zufall, daß die französische Kriegserklärung mit der Verkündigung dieses Dogmas zusammenfiel.

Das vom Papst nach Rom einberufene Konzil trat am 8. Dezember 1869 dort zusammen. Trotz des Protestes von 80 Bischöfen, worunter die deutschen, erklärte die Majorität der Versammlung, in der die kleinen italienischen Titularbischöfe überwogen, am 18. Juli 1870 den Papst für unfehlbar. Und nun erlebte die Welt das sonderbare Schauspiel, daß die deutschen Bischöfe, die mannhaft gegen den Unfehlbarkeitsschwindel gekämpft hatten, nach Verkündigung des Dogmas zu Kreuze krochen und charakterlos genug waren, sich zur Verfolgung, Absetzung und Exkommunikation von Geistlichen gebrauchen zu lassen, die es wagten, gegen das Dogma, als der Lehre der alten katholischen Kirche widersprechend, aufzutreten. Damals bildeten sich, namentlich auf Veranlassung des Münchener Stiftspropstes und Universitätslehrers Döllinger, in Deutschland sogenannte altkatholische Gemeinden, die sogar im Sommer 1872 auf einer zu Bonn abgehaltenen Synode einen eigenen Bischoff (Reinkens) wählten, es aber doch zu keinem rechten kirchlichen Leben zu bringen vermochten.

Namentlich für Preußen und das neue deutsche Reich, dessen Begründung unter der Führung eines protestantischen Kaisers die von den Jesuiten geleitete ultramontane Partei von Anfang an scheel angesehen hatte, ergab sich nun die dringende Nothwendigkeit, die römischen Uebergriffe mit Entschiedenheit abzuwehren. Denn die Päpstlichen stellten dem deutschen

Reiche die Zumuthung, die Weltmacht des Papstes — Rom war bald nach der Schlacht von Sedan von den Truppen des Königs von Italien in Besitz genommen worden — wieder aufzurichten, bildeten eine festgeschlossene katholische Partei im Reichstage und im preußischen Landtage und verlangten die verfassungsmäßige Verbürgung eines absolut freien Vorgehens der römischen Kirche nicht nur in allen kirchlichen, sondern auch in allen, das Verhältniß der Kirche zum Staat betreffenden Fragen, in Ehesachen, Schulangelegenheiten, interkonfessionellen Beziehungen u. s. w. Unter diesen Umständen erfolgten in den nächsten Jahren eine ganze Reihe von kirchenpolitischen Gesetzen, von denen hier besonders das Gesetz, welches die Ausweisung der Jesuiten verfügt, der Ordensgenossenschaft also, welcher Europa all das Elend des römischen Unwesens zu verdanken hat, genannt werden mag.

Der katholische Klerus, die Bischöfe an der Spitze, trat nun in entschiedene Opposition gegen die neuen Gesetze und die Kämpfe, die darüber in den Volksvertretungen und außerhalb derselben geführt wurden, sind unter dem Sammelnamen „Kulturkampf" weltberühmt geworden. Die preußische Regierung ging mit großer Entschiedenheit vor, ließ widerspenstige Geistliche verhaften, setzte die renitenten Bischöfe ab u. s. w. Merkwürdig war dabei, daß die römische Kirche sich in Oesterreich, Baden, Württemberg u. s. w. ganz ähnlichen, zum Theil sogar weit strengeren Gesetzen willig unterwarf und daß nur in Preußen der katholische Klerus der neuen Ordnung des Verhältnisses zwischen Staat und Kirche beharrlichen Widerstand entgegensetzte. Das gab zu vielfacher Verwirrung und Erbitterung Veranlassung. Denn in vielen katholischen Gemeinden waren keine Geistlichen, indem die Bischöfe der gesetzlichen Anzeigepflicht von der Ernennung derselben nicht nachkommen wollten. Erst als Papst Pius IX. am 7. Februar 1878 starb und Kardinal Pecci als Leo XIII. am 20. Februar sein Nachfolger wurde, begann römischerseits eine etwas freundlichere Auffassung des Verhältnisses zu Preußen. Es begannen Verhandlungen, die zwar zunächst keinen Erfolg hatten, da der Papst durch die Jesuitenpartei zu Rom behindert und bedroht war, die aber doch später — der preußische Kultusminister Falk war in-

§ 88. Die Kämpfe gegen die Uebergriffe Roms ꝛc.

zwischen erst durch den Minister v. Puttkamer, dann durch den Minister von Goßler ersetzt worden — zu einer Art Verständigung führten. Preußen behielt zwar die Gesetze, welche das Verhältniß der Kirche zum Staate regeln, bei, hob aber die sogenannten Kampfgesetze (Gesetze, die nur erlassen waren, um den Widerstand der römischen Geistlichen zu brechen) auf und begnadigte auch mehrere der früher abgesetzten Bischöfe. Bei einem Besuche, den der deutsche Kronprinz im Spätherbst 1883 am italienischen Hofe machte, stattete er auch dem Papste einen Besuch ab.

Die ultramontane Partei in Deutschland behielt leider ihre antinationale Gesinnung bei. Am deutlichsten trat das zu Tage, als am 15. Oktober 1880 die glückliche Vollendung des Kölner Domes im Beisein des Kaisers und fast aller deutschen Fürsten durch ein glänzendes nationales Fest gefeiert wurde. Wo Deutsche wohnten, freute man sich dieses Ereignisses als eines Symbols der Wiederherstellung der deutschen Reichseinheit, nur die ultramontane Partei hielt sich fern. Die Enthüllung eines großartigen Standbildes der Germania, das, eine Erinnerung an die glückliche Wiedervereinigung der deutschen Stämme, auf dem Niederwald bei Rüdesheim sich erhebt, fand die Gegensätze schon einigermaßen vermindert. Um so heftiger wurde aber von Rom aus gehetzt, als die deutschen Protestanten auf der ganzen Erde am 10. November 1883 den vierhundertjährigen Geburtstag des großen Reformators Dr. Martin Luther in glänzender Weise feierten.

Zu der Zeit, als in Preußen der Kampf der Staatsgewalt gegen das Ueberwuchern der antinationalen römischen Einflüsse begann, lag in **Frankreich** die Regierung noch unter dem Banne derselben. Es gelang nämlich dort, im Mai 1873 den tüchtigen Präsidenten Thiers zu stürzen, der am 2. September 1877, allgemein geachtet, als Privatmann starb. Marschall MacMahon ward auf sieben Jahre an seine Stelle gewählt. Unter ihm wurde die ultramontane Partei in jeder Weise begünstigt. Namentlich auch durch das Gesetz über die sogenannte Freiheit des höheren Unterrichtswesens, welches dasselbe in die Hände der Bischöfe legte, während Aberglaube, Wundersucht, Klosterwesen und Geistesknechtschaft in Frankreich sehr zunahmen. Aber die Mehrheit des Volkes ward endlich der Sache überdrüssig und die Neuwahlen zur Nationalversammlung im Jahre 1876 fielen so sehr zu Gunsten der wirklichen Republikaner und zu Ungunsten der Klerikalen, Legitimisten, Orleanisten und Bonapartisten aus, daß MacMahon sich genöthigt sah, sein Ministerium zu wechseln. MacMahon machte zwar nochmals den Versuch, wieder in die alten Bahnen einzulenken und er selbst ist wohl der Wiederherstellung des Königthums geneigt gewesen, aber die Republikaner, die von Gambetta geführt wurden, vereitelten jeden darauf zielenden Versuch und so legte denn auch MacMahon am 30. Jan. 1879 das Präsidentenamt nieder. Ohne alle Aufregung wurde nun Herr Grévy, der bisherige Präsident der Deputirtenkammer zum Präsidenten der Republik gewählt. Unter seiner Verwaltung kam es bald zu einem Kulturkampf gegen die ultramontane Partei, der noch heftiger war als der in Preußen. Im März 1880 wurden Gesetze, besonders gegen die massenhaft in Frankreich bestehenden und den Unterricht der Jugend leitenden Klöster erlassen, deren Durchführung zu allerlei aufregenden Scenen Veranlassung gab. Die Mönche wichen meist nur der Gewalt und ihre Anhänger veranlaßten bei ihrer Vertreibung allerhand lärmende Auftritte. Gambetta wurde Präsident der Kammer und sah sich später auch genöthigt, an die Spitze des Ministeriums zu treten. Er vermochte aber in dieser Stellung die etwas hochgeschraubten Erwartungen nicht zu erfüllen, die man in Frankreich auf ihn gesetzt hatte und trat nach wenigen Monaten schon zurück. Ende 1882 starb er ganz plötzlich an den Folgen einer Schußwunde, die er sich beim unvorsichtigen Umgehen mit einem Revolver zugezogen haben sollte. Nach einer anderen Nachricht, die vielfach Glauben fand, wurde er von einer Frau, mit der er in einem unsittlichen Verhältnisse lebte, bei Gelegenheit eines Streites verwundet. Im Tode vorangegangen war Herrn Gambetta, den man im Scherz oft als den „Kronprinzen der Republik" bezeichnete, der Sohn und Erbe des Kaisers Louis Napoleon, der junge Prinz Louis. Er war in einer englischen Militärschule erzogen worden und machte als Freiwilliger den Krieg gegen die Zulukaffern im südlichen Afrika mit. Hier fiel er am 1. Juni 1879. Im Jahre 1883 starb auch der letzte männliche

§ 88. Die Kämpfe gegen die Uebergriffe Roms ꝛc.

Abkomme der Familie Bourbon, der in Oesterreich lebende Graf von Chambord, auf den die Ultramontanen aller Länder noch immer große Hoffnungen gesetzt hatten.

Auch die inneren Verhältnisse S p a n i e n s wurden in den letzten Jahren zum Theil durch den Ultramontanismus beeinflußt. Das schlechte tyrannische Regiment, die unsittliche Lebensweise und die Abhängigkeit der bigotten Königin Isabella von der römischen Geistlichkeit brachen endlich die Geduld des Volkes. Die Königin wurde im Jahre 1868 verjagt und eine provisorische Regierung trat an ihre Stelle. Die Jesuiten wurden glücklich vertrieben und den Protestanten Religionsfreiheit bewilligt, wenn auch leider nicht immer gehalten. Für die nach Frankreich geflohene Königin trat kein Herrscher Europas ein, aber monatelang konnten die Cortes über die künftige Regierungsform des Landes sich nicht einigen. Endlich entschied man sich indessen doch für die Monarchie, es währte aber noch eine geraume Zeit, ehe sich ein Fürst fand, der die Krone annehmen wollte. Die Idee, einen Prinzen von Hohenzollern zu wählen, bot ja dem Kaiser Napoleon sogar die gewünschte Scheinveranlassung zum Kriege gegen Preußen. Auf Betreiben des die Regentschaft führenden Marschalls Prim bestieg im November 1870 der italienische Prinz Amadeus, der zweite Sohn des Königs Victor Emanuel, den spanischen Thron. Er versuchte sein Bestes, die verschiedenen Parteien zu versöhnen, fand aber nur wenig Entgegenkommen und als im Jahre 1873 der Marschall Prim durch Meuchelmord fiel, entsagte König Amadeus und kehrte in seine Heimat Italien zurück. Spanien ward nun doch eine Republik und die Regierung derselben that ihr Möglichstes, die Zustände zu bessern. Aber im Juli 1873 trat der Kronprätendent Don Karlos auf und indem ihm die nördlichen Provinzen zufielen, entzündete er einen Bürgerkrieg, der mit der entsetzlichsten Roheit und Grausamkeit geführt und durch Geld und Söldner von allen reaktionären ultramontanen Parteien Europas unterstützt wurde. Denn Don Karlos deckte sein selbstsüchtiges Unternehmen, sich zum Könige zu machen, mit der Phrase, er sei der legitime von Gott gewollte Herrscher und müsse die Rechte von Thron und Altar in ganz Europa schützen. So segnete ihn der Papst und die römische Geistlichkeit trat für ihn ein. Die republikanischen Führer konnten, durch Parteistreitigkeiten aller Art gehemmt, Don Karlos nicht vertreiben, auch Marschall Serrano nicht, der durch einen militärischen Staatsstreich zu Anfang 1874 an die Herrschaft kam. In der Hoffnung, dem Lande endlich Ruhe und Frieden zu verschaffen, rief er dann am 30. December den jungen Prinzen Alfons, Sohn der vertriebenen Königin Isabella, zum König aus. Dieser kam, konnte aber während des ganzen Jahres 1875 den karlistischen Aufstand nicht bezwingen, bis derselbe endlich, hauptsächlich wohl aus Mangel an auswärtiger Unterstützung, im Februar 1876 zu Ende ging und Don Karlos, aus der letzten Stellung bei San Sebastian vertrieben, nach Frankreich floh. Nach und nach gelang es nun dem sich zu einem tüchtigen Manne entwickelnden König Alfons, ruhigere Zustände in Spanien herzustellen.

Oesterreich versuchte es nach der Niederlage von Königgrätz mit einem Systemwechsel. Der Kaiser berief den in Sachsen unmöglich gewordenen Minister v. Beust zu seinem ersten Rathgeber, einen Mann, der das diplomatische Gras wachsen hörte und sich selbst für den größten Staatsmann Europas hielt. Beust war über alle Begriffe eitel, aber geschmeidig und gewandt, dabei ein unerschöpflicher Projektenmacher und — was damals in Oesterreich den Ausschlag gab — ein erbitterter Feind Preußens, Neider Bismarcks und mehr Kosmopolit als Deutscher.

Oesterreich begann seine neue Laufbahn so zu sagen mit erleichtertem Gepäck. Es war das ewig unruhige Italien los und hatte sich nicht mehr mit Deutschland und dem Jammer des Bundestages zu plagen. Dafür verständigte es sich jetzt mit Ungarn. Ein Ausgleich kam zu Stande, durch den Ungarn die Rechte zurückerhielt, die ihm wegen des Aufstandes von 1848 und 1849 abgesprochen worden waren. Es bildete fortan mit Siebenbürgen, Kroatien und der Militärgrenze ein eigenes Königreich mit einem eigenen Ministerium. Ministerpräsident wurde der vaterlandsliebende Graf Julius Andrassy. Kaiser Franz Joseph ließ sich am 8. Juni 1867 zum König von Ungarn krönen. Das neue Oesterreich hieß nun amtlich: Oesterreich-Ungarisches Reich.

Das neue Reich kam sofort mit Rom in Streit. In Ungarn wurde das Konkordat mit dem Papste abgeschafft und in Oesterreich verlangte man dasselbe. Man erließ Gesetze über die Civilehe, Schulaufsicht und andere Dinge, welche unmittelbar dem Konkordat entgegen waren. Der päpstliche Nuntius legte dagegen Verwahrung ein und der Papst erklärte die betreffenden Gesetze für „abscheulich" und kraft seiner apostolischen Gewalt als „durchaus nichtig und immerdar ungültig." Die Bosheit der römischen Pfaffen erschwerte das Reformwerk in Oesterreich=Ungarn und hetzte namentlich auch die Czechen und die Slaven gegen die Regierung auf. Was den Ungarn bewilligt wurde, wollten nun auch die Polen und Böhmen haben. Auch Mähren und Schlesien stellten ihre eigenen Forderungen. Und alle diese Bewegungen trugen einen entschieden deutschfeindlichen Charakter.

Es gelang indessen Beust nicht, Oesterreich=Ungarn in einen neuen Krieg mit Deutschland zu verwickeln, und als er schließlich dem deutschfreundlichen Grafen Andrassy das auswärtige Ministerium überlassen mußte, kam gar ein enges Bündniß zwischen Deutschland und Oesterreich zu Stande, mit dem ausgesprochenen Zweck, den Frieden in Europa aufrechtzuerhalten. Zu diesem Bunde trat auch Italien in ein nahes Verhältniß und verzichtete damit auf die von der italienischen Revolutionspartei verlangte Eroberung der italienisch redenden Bezirke von Süd=Oesterreich. Eine Zeitlang schien es, als ob Rußland im Bunde mit Frankreich einen Krieg gegen Deutschland und Oesterreich suche, der Staatsklugheit und dem festen Auftreten Bismarcks gelang es aber immer wieder, den drohenden Sturm zu beschwören. Und als in Rußland der dem deutschen Kanzler feindlich gesinnte Minister Gortschakow starb und ein Freund Deutschlands, Herr von Giers, an seine Stelle trat, kam es im Jahre 1884 wieder zu einem engeren Anschluß Rußlands an seine westlichen Nachbarn.

Zieht sich seit der päpstlichen Unfehlbarkeits=Erklärung der Kampf mit dem unter dem Einflusse der Jesuiten stehenden Papstthum wie ein rother Faden durch die Geschichte der europäischen Kulturvölker, so hat das alte Europa nicht minder mit einer revolutionären Bewegung zu kämpfen, die man wohl im Gegensatz zu der von den Jesuiten geleiteten schwarzen, die **rothe Internationale** genannt hat. Die mit dieser Bewegung verbundenen Erscheinungen waren in den verschiedenen Ländern sehr verschieden und von den deutschen und englischen Arbeitern, die mit vollem Recht eine Besserung ihrer Lage anstreben, bis zu den französischen Anarchisten und den russischen Nihilisten, die kaum ein anderes Ziel haben, als die Zerstörung alles Bestehenden, und denen, wie den Jesuiten, zur Erreichung ihres Zweckes jedes Mittel recht ist, besteht ein großer Unterschied. Dennoch ist ein gewisser internationaler Zusammenhang der revolutionären Elemente unschwer nachzuweisen.

Deutschland wurde nach dem großen Kriege in seiner inneren Entwickelung durch die Sozialdemokratie bedroht. Diese Partei verheißt und erstrebt Rettung von den Nothständen, welche über die Arbeiter gekommen sind durch die neuen Verhältnisse, durch die Gesetze über Freizügigkeit, Gewerbefreiheit, Zinsfreiheit und Aktienfreiheit, d. h. durch eine Gesetzgebung, die nach dem Vorbilde des englischen Manchesterthums das System der schrankenlosen Freiheit des Individuums, des „Gehenlassens" durchführen will. Dazu kam das Anwachsen des Kapitals in der Großindustrie und die Noth, in welche die Arbeiter durch allerhand schwindelhafte Unternehmungen und Handelskrisen, wie die von 1873 bis 1875, versetzt wurden. Kein Wunder, daß bei solchen Zuständen die von den Sozialdemokraten ausgestreute Saat in weiten Kreisen Wurzel faßte. Hand in Hand damit ging die Entfremdung von jeder positiven Religion. Religion und Kirche sind der Sozialdemokratie verhaßt, weil sie dem Arbeiter Tröstung bringen und Frieden predigen, während die sozialistischen Wühler ihn verlocken, nur irdischen Genuß und materielle Glückseligkeit, ohne Glauben und ohne Gott, durch Umsturz aller bestehenden Verhältnisse zu erstreben. Die von der Sozialdemokratie drohenden Gefahren wurden besonders klar bei den schändlichen, die allgemeinste Entrüstung hervorrufenden Mordversuchen gegen den Kaiser Wilhelm, welche am 11. Mai 1878 von einem dieser Partei angehörenden Klempnergesellen Hödel und am 2. Juni desselben Jahres von einem denselben Ideen huldigenden verkommenen

Gelehrten Nobiling in Berlin gemacht wurden. Bei dem letzteren Mordversuch wurde der einundachtzigjährige Kaiser so schwer verwundet, daß er die Regierung zeitweise dem Kronprinzen übergeben mußte. Erst am 5. Dezember war der Kaiser so weit hergestellt, daß er die Regierung wieder übernehmen konnte, worauf er dann am 11. Juni 1879 in bester Gesundheit seine goldene Hochzeit feiern konnte. In Folge der Attentate erließ der Reichstag ein besonderes Gesetz gegen die Ausschreitungen der Sozialdemokratie. Dieses Gesetz bewährte sich in jeder Beziehung und Deutschland ist von den Erschütterungen und bis zu einem gewissen Grade auch von den Verbrechen gegen Leben und Eigenthum verschont geblieben, die in fast allen übrigen europäischen Ländern eine große Rolle gespielt haben. Man blieb aber auch in Deutschland bei der Gesetzgebung gegen die Ausschreitungen der Sozialdemokratie nicht stehen. Vielmehr hatte Bismarck sehr wohl die Mängel erkannt, die der modernen Gesetzgebung anhafteten und er war ernstlich bestrebt, den berechtigten Klagen des Arbeiterstandes abzuhelfen. Eine Reihe von Gesetzentwürfen, die alle eine Besserung der Lage der Arbeiter im Auge hatten, wurden dem Reichstage vorgelegt und Kaiser Wilhelm war es, der das Wort aussprach, man müsse dem Volke die Religion wiedergeben. So ist zu hoffen, daß das Ende des neunzehnten Jahrhunderts die Befreiung des Arbeiterstandes sieht, wie der Anfang desselben Bürger und Bauern in Stadt und Land zu freien, mit freiem Eigenthum und Besitz ausgestatteten Menschen gemacht hat. Die rechte Lösung der Arbeiterfrage wird freilich nur zu finden sein in Fleiß, Sparsamkeit, stiller und treuer Pflichterfüllung auf der einen und christlicher Sorge und Hingabe für das Wohl der Arbeiter auf der andern Seite.

Wie in Frankreich die Umsturzpartei in der Pariser Kommune hervortrat, ist an anderer Stelle schon geschildert worden. Auch Spanien hatte seine Kommune, während in Italien die Umsturzbewegungen mehr in dem Haß gegen Oesterreich sich äußerten. Nichtsdestoweniger wurde auf den König von Italien ein Mordversuch gemacht. In Oesterreich-Ungarn trat der Sozialismus erst in den Jahren 1883 und 1884 mehr in den Vordergrund, schritt aber dort gleich zu Raub und Mord und zwang dadurch die Regierung zum Erlaß strenger Ausnahmegesetze. Wesentlich verschieden von den hier geschilderten Bewegungen, aber doch innig damit verwandt, war die Auflehnung der Irländer gegen die englische Staatsgewalt. Die Noth der armen irländischen Landbevölkerung ist von jeher groß gewesen und England hat bisher nur sehr wenig gethan, um derselben zu steuern. Trotzdem kann man keine Sympathie haben für eine Bevölkerung, die, wie die Irlands, den politischen Meuchelmord geradezu zu einer Landeseinrichtung erhoben hat. Wesentlich erschwert wurde der englischen Regierung die Handhabung der Ordnung durch die Thatsache, daß viele Irländer das wirklich oder angeblich erworbene amerikanische Bürgerrecht mißbrauchten, um mit Dolch und Dynamit Krieg gegen England zu führen. Weit wilder aber, als das Fenierthum in Irland, trat in Rußland der Nihilismus auf. Auch dort leisteten traurige politische und gesellschaftliche Zustände der Umsturzpartei Vorschub, erklärten aber doch kaum die furchtbaren Ausbrüche des wildesten Fanatismus, deren Zeuge das letzte Jahrzehnt gewesen ist, noch weniger aber die Thatsache, daß die Umsturzpartei sich den (trotz menschlicher Fehler und Schwächen) persönlich edelgesinnten Kaiser Alexander II., den Befreier der russischen Leibeigenen, zum Opfer auserkor. Nachdem Alexander II. wiederholt den gegen sein Leben gerichteten Anschlägen glücklich entronnen war — die Nihilisten versuchten u. a. einen Eisenbahnzug, in dem der Kaiser sich befand, in die Luft zu sprengen und ein andermal fand gar eine Dynamit=Explosion im Petersburger Winterpalaste statt — erreichten die Verbrecher endlich am 13. März 1881 ihr teuflisches Ziel. Der Kaiser hatte an diesem Tage der Wachtparade beigewohnt und fuhr nach einem kurzen Besuche bei einem seiner Brüder nach dem Winterpalaste zurück, als eine Dynamitbombe fast unter seinem Wagen explodirte und diesen zum Theil zertrümmerte. Mehrere Kosaken von der den Kaiser begleitenden Eskorte wurden dabei getödtet oder verwundet. Der Kaiser war unverletzt. Er sprang aus dem Wagen und wollte eben auf den von einigen Soldaten ergriffenen Mann zuschreiten, der die Bombe anscheinend geworfen hatte, als aus unmittelbarer

Nähe eine zweite Bombe fast vor die Füße des Kaisers geworfen wurde. Eine abermalige furchtbare Explosion folgte. Als der dadurch erzeugte Rauch sich verzogen hatte, sahen die vor Schrecken gelähmten Umstehenden mehrere Personen am Boden liegen, darunter auch den Kaiser. Letzterer lag entsetzlich verstümmelt in einer Blutlache. Man brachte ihn so schnell es anging nach dem Winterpalast, dort gab er aber sehr bald schon seinen Geist auf. Sein Sohn folgte ihm als Alexander III. in der Regierung. Die Mörder des Kaisers und ihre Mitschuldigen wurden zum Theil ermittelt und hingerichtet. Trotz der größten Strenge gelang es aber nicht, den Nihilismus auszurotten oder auch nur zu unterdrücken. Nach wie vor kamen politische Mordthaten in Rußland vor und namentlich das Leben des neuen Herrschers, der in ängstlicher Abgeschlossenheit sein Leben verbrachte, blieb fortwährend bedroht.

§ 89. Der russisch-türkische Krieg in den Jahren 1877 und 1878.

Es ist schon erwähnt worden, daß auch nach dem orientalischen Kriege von 1854 und 1855 die Bedrückung der größtentheils christlichen Vasallenstaaten und Provinzen der Türkei nicht aufhörten, so daß im Jahre 1875 ein größerer Aufstand gegen das mohammedanische Greuelregiment in Bosnien und der Herzegowina ausbrach, wodurch auch Montenegro und Serbien zu einer bedrohlichen Haltung veranlaßt wurden. Die Ermordung des deutschen und des französischen Konsuls in Salonichi in Thessalien am 6. Mai 1876 zeigte, wie wenig sicher das Leben selbst christlicher diplomatischer Personen in der Türkei war, und als sich nun ergab, daß die durch die Note der europäischen Mächte zu Anfang des Jahres dem Sultan abgenöthigten Reformen zu Gunsten der Christen nicht streng durchgeführt wurden, kam es anfangs Juli zum offenen Kriege zwischen Serbien mit Montenegro und der Türkei. Inzwischen war aber der Sultan Abdul Aziz Ende Mai durch die allgemeine Unzufriedenheit seiner Unterthanen zur Abdankung genöthigt und sein Neffe Murad V. auf den Thron erhoben worden, von dem er aber schon am 31. August wegen unheilbarer Geisteskrankheit wieder entfernt wurde zu Gunsten seines Bruders Abdul Hamid II. Obschon die Hoffnungen auf eine Mithilfe Rumäniens und Bulgariens sich nicht erfüllten, kämpften nun doch Serbien und Montenegro vielfach mit Glück gegen die Türken; die Montenegriner schlugen namentlich Moukhtar und Mahmud Pascha bei Urbitza, während die Serben, durch den Einmarsch der Türken bedrängt, besonders Alexinatz monatelang mit großer Tapferkeit vertheidigten. Die furchtbaren Grausamkeiten, die die Türken in Serbien wie in der Bulgarei verübten, und das viele Blut, welches in dem Kriege nutzlos vergossen wurde, erregten bald allgemeine Entrüstung in Europa, und so zwang endlich Rußland durch die Drohung alsbaldigen Einmarsches in die Türkei dem Sultan im September eine kurze Waffenruhe, dann aber zu Ende Oktober einen zweimonatlichen Waffenstillstand auf. Die diplomatischen Verhandlungen, bei denen England mehr oder weniger das Interesse der Türkei vertrat, führten am 11. Dezember 1876 zur Eröffnung der vertraulichen Vorkonferenzen in Konstantinopel, woran sich nachher die Konferenz selbst anschloß. Aber die Türkei zeigte sich den Forderungen der europäischen Großmächte gegenüber hartnäckig und verweigerte namentlich die Ueberwachungskommission zur Durchführung der Reform, sowie in ihren großentheils christlichen Provinzen und Vasallenstaaten die eigenen Generalgouverneure. So wurde die Konferenz am 20. Januar 1877 erfolglos aufgehoben, und Rußland rüstete sich zum Kriege, während die Türkei sich eine konstitutionelle Verfassung gab, deren erstes Parlament am 29. März 1877 zu Konstantinopel eröffnet wurde. Am 24. April brach dann Rußland seine diplomatischen Beziehungen zur Türkei ab und begann den Einmarsch über den Pruth zunächst in Rumänien, welches sich auf seine Seite stellte und am 22. Mai seine Unabhängigkeit von der Türkei erklärte. Am 22. Juni begann der Uebergang der Russen über die Donau in die Türkei. Auf dem asiatischen Kriegsschauplatze, wo Rußland unmittelbar an die türkische Provinz Armenien grenzt, begann der Kampf schon anfangs Mai.

Die Russen drangen zuerst rasch vor bis zur Festung

§ 89. Der russisch-türkische Krieg ꝛc.

Kars und darüber hinaus, wurden aber dann geschlagen. Moukhtar Pascha zwang sie, die Belagerung von Kars aufzuheben, und sie mußten sich über die Grenze zurückziehen, nur Ardahan behauptend, wogegen aber die Türken auch bei Suchum Kale ins russische Gebiet eingedrungen waren. Auch auf dem europäischen Kriegsschauplatze kämpften die Russen anfangs mit großem Glücke. General Gurko drang rasch bis Tirnowa in Bulgarien vor, und General Krüdener eroberte am 15. Juli die Festung Nikopolis zur Deckung der Rückzugslinie, so daß Gurko übereilt mit wenigen Truppen über den Balkan vordringen konnte. Am 17. Juli nahm er Kasanlyk und den Schipkapaß, wodurch Konstantinopel in Schrecken gerieth. Da wurde Mehemed Ali, ein Deutscher aus Magdeburg, zum Oberbefehlshaber der Armee in Bulgarien ernannt. Inzwischen war aber Osman Pascha schon von der serbischen Grenze, mit Zurücklassung einer kleinen Besatzung in Widdin, gegen die Flanken der Russen herangezogen, und am 18. Juli wurden dieselben bei Plewna und bald nachher bei Loftscha geschlagen. Zugleich begann Suleiman Pascha von Adrianopel her den General Gurko zu bedrängen, und in der Dobrudscha konnten die Russen auch nichts ausrichten. Der stärkste Schlag traf sie aber am 30. Juli bei Plewna, indem sie, als sie diese Stadt zu stürmen versuchten, mit ungeheurem Verluste zurückgeschlagen wurden. Auch General Gurko zog sich, bei Eski Sagra geschlagen, über den Balkan wieder zurück, indem nur der nördliche Theil des Schipkapasses von den Russen behauptet wurde.

So stand die Sache anfangs August für die Türken sehr günstig, aber durch Uneinigkeit gehemmt, ließen sie den Russen Zeit, ihren Schaden wieder gut zu machen und große Verstärkungen heranzuziehen, auch das Heer der Rumänen zu Hülfe zu rufen. Im August, namentlich vom 20. bis 25., wurde heftig um den Schipkapaß gekämpft, aber nutzlos: die Russen behaupteten nach wie vor den nördlichen, die Türken den südlichen Theil desselben. Währenddessen focht Mehemed Ali siegreich, aber doch ohne wesentlichen Erfolg bei Katzeljewo, und es gelang den Russen, sich jenseits des schwarzen Lom wieder festzusetzen, und zu verstärken. Im September kam es zu heftigen Kämpfen bei Plewna, wo Osman Pascha sich stark befestigt hatte, gegen den nun auch der Fürst Karl von Rumänien vordrang. Am 2. September erstürmte General Skobeleff die Position der Türken bei Loftscha, und nach viertägiger Kanonade wurde am 11. September die Erstürmung von Plewna vergebens versucht, indem nur die Redoute Griwitza von den Rumänen erobert und behauptet, für Plewna aber eine langsame Belagerung nöthig wurde, die General Totleben leitete. Größere Erfolge errangen jetzt die Russen auf dem asiatischen Kriegsschauplatze. General Loris Melikoff schlug am 15. Oktober die Türken am Aladscha Dagh und zog mit Zurücklassung eines Corps von Kars nach Erzerum, der Hauptstadt Armeniens, deren Ueberrumpelung aber mißlang, Kars jedoch wurde am 18. November erstürmt. In der zweiten Hälfte des Oktober gelang es dann auch dem russischen General Gurko, die türkische Heeresabtheilung, welche Plewna den Rücken deckte, zweimal zu schlagen, und am 10. November eroberte Skobeleff die südliche Position am grünen Berge. Plewna wurde nun vollständig zerniert, der zu seinem Entsatz bestimmte Mehemed Ali wiederholt geschlagen und endlich Osman Pascha bei einem letzten Durchbruchsversuch zurückgeworfen, so daß er verwundet am 11. Dezember 1877 Plewna und seine Armee den Russen überliefern mußte. Jetzt nachträglich, als die Türken beinahe besiegt waren, mischten sich auch noch die Serben wieder in den Kampf, indem sie sich bei Widdin mit den Russen vereinigten und am 26. und 28. Dezember Nisch und Pirot eroberten. Trotz des Winters führten die Russen nun aber vom 21. bis 29. Dezember bei der stärksten Kälte unter Schneestürmen den Uebergang über den Balkan aus, schlugen die Türken am 31. Dezember bei Teschköben und rückten am 4. Januar 1878 in Sofia ein. Vom 7. bis 9. Januar forcierten sie dann auch den Schipkapaß und zwangen die dortige türkische Armee nach tapferer Gegenwehr zur Uebergabe. Am 15. Januar besetzten sie darauf Philippopel, General Gurko besiegte Suleiman Pascha, und die Russen zogen schon am 19. Januar in Adrianopel ein. Während die Türken nun eiligst das schwer bedrohte Konstantinopel durch eine befestigte Linie zu decken suchten, rückten ihre siegreichen Gegner bis an die Dardanellen und das ägäische Meer vor. Da wurde am 31. Janur nach längeren Verhandlungen Waffenstillstand abgeschlossen und eine Demarkationslinie zwischen den feindlichen Heeren gezogen. Am 3. März kam dann der F r i e d e v o n S t. S t e f a n o zustande, in welchem Serbien und Rumänien für unabhängig erklärt wurden und Montenegro eine Gebietsvergrößerung erhielt. Bulgarien sollte ein eigenes, der Türkei tributpflichtiges Fürstenthum unter russischem Einfluß werden mit einer Ausdehnung über den Balkan hinüber bis ans ägäische Meer. Dadurch wäre die europäische Türkei auf ein kleines Terrain reduziert und ihre westlichen Provinzen abgeschnitten worden. Auch wurde eine Kriegsentschädigung von 1410 Millionen Rubel festgesetzt, für die Rußland aber die Bezirke Ardahan, Kars, Batum und Bajazid in Armenien, sowie die Dobrudscha anzunehmen sich bereit erklärte.

Zu diesem, die Türkei so ziemlich vernichtenden und Rußlands Uebermacht im Orient befestigenden Frieden gaben indessen die europäischen Mächte, welche den orientalischen Frieden zu Paris von 1856 und das Londoner Protokoll von 1871 unterzeichnet hatten, ihre Zustimmung nicht, und ohne diese war das Uebereinkommen zwischen Rußland und der Türkei ungültig. So wurde ein Friedenskongreß, erst in Wien, dann in Berlin in Aussicht genommen, da aber Rußland diesem nicht den ganzen Frieden von St. Stefano zur Genehmigung vorlegen wollte, so begann England ernstlich sich zum Kriege zu rüsten. Auch Oesterreich bereitete sich auf alle Fälle vor, und Rumänien protestierte gegen die von ihm verlangte Abtretung des 1856 erworbenen Theiles von Bessarabien gegen die Dobrudscha. Nun zögerte natürlich die Türkei mit Ausführung des Friedens, indem sie die Festungen Schumla, Varna und Batum nicht auslieferte, und die Griechen begannen auf eigene Hand einen Feldzug gegen die Türkei. Endlich gelang es denn dem Fürsten Bismarck als „ehrlichem Makler", wie er sich selbst nannte, Rußland zur Nachgiebigkeit zu bewegen und zwischen ihm und England eine Aussöhnung zu erzielen, und so trat am 13. Juni 1878 der Friedenskongreß zu Berlin zusammen, auf welchem unter Bismarcks geschicktem Präsidium am 13. Juli der F r i e d e i n B e r l i n unterzeichnet ward. Durch denselben wurde der Friede von St. Stefano wesentlich zu Gunsten der Türkei modifiziert. Bulgarien wurde zu einem eigenen Fürstenthume gemacht; von Bulgarien wurde aber eine Provinz Ostrumelien unter einem besonderen Gouverneur abgetrennt. Rußland erhielt im Berliner Frieden von der Türkei Batum, Kars und Ardahan, und die am 4. Juni heimlich zwischen England und der Türkei vereinbarte Abtretung der Insel Cypern an England wurde anerkannt; Macedonien, Thessalien, Epirus und Kreta erhielten christliche Gouverneure. Bosnien und die Herzegowina sollten von Oesterreich besetzt werden. Auch Griechenland erhielt eine ansehnliche Gebietserweiterung.

§ 90. England und Frankreich in Asien und Afrika.

Der Wunsch Englands, seine Herrschaft in Indien zu befestigen und dem Vordringen Rußlands in Mittel-Asien entgegenzutreten, führte im Herbst 1878 einen Krieg mit Afghanistan herbei. Der Beherrscher dieses Landes, Emir Schir Ali hatte eine englische Gesandtschaft abgewiesen und dadurch den unmittelbaren Anlaß zum Kriege gegeben. Die Engländer drangen in Afghanistan ein und besetzten Kandahar, schlossen aber bald Frieden mit Jakub Khan, dem Sohne des bald nach Beginn des Krieges gestorbenen Schir Ali. Jakub Khan war den Engländern halb und halb günstig gesinnt, seine eigenen Brüder lehnten sich aber gegen ihn auf und so brach schon im Sommer 1879 ein neuer Aufstand in Afghanistan aus, bei dem die englische Gesandschaftt in Kabul nebst ihrer Eskorte niedergemetzelt wurde. Das führte zu einem neuen Kriege, in dem die Engländer zunächst mehrere Niederlagen erlitten und endlich in Kandahar eingeschlossen wurden. Dort vertheidigten sie sich tapfer, wären aber trotzdem verloren gewesen, wenn nicht der englische General Roberts Verstärkungen herbeigeführt hätte. Roberts schlug die Afghanen in blutigen Kämpfen und entsetzte Kandahar. England schloß nun einen vortheilhaften Frieden und behielt mehrere wichtige Plätze in seiner Gewalt. So z. B. das die Himalaya-Pässe deckende Quettah, das es mit dem ostindischen Eisenbahnnetze zu verbinden trachtete. Während aber Graf

§ 90. England und Frankreich in Asien und Afrika.

Beaconsfield (Disraeli) bestrebt gewesen war, Englands Machtstellung auch in Asien zu kräftigen — um Indien zu schmeicheln, hatte er es z. B. durchgesetzt, daß die Königin von England den Titel einer Kaiserin von Indien annahm — erlitt unter dem liberalen Minister Gladstone Englands Ansehen im Auslande manche Schädigung. Dagegen drang Rußland unaufhaltsam in Mittel=Asien vor. Nachdem der russische General Skobelew in mehreren blutigen Feldzügen die kriegerischen Turkmenen besiegt hatte, unterwarfen sich sogar die um Merw wohnenden Stämme der russischen Herrschaft (1884) und damit war Rußland bis in die unmittelbare Nähe der englischen Außenposten vorgedrungen.

Auch in Afrika mußten die Engländer Krieg führen. Zunächst im Süden dieses Welttheiles, wo die tapferen Zulukaffern unter ihrem Könige Cetewayo den englischen Ansprüchen entgegentraten. Die Engländer, die zuerst mit unzureichenden Streitkräften den Kampf aufnahmen, wurden im Januar 1879 bei Jsandula von den Kaffern überfallen und geschlagen. Erst im März und April trafen aus der Kapkolonie Verstärkungen ein und die arg bedrohte englische Heeresabtheilung ward glücklich entsetzt. Der englische General Wolseley ging nun energisch gegen die Zulukaffern vor und es gelang ihm schließlich, sie zur Unterwerfung zu zwingen und Cetewayo selbst als Gefangenen nach der Kapstadt zu schicken. Bei diesen Kämpfen fiel am 1. Juni 1879 der im englischen Heere kämpfende junge Prinz Louis Napoleon, der einzige Sohn des letzten Franzosenkaisers. Er hatte sich mit wenigen Begleitern bei einer Rekognoscirung zu weit vorgewagt.

In den Jahren 1881 und 1882 hatten die Engländer schwere Kämpfe mit den Boers (Bauern holländischer Abkunft) zu bestehen, die das ihnen im Jahre 1877 aufgezwungene englische Joch abschütteln und ihren Freistaat (die Republik Transvaal) wieder herstellen wollten. Die freiheitsliebenden Bauern jagten die Engländer aus dem Lande und setzten einen der Ihrigen, den energischen und tüchtigen Paul Krüger zum Präsidenten ein. Die Bemühungen der Engländer, das Land wieder in ihre Gewalt zu bekommen, waren

erfolglos. Die Boers schlugen alle Angriffe zurück und brachten sogar den englischen Truppen am sogenannten Spitz=
berge eine vernichtende Niederlage bei. Der englische General Carey fiel im Handgemenge (1881). Auf die Dauer waren aber natürlich die von allen Verbindungen mit der Seeküste abgeschnittenen Bauern dem mächtigen England nicht ge=
wachsen. Sie hätten schließlich unterliegen müssen, wenn das liberale Ministerium Gladstone nicht die Hand zur Ver=
söhnung geboten hätte. Es kam zum Frieden, in dem England die Unabhängigkeit der Republik Transvaal unter gewissen Beschränkungen anerkannte. Auch diese Beschränkungen wurden im Jahre 1884, als eine Abordnung der Boers in London erschien und Verhandlungen anknüpfte, zum größten Theile wieder aufgehoben.

Sehr viel ernster gestalteten sich die Kämpfe, welche Fran=
zosen und Engländer in den mohamedanischen Ländern des nördlichen Afrika, in Algier, Tunis und Aegypten zu führen hatten. Angefacht durch den russisch=türkischen Krieg, zeigte sich in der ganzen mohamedanischen Welt, na=
mentlich aber unter den afrikanischen Arabern eine tiefgehende, zum Theil religiöse Bewegung. Diese richtete sich gegen die Europäer, die ja leider vielfach die von ihnen verbreitete Kultur nur als einen Deckmantel betrachten, unter dessen Schutz sie die Länder, auf welche sie ihren Fuß gesetzt haben, gründlich ausbeuten können. Das gilt namentlich von den Franzosen und Engländern in Bezug auf Afrika und ganz besonders von Aegypten, das durch den verschwenderischen Vicekönig Ismail an den Rand des Verderbens gebracht worden war. Die Unruhen begannen in Algier. Ein ge=
wisser Bu Amema, ein Araber, der etwas von einem Priester, von einem Kriegshelden und von einem Räuberhauptmann an sich hatte, erhob sich gegen die Franzosen (1881). Seine Anhänger überfielen französische Ansiedlungen und Fabriken und mordeten die Europäer. Erst nach langen Kämpfen ge=
lang es, die Ruhe wieder herzustellen. Gleichzeitig waren die Franzosen in einen Krieg mit Tunis verwickelt. Dieser Krieg endete mit der Besetzung der Stadt Tunis durch die Franzosen und beim Friedensschluß mußte der Bey von Tunis eine Art französische Oberherrschaft anerkennen.

§ 90. England und Frankreich in Asien und Afrika.

Inzwischen war in Aegypten die Unzufriedenheit mit dem verschwenderischen Vicekönig Ismail so groß geworden, daß dieser sich gezwungen sah, abzudanken und das Land zu verlassen. Sein Sohn, Tewsfik Pascha, übernahm die Regierung. Aber auch er war nicht im Stande, der nationalen Bewegung, die das Land dem Einflusse Englands und Frankreichs zu entziehen trachtete, Einhalt zu gebieten. Führer der nationalen Partei war der Oberst Arabi, ein in vieler Beziehung merkwürdiger Mann. Er war im Jahre 1839 zu Kairo als der Sohn eines arabischen Gelehrten geboren und hatte auf der berühmten Universität seiner Vaterstadt und auf der nach europäischem Muster eingerichteten Militärschule eine gute Erziehung genossen. Ihn berief der Vicekönig schließlich im Jahre 1882 zum Kriegsminister. In dieser Stellung wußte Arabi, der inzwischen zum Pascha aufgestiegen und sogar vom Sultan durch Orden und Ehrenbezeugungen ausgezeichnet worden war, den Haß gegen die Europäer dermaßen zu schüren, daß England und Frankreich sich genöthigt sahen, Kriegsschiffe nach Alexandrien zu schicken. Die mohamedanische Bevölkerung war durch alle diese Vorgänge aufs Aeußerste gereizt worden und es bedurfte in dem von Gesindel aus aller Herren Ländern bewohnten Alexandrien nur eines geringfügigen Anlasses (einer Schlägerei zwischen einem Araber und einem Griechen), um eine fanatische Erhebung gegen die Europäer hervorzurufen. Der arabische Pöbel griff die europäischen Konsuln an und richtete schließlich ein schreckliches Blutbad unter den in Alexandrien wohnenden Europäern an. Der Vicekönig, der mit Arabi Pascha sofort nach Alexandrien geeilt war, stellte zwar die äußere Ruhe wieder her, ließ aber im Uebrigen Arabi freie Hand, der nun Alexandrien von der Seeseite zu befestigen begann.

Verhandlungen, welche die Gesandten der Großmächte nun in Konstantinopel eröffneten, führten zu keinem Ergebniß und so entschloß sich England — nachdem Frankreich sich zurückgezogen hatte — zum Einschreiten. Es war dazu schon durch die Nothwendigkeit gezwungen, sich den Suezkanal und damit seine Verbindung mit Indien offen zu halten. So forderte denn der die englische Flotte befehligende Admiral Seymour Arabi auf, die Geschütze aus den Befestigungen von Alexandrien zu entfernen und schritt, als Arabi davon nichts wissen wollte, am 11. Juli 1882 zum Bombardement. Die Aegypter wehrten sich so gut sie konnten, aber der Kampf war zu ungleich, schon gegen Mittag lagen die Befestigungen in Trümmern und Arabi schickte sich an, die Stadt mit seinen Truppen zu verlassen. Dabei wurde denn das unglückliche Alexandrien abermals der Schauplatz einer grauenhaften Metzelei. Schon Arabis Soldaten hatten zahlreiche Ausschreitungen begangen, Läden geplündert u. s. w. Weit schlimmer aber wüthete nach dem Abmarsch der Truppen der arabische Pöbel. Wo ein Europäer sich sehen ließ, wurde er auf die grausamste Weise ermordet und bald stand ein großer Theil der Stadt in hellen Flammen. Erst als Admiral Seymour englische Seeleute ans Land setzte, gelang es unter Mitwirkung von amerikanischen und deutschen Matrosen, dem Blutvergießen und der Plünderung Einhalt zu thun. Die am Leben gebliebenen Europäer wurden auf die Schiffe gebracht, wohin viele freilich nur ihr nacktes Leben zu retten vermochten. Mit dem Brande von Alexandrien war aber auch das Signal zu einer allgemeinen Erhebung der mohamedanischen Bevölkerung Aegyptens gegen die Christen gegeben. Viele Europäer wurden in den kleineren Städten des Nildeltas in der grausamsten Weise ermordet oder mußten unter Zurücklassung ihrer gesammten Habe flüchten.

Die Niederwerfung Arabis war nun für England eine Nothwendigkeit geworden. In aller Eile wurden aus England und aus Indien Truppen nach Aegypten geschafft, aber der August kam heran, ehe der zum Oberbefehlshaber ernannte General Sir Garnet Wolseley die erforderlichen Streitkräfte vereinigt hatte. Durch eine geschickt ausgeführte Flankenbewegung verlegte Wolseley nun seine Operationsbasis von Alexandrien nach dem Suezkanal und drang von dort aus gegen Kairo vor. Bei Tel-el-Kebir stieß er auf Arabis Heer und schlug es in die Flucht. Mit den fliehenden Aegyptern zugleich drang die englische Reiterei in Kairo ein und schon nach wenigen Tagen hielt der englische Obergeneral dort seinen Einzug. Die Herrschaft des Vicekönigs wurde wiederhergestellt. Arabi Pascha, der von einem Kriegsgericht zum Tode verurtheilt worden war, wurde begnadigt und nach

§ 90. England und Frankreich in Asien und Afrika.

der Insel Ceylon in die Verbannung geschickt. Englische Truppen behielten Kairo und Alexandrien besetzt.

Damit waren die ägyptischen Wirren keineswegs beendet. Im Süden war nämlich schon vor Ausbruch der von Arabi geleiteten Empörung ein Mann erschienen, der für den von vielen Mohamedanern erwarteten Propheten sich ausgab und unter den von den Aegyptern unterworfenen Araberstämmen schnell Anhänger gewann. Der angebliche Prophet, den seine Anhänger als den M a h d i, den von Allah zur Wiederherstellung des Glaubens und der Eigenthumsgleichheit Gesandten, bezeichneten, hieß Mahomet Achmet und war der Sohn eines Tischlers. Sein Vater Abdullahi hatte ihn zu einem Schiffer in die Lehre gegeben, der junge Mahomet Achmet ärgerte sich aber über die Prügel, die ihm sein Herr gab und entfloh nach Hoghali, einem Dorfe bei Chartum, wo er in eine Derwisch=Schule eintrat. Nach Vollendung seiner geistlichen Studien lebte er als Einsiedler auf einer Insel des Nil und trat endlich als der von Mohamed selbst vorausgesagte Prophet auf, indem er allgemeine Gleichheit, Gesetz, Religion und auch Gütergemeinschaft proklamirte. Wer nicht an ihn glaube, solle getödtet werden, möge er Christ, Mohamedaner oder Heide sein. Mahomet Achmet war ein langer dürrer Mann mit schwarzem Haar und hellbrauner Gesichtsfarbe. Mit seiner Bildung war es trotz der Studien, die er in der Derwisch=Schule gemacht hatte, nicht weit her; dagegen besaß er eine gewisse natürliche Schlauheit, wie denn überhaupt sein Lebenslauf viele Züge jener mit Fanatismus gepaarten Berechnung erkennen ließ, welche nach der Ueberlieferung auch Mohamed auszeichneten.

Anfangs wurde die vom Mahdi ins Leben gerufene Bewegung kaum beachtet. Man hatte in Kairo mehr zu thun, als um die Wirren im Sudan sich zu kümmern. Als aber die Araber, denen das ägyptische Joch längst verhaßt war, in immer größerer Anzahl dem „falschen Propheten" (wie man Achmet Mahomet in Kairo nannte) zufielen und als namentlich der Sklavenhandel, den man schon unterdrückt zu haben glaubte, unter dem Schutze des Mahdi wieder aufblühte, suchte Aegypten den Aufstand mit Gewalt zu unterdrücken. Ein tüchtiger englischer Offizier, der ehemalige Oberst Hicks wurde zum Pascha ernannt und mit der Niederwerfung des Mahdi betraut. In seiner Begleitung befanden sich zahlreiche Europäer. Hicks Pascha zog mit einer ansehnlichen Streitmacht aus und gelangte bis in die Gegend von El Obeid, das der Mahdi kürzlich erobert hatte. Hier kam es am 6. November 1883 zu einer Schlacht. Die schlecht disciplinirten ägyptischen Truppen waren aber den fanatischen und todesmuthigen Arabern in keiner Weise gewachsen, auch Verrath scheint im Spiele gewesen zu sein und die Schlacht endete mit der völligen Vernichtung des ägyptischen Heeres. Hicks Pascha und alle seine europäischen Begleiter fielen nach heldenmüthiger Gegenwehr.

Der ganze Sudan schien nun dem falschen Propheten offenzustehen. Ueberall erhoben sich seine Anhänger und verjagten die ägyptischen Garnisonen und Beamten. In seiner Noth schickte der Vicekönig den Engländer Gordon, der früher Gouverneur des Sudans gewesen war und dort nicht nur den Sklavenhandel ausgerottet, sondern auch viele Araber sich zu Freunden gemacht hatte, mit ausgedehnten Vollmachten nach Chartum, aber auch er vermochte nichts auszurichten. Die Engländer besetzten schließlich Suakin am Rothen Meere und verjagten die in der dortigen Gegend mit Feuer und Schwert auftretenden Araber, suchten auch den König Johannes von Abessynien durch allerhand Versprechungen zu gewinnen, waren aber doch auf die Dauer nicht im Stande, den Zusammenbruch der ägyptischen Herrschaft im Sudan aufzuhalten.

Frankreich, das sich schon unter Napoleon III. auf der Ostküste von Hinterindien festgesetzt und die dortigen eingeborenen Herrscher von sich abhängig gemacht hatte, wurde dort in den Jahren 1883 und 1884 in blutige Kämpfe mit räuberischen Grenzbewohnern verwickelt. Es mußte ansehnliche Streitkräfte dorthin senden, ehe es gelang, die von den Empörern besetzten Orte der französischen Herrschaft zu unterwerfen. Die Kämpfe wurden unmitttelbar an der chinesischen Grenze geführt, wobei China die Gegner Frankreichs unterstützte.

§ 91. Vereinigte Staaten von Nord-Amerika.

1. Einleitung.

Drei unter den europäischen Nationen können sich rühmen, durch frühzeitige Niederlassungen den Grund zu Nordamerika's Geschichte gelegt zu haben. Die Spuren ihrer Kolonisation finden wir in den Namen der Plätze, wie in dem Charakter und der Sprache der jetzigen Bewohner. Die Spanier bevölkerten die tropischen Gegenden, die Franzosen die Thäler des St. Lorenz (Lawrence) und des Mississippi, die Engländer die atlantische Küste. Die englischen Kolonien entstanden am spätesten, wurden aber die wichtigsten im Laufe der Zeit. Die französischen Besitzungen im St. Lorenzthale kamen durch den Pariser Frieden 1763 an England, diejenigen im Mississippithale verkaufte Napoleon 1803 den Vereinigten Staaten. Auch die Spanier mußten den Anglosachsen weichen. Florida, Texas, Neu-Mexiko und Californien sind nach und nach durch Kauf oder Eroberung den Vereinigten Staaten zugefallen.

Die erste bleibende englische Ansiedlung war zu Jamestown in Virginien (22. Mai 1607), die zweite zu Plymouth in Massachusetts (22. Dec. 1620). Virginien und Massachusetts sind seit der Zeit immer die Mittelpunkte geblieben, von wo die meisten großen Ideen ausgingen, die gestaltend auf das Geschick der spätern Union einwirkten. Um diese zwei großen Einflüsse auf amerikanische Geschichte richtig zu würdigen, ist es nöthig, daß wir uns die Persönlichkeiten und den Charakter der ersten Ansiedler dieser beiden Kolonien vergegenwärtigen.

In Virginien ließen sich Abenteurer aller Art nieder, deren Anführer, größtentheils jüngere Söhne englischer Edelleute, darnach strebten, eine reine Aristokratie zu errichten. Das Land wurde ihnen von der Krone oder den „Eigenthümern" (s. w. unten) in großen Grundstücken übergeben. In Nachahmung der englischen Aristokratie wurden die Besitzungen auf den ältesten Sohn vererbt. Der Boden wurde bearbeitet von Sträflingen, die den Ansiedlern von der Regierung als Sklaven für eine Reihe von Jahren verkauft wur-

§ 91. Vereinigte Staaten von Nord=Amerika.

ten, außerdem von Eingewanderten, die mit ihren Diensten ihre Ueberfahrtskosten bezahlten, und nach einigen Jahren auch von Negern, die ein holländisches Schiff zuerst von Afrika brachte. Die Tabakkultur wurde 1616 eingeführt und wurde bald das Hauptgeschäft der Pflanzer. So bildete sich der Charakter von Virginien, eine Aristokratie von Land=eigenthümern, gegründet auf Sklaverei. Die andern süd=lichen Kolonien ahmten das Beispiel von Virginien nach, gründeten, wo nicht gebirgige Gegenden sie daran hinderten, eine Aristokratie von Pflanzern, die die Sklaven durch Ge=walt, die armen Weißen durch Schlauheit regierten.

Wie Virginien von den untersten und obersten Klassen, ward Massachusetts fast ausschließlich von Einwanderern aus der Mittelklasse Englands bevölkert, von Landbebauern, Handelsleuten und Gelehrten. Der unmittelbare Grund ihrer Niederlassung in Neu=England waren die religiösen Zwiste, die der Reformation folgten. Die Puritaner konnten sich der Kirche Englands nicht anschließen, weil sie noch zu viel päpstliches Wesen in ihr fanden, und wurden deshalb verfolgt. Daher wanderte eine Anzahl von ihnen über's Meer, und ließ sich in Massachusetts nieder. Mit ihrer Liebe zur Religion verbanden sie einen Sinn für strenge Erzie=hung und jene Ideen für politische und religiöse Freiheit, die die nördlichen Staaten zu dem gemacht haben, was sie sind. Während Berkeley, der fähigste Statthalter (Governor) von Virginien zu Ausgange des 17. Jahrhunderts noch schreiben konnte, daß er Gott danke, daß weder eine Druckerpresse, noch eine Volksschule in ganz Virginien zu finden sei, war die erste Sorge der Kolonisten Massachusetts, Volksschulen und Kirchen zu bauen und eine Universität zu gründen. Die Regierung Virginiens war nach dem Muster Englands aristo=kratisch, während die Massachusett's demokratisch war. Jeder einzelne Bezirk (town) bildete für sich eine reine Demokratie, dessen Bewohner ihre Angelegenheiten selbstständig ordneten. Die Regelung gemeinsamer Angelegenheiten für die ganze Kolonie geschah durch Abgeordnete. Das Land wurde in klei=nen Grundstücken bewirthschaftet, das Vermögen immer gleichmäßig unter die Kinder vertheilt, so daß weder eine Land=, noch Vermögenaristokratie entstehen konnte. Die

§ 91. Vereinigte Staaten von Nord-Amerika.

nördlichen Staaten folgten dem Beispiele Massachusetts, wie die südlichen dem Virginiens.

Diese beiden Regierungssysteme waren nie in Einklang miteinander; nur die Noth gemeinsamen Zusammenhaltens gegen äußere Feinde, so lange Süd und Nord beide schwach waren, verhütete länger als zwei Jahrhunderte einen ernsten Zusammenstoß zwischen Demokratie und Aristokratie, zwischen Freiheit und Sklaverei. Während dieser langen Zeit fühlten Nord und Süd gegenseitig den Einfluß ihrer verschiedenen Regierungsprincipien. Das Bestehen der Sklaverei in den südlichen Kolonien verursachte, daß auch die nördlichen die Sklaverei in gewisser Ausdehnung bei sich bestehen ließen, bis die Revolution mit ihren Ideen von Gleichheit und Freiheit sie nöthigte, diesen Widerspruch aus ihren freien Einrichtungen zu verbannen. Auf der andern Seite wurden die Südstaaten seit der Revolution, unter dem Einflusse des Nordens, zu einer mehr demokratischen Regierungsform gedrängt, obschon sie die Einrichtung der Sklaverei beibehielten und vervollkommneten. Was zur Charakterisirung Massachusetts' gesagt worden ist, kann auch auf die andern Neuengland-Staaten: Connecticut, Rhode Island und New-Hampshire ausgedehnt werden, da alle vier von Puritanern gegründet wurden. Die beiden Carolina's und Maryland wurden von Kolonisten derselben Art wie Virginien bevölkert. New-York und New-Jersey hatten Holländer zu Gründern. Die Städte New-York und Albany, wie ihre Umgegenden, haben noch manche Spuren von ihnen behalten. Diese beiden Kolonien wurden von den Engländern 1664 erobert. In Pennsylvanien und Delaware ließen sich englische Quäker unter Wilhelm Penn nieder. Er war der erste, der die Indianer mit Gerechtigkeit und Milde behandelte. Georgien wurde erst 1733 kolonisirt. Maryland und Rhode Island haben die Ehre, am ersten völlige religiöse Freiheit für alle Bekenntnisse gewährt zu haben. —

Anmerk. — Die nordamerikanischen Kolonien wurden zuerst von Eigenthümern (proprietors) regiert, d. h. einzelnen Männern oder Gesellschaften, denen das Land durch königlichen Freibrief (charter) zum Zwecke der Kolonisation verliehen worden war. Die Eigenthümer entwarfen die Verfassungen und setzten die Statthalter ein. Nur die Neuengland-Kolonien setzten ihre Verfassungen selbst und wählten ihre eigenen Statthalter. Massachusetts aber ward 1686 eine „königliche" Kolonie. Als die Kolonien an Wichtigkeit zunahmen, kamen sie unter königliche Verwaltung. Die einzigen Kolonien, die zur Zeit der Revolution noch von „Eigenthümern" regiert wurden, waren Pennsylvanien, Maryland und Delaware.

2. Der Befreiungskrieg.

Nicht sowohl durch neue Einwanderungen, als durch natürlichen Zuwachs nahm die Bevölkerung der nordamerikanischen Kolonien überraschend zu, so daß sie zur Zeit der Revolution sich bereits auf 3,000,000 belief. — Die Ursachen der Revolution reichten wenigstens hundert Jahre zurück. Der Wechsel in den Regierungen der südlichen und mittlern Kolonien von "proprietary" (einem Eigenthümer gehörig) zu "royal" (königlich) war eben so sehr zum Vortheil der Bevölkerung jener Kolonien, als der englischen Regierung. Allein als der König versuchte, die freien Verfassungen Neuenglands umzustoßen, begegnete er unerwartetem Widerstande. Die englische Regierung betrachtete die Kolonien als ihre Schöpfungen, deren Handel und Gewerbe sie zu Englands Vortheil regulirte. Am meisten litten unter dieser Bedrückung die unternehmenderen Neuengländer, aber auch die andern Kolonien protestirten dagegen. Für diese drückenden Beschränkungen empfingen die Kolonien keinen Ersatz durch Beschützung gegen die Indianer, Franzosen oder Spanier. Im Gegentheil wurden sie durch die kurzsichtige Politik Englands genöthigt, sich mit einander zu verbinden, Heere zu errichten und Krieg zu ihrer eigenen Beschützung zu führen. Massachusetts z. B. stellte ein Heer auf eigne Kosten her und eroberte Louisburg, die stärkste Festung des Kontinents. Im französischen Kriege von 1754—63, in welchem die Franzosen aus Canada vertrieben wurden, nahmen die Kolonisten nicht nur thätigen Antheil am Kampfe, sondern bezahlten auch freiwillig einen Theil der Kosten. Allein die englische Regierung hatte durch diesen Krieg, der in beiden Hemisphären zu gleicher Zeit geführt ward, ihre Nationalschuld bedeutend vergrößert, und sie beschloß nun, durch Besteuerung den Kolonien einen Theil derselben aufzubürden. Die Kolonisten, welche keine Stimme im Parlamente Englands hatten, wider=

setzten sich diesem und erhoben den Ruf: „Keine Besteuerung ohne Vertretung!" (No taxation without representation.) Dieser wurde die Losung der Revolution. Die „Stempeltaxordnung" (Stamp Act) vom 22. März 1765 verursachte allgemeine Aufregung, und auf den Ruf Massachusetts' versammelte sich zu New-York ein Congreß, auf dem neun Kolonien vertreten waren. Die Mitglieder desselben einigten sich zu einer „Erklärung der Rechte" (Declaration of Rights) worin England das Recht bestritten ward, die Kolonien zu besteuern, so lange diese nicht im Parlamente vertreten seien. Die Stempeltaxordnung konnte nicht ausgeführt werden, und wurde im nächsten Jahre widerrufen, aber 1767 wurde eine Steuer auf Papier, Glas, Malerfarben und Thee gelegt. Indeß auch diese Steuer erregte allgemeinen Widerspruch. Die Regierung sandte 1768 Truppen nach Boston, das Volk in Furcht zu setzen. Die Kaufleute von Boston kamen überein, keinen der zollpflichtigen Artikel zu kaufen oder verkaufen; die Kaufleute anderer Städte folgten ihrem Beispiele. Die Regierung machte wieder Zugeständnisse, und ließ nur die Steuer auf Thee bestehen, beharrte indeß auf dem Besteuerungsrechte. Dieser von ihr aufrecht erhaltene Grundsatz war's besonders, was den Kolonien widerstand, und nicht sowohl der Betrag des Zolls. Den Schiffen, die den Thee brachten, wurde entweder nicht gestattet zu landen, oder ihre Ladung ward zerstört. In Boston warfen einige als Indianer verkleidete junge Männer drei Schiffsladungen Thee in's Meer. Zur Strafe dafür sperrte die Regierung den Hafen von Boston. — Am 14. September 1774 trat der zweite Congreß, diesmal von Abgeordneten sämmtlicher Kolonien beschickt, zu Philadelphia zusammen, und beschloß, alle Handelsbeziehungen mit Großbritanien abzubrechen. Die Kolonien hoben und rüsteten jetzt Truppen aus, England verstärkte die seinigen, und es bedurfte nur des Funkens, um die Flamme des Bürgerkrieges zu entzünden. Dieser ließ nicht auf sich warten. Am 19. April 1775 kam es zum Gefecht bei Lexington zwischen englischen Truppen, die ausgesandt waren, die Kriegsvorräthe der Amerikaner zu Concord zu vernichten, und zwischen Landleuten von Massachusetts. Die Engländer erreichten ihre Absicht, aber mit dem Verluste der Hälfte ihrer Mannschaft. Auf die Nachricht von diesem ersten vergossenen Bürgerblut erstand das ganze Land wie Ein Mann. Die Schlacht bei Bunker Hill folgte am 17. Juni, wo die Engländer zwar das Feld behaupteten, aber unverhältnißmäßig viele Leute verloren. Am 17. März 1776 mußten die Engländer Boston räumen. Den Mann, dem dieser glückliche Ausgang am meisten zu danken war, George Washington aus Virginien, hatte der Congreß mittlerweile zum Oberbefehlshaber ernannt. — Am 4. Juli unterzeichneten die Mitglieder des Congresses die berühmte „Unabhängigkeitserklärung" (Declaration of Independence), welche eine klare Darlegung der Ursachen, die zum Kriege geführt, und die Grundsätze, nach denen eine freie Regierung gegründet werden sollte, enthielt. Dieses Dokument war von Thomas Jefferson aus Virginien verfaßt, dessen Lehren den größten Einfluß auf den Charakter der republikanischen Regierung der Vereinigten Staaten gehabt hat. Die Grundsätze, auf denen dieselbe beruht, sind in den folgenden Sätzen aus der Einleitung zur Unabhängigkeits= erklärung enthalten:

„Wir halten folgende Wahrheiten für keines Beweises be= dürftig: daß alle Menschen gleichgeschaffen sind; daß sie von ihrem Schöpfer gewisse unveräußerliche Rechte empfangen haben; daß zu diesen Rechten Leben, Freiheit und Streben nach Glückseligkeit gehören; daß zur Sicherung dieser Rechte unter den Menschen Regierungen eingerichtet sind, welche ihre rechtmäßigen Gewalten von der Einwilligung der Regierten herleiten; daß, sobald eine Regierungsform diesen Zwecken verderblich wird, es das Recht des Volkes ist, sie abzuändern oder abzuschaffen und eine neue Regierung einzurichten, welche es auf solche Grundsätze bauen und mit solchen Befugnissen ausrüsten mag, wie ihm für seine Sicherheit und Wohlfahrt am zuträglichsten erscheint."

Diese Unabhängigkeitserklärung zog die Aufmerksamkeit von ganz Europa auf die bis dahin fast unbekannt gewesenen englischen Kolonien. Wer selbst die Freiheit liebte, sympa= thisirte mit ihnen. Nicht wenig trug dazu Benjamin Franklin, der Erfinder des Blitzableiters, bei. Als Geschäftsführer seines Vaterlandes am Hofe von Paris er=

§ 91. Vereinigte Staaten von Nord=Amerika.

regte er durch seine schlichte verständige Weise die Begeisterung der Franzosen für Freiheit und Demokratie. Washington, der besonnene Führer im Felde und weise Regierer im Frieden; Jefferson, der scharfe Denker, und Franklin, der verständige Diplomat — diese drei können wir als die ersten bezeichnen unter den Männern, welche die Väter der amerikanischen Republik heißen.

Aber noch sollten die Amerikaner die Ungunst des Kriegsglückes erfahren. New=York wurde von den Engländern im Sept. 1776 genommen und bis zum Ende des Krieges in Gewalt behalten. Washington wurde durch New Jersey über den Dealware getrieben. Einige Vortheile gewann er wieder während des Winters zu Trenton (wo er 1500 Hessen, die von ihrem elenden Fürsten an England verkauft waren, gefangen nahm) und Princeton; allein im Sept. 1777 mußte er Philadelphia den Engländern räumen. Im Winterquartiere zu Valley Forge litten die Truppen außerdem sehr.

Der erste entscheidende Erfolg, den die Amerikaner erlangen, war die Gefangennahme des Generals Burgoine mit seiner Armee von 7000 Mann. Ihm war die Aufgabe zugetheilt, eine Verbindung zwischen Canada und der Stadt New=York herzustellen und so die Neuengland=Kolonien von den übrigen abzuschneiden. Nach langwierigen Gefechten mußte er sich am 17. Okt. 1777 zu Saratoga ergeben. Hierauf anerkannte Frankreich im Herbste 1778 die Unabhängigkeit der Kolonien, schloß einen Bund mit ihnen, und unterstützte sie vorläufig mit Schiffen und Kriegsvorräthen, wie später auch mit Mannschaft. Begeisterte Freiwillige aus verschiedenen Ländern (Kalb, Steuben, Kosciuszko, der Marquis von Lafayette u. s. w.) waren schon früher über's Meer gezogen, um im Freiheitskampfe zu dienen.

Der Krieg nahm nun mit abwechselndem Erfolge seinen Fortgang bis zum Jahre 1780, ohne daß bedeutende Schlachten vorfielen. Die Engländer zogen sich mit ihrer Hauptstärke nach Georgien und Südcarolina zurück, wo sie noch die meisten Anhänger hatten. Im Sept. 1780 versuchte der amerikanische General Arnold Verrath an seinen Landsleuten zu üben, der indeß nicht gelang.

Der zweite große Erfolg der amerikanischen Waffen war für den Ausgang des Krieges entscheidend. Am 19. Okt. 1780 nämlich wurde der englische General Cornwallis mit seiner Armee zu Yorktown von der vereinigten amerikanisch-französischen Streitmacht unter Washington und Lafayette zur Uebergabe gezwungen. Da England auch gegen seine europäischen Feinde zu kämpfen hatte, konnte es nicht daran denken, die Kolonien wieder unter Botmäßigkeit zu bringen. So kamen denn bald Friedensunterhandlungen zu Stande, die am 3. Sept. 1783 zum Abschlusse des Friedens zu Paris führten. England erkannte darin die volle Unabhängigkeit der Vereinigten Staaten an.

Doch nicht sogleich sollte Amerika den vollen Segen der Freiheit genießen. Die Gewerbthätigkeit lag darnieder, das Land war mit schweren Schulden belastet und von werthlosem Papiergeld überschwemmt. Den Streitigkeiten der einzelnen Staaten unter einander machte endlich die zu Philadelphia im Jahre 1787 gehaltene Zusammenkunft von Abgeordneten (Convention), deren Präsident Washington war, ein Ende, indem sie die jetzige Verfassung (Constitution) der Vereinigten Staaten entwarf. Darnach besteht die oberste Regierung aus dem Congreß und einem alle vier Jahre zu wählenden Präsidenten. Der Congreß besteht aus dem Senat, zu dem jede Staatsregierung zwei Abgeordnete wählt, die ihren Posten sechs Jahre bekleiden, und dem Hause der Repräsentanten, die von sämmtlichen Bürgern alle zwei Jahre neu gewählt werden. Jeder einzelne Staat hat eine selbständige Regierung zur Leitung seiner innern Angelegenheiten nebst einem Landtag. Dem Congreß steht das Recht der Gesetzgebung, Besteuerung, Zoll- und Handelsbestimmungen, Kriegserklärung, Friedensschlüsse u. a. zu. Der Präsident ist Oberbefehlshaber der Land- und Seemacht und ernennt alle Beamten. Washington war der erste, der durch das Vertrauen seiner Mitbürger zu diesem Ehrenposten erwählt ward.

Wie jedes menschliche Werk unvollkommen ist, so hatte auch die Constitution der Ver. St. ihre Mängel. Unklare Bestimmungen suchte jede Partei später zu ihren Gunsten auszulegen. Besonders war es die Sklaverei, die dazu führte, daß sie noch ihre Bluttaufe bestehen mußte.

3. Der Bürgerkrieg und seine Ursachen.

Unter der freien Verfassung von 1787 nahmen die Ver. St. an Bevölkerung und Wohlstand schnell zu. Der Sklavenhandel mit Afrika war nach 1808 verboten; desto mehr Einwanderer kamen aus Europa, die von den freien Einrichtungen und der Billigkeit des Bodens angezogen wurden. Jene große Wanderung nach Westen zu begann von einer „Armee von Axtmännern," die durchschnittlich 30 Meilen Boden jährlich urbar machten. Was sie begonnen, ist noch nicht vollendet. Mit Recht staunen wir über das wunderbare Wachsthum des Landes; während zur Zeit der Revolution nur 3,000,000 Menschen ein Gebiet von 800,000 Quadratmeilen inne hatten, umfaßten die Ver. St. in der ersten Hälfte des jetzigen Jahrhunderts ein Gebiet von 3,000,000 Quadratmeilen mit etwa 30,000,000 Bewohnern.

Allein mittlerweile drohte der Bürgerkrieg die junge Republik zu zerstören. Die Ideen der Revolution, wie wir gesehen haben, verursachten sehr bald die Abschaffung der Sklaverei in den nördlichen Staaten und machte die Verfassungen der südlichen Staaten demokratischer. Unzweifelhaft würde das mählige Wirken dieser Ideen die Abschaffung der Sklaverei auf friedlichem Wege auch in den südlichen Staaten zur Folge gehabt haben; allein, des Mechanikers Whitney Erfindung des Cotton-gin (einer Maschine zur Abtrennung des Samens von der Baumwolle) machte die Kultur der Baumwolle durch Sklavenarbeit sehr vortheilhaft, und so wurde die Sklaverei für die südlichen Pflanzer eine Lebensfrage. Der erste Konflikt zwischen Süden und Norden entstand, als Missouri um Aufnahme in das Staatengebiet der Union nachsuchte. Eine Partei im Congreß wollte den neuen Staat nur unter der Bedingung der Ausschließung der Sklaverei zulassen; allein die Männer des Südens siegten. Durch die Vermittelungsakte Clay's, Missouri=Compromiß (1820) genannt, ward Missouri als Sklavenstaat zugelassen, jedoch sollte in Zukunft die Sklaverei in keinem Staate geduldet werden, der sich östlich von den Rocky=Mountains und nördlich vom 36°. 30′ der Breite bilden würde. (Um diese Zeit entstanden im Norden die ersten Abolitionisten=Gesellschaften, deren Streben die Abschaffung der Sklaverei war.) — Der zweite Konflikt entstand über die Einverleibung von Texas als Sklavenstaat in die Union 1845. Dies führte 1847 zum Kriege mit Mexiko, durch welchen auch New-Mexiko und Californien an die Ver. St. gelangten. Die Organisation dieser Territorien bildete den dritten Konflikt. Er ward durch Clay's „Compromiß" 1850 dadurch beigelegt, daß Californien als freier Staat zur Union kam, während die "Fugitive Slave Bill" (Gesetz gegen flüchtige Sklaven) dem Süden zugute kam. Die Sklavenjagden, die jetzt folgten, erregten große Entrüstung im Norden, die manchmal zu Gewaltthätigkeit führte. Im Süden war jede freie Aeußerung über das Institut der Sklaverei verpönt. — Der vierte große Konflikt folgte auf Douglas' Kansas-Nebraska-Bill von 1854, welche das Missouri-Compromiß von 1820 aufhob und es dem Volke von Kansas und Nebraska überließ, die Sklaverei bei sich zu gestatten, oder nicht. Dadurch entstanden blutige Kämpfe zwischen den Sklavenhaltern und Freibodenmännern (Freesoilers). Zwar trug die Sklavenpartei nicht den Sieg davon, doch bewirkte sie die Verzögerung des Beitritts von Kansas als Freistaat zur Union. John Brown, einer der Freibodenmänner, versuchte zu Harper's Ferry in Virginien die Sklaven zum Aufstand zu reizen. Er büßte sein Unternehmen mit seinem und seiner Begleiter Leben. — Der fünfte große Konflikt wurde hervorgerufen durch den Vorschlag der neugebildeten republikanischen Partei, der dahin ging, die Sklaverei in den Territorien in Zukunft zu verbieten. Dies führte sofort zu dem großen Bürgerkriege von 1861—1865.

Von Anfang gab es zwei politische Parteien in den Ver. St., die in der Auslegung der Constitution auseinandergingen. Die eine Partei wollte, daß der Bundesregierung so viel Macht als möglich, die andere, daß ihr so wenig Macht als möglich gegeben werde. Süd-Carolina unter der Führung von Calhoun versuchte 1832 den Tarif von 1828 umzustoßen, und führte als Rechtfertigung an, daß die Union nur ein Verein unabhängiger Staaten sei, und daß jeder Staat das Recht habe, die Gesetze der Bundesregierung zu verwerfen, oder anzunehmen, ja daß ihm selbst das Recht

einer Trennung zustehe. Präsident Jackson verhinderte dies=
mal noch den Riß durch Gewalt; allein die Lehre Calhoun's
von der Selbstständigkeit der einzelnen Staaten machte der
ganze Süden zu der seinigen, und als die republikanische
Partei im Nov. 1860 durch die Erwählung Lincoln's zum
Präsidenten triumphirte, beschloß der Süden sofort, sich vom
Norden zu trennen. Die Beweggründe liegen nahe. Das
ungeheure Wachsthum der nördlichen Staaten an Bevölkerung
und Wohlstand brang den Südstaaten die Ueberzeugung auf,
daß sie nicht länger der leitende Theil der Union sein könnten;
anstatt also eine untergeordnete Rolle zu spielen, wollten sie
lieber ein eigenes Reich errichten, in dem nur ihre Interessen
zur Geltung kämen und das Institut der Sklaverei unbehin=
dert bestehen könnte. Die Verhältnisse Mexiko's und Central=
Amerika's ließen sie hoffen, die Grenzen des aristokratischen
Sklavenstandes bald zu erweitern. Daß es zum Kriege mit
dem Norden kommen müßte, setzten sie wohl voraus; allein
sie hielten sich überzeugt, daß ihre „ritterliche Tapferkeit" die
gemeinen Handwerker und Landleute des Nordens leicht über=
winden werde. England und Frankreich glaubten sie zu
Bundesgenossen zu bekommen, die sich freuen würden, die
Macht des demokratischen Nordens zu brechen, und die außer=
dem ihre Baumwolle nicht entbehren könnten.

Süd=Carolina eröffnete den Reigen der Trennung;
am 20. Dec. 1860 sagte es sich vom Verbande mit der Union
los. Während des Winters folgten Georgien, Ala=
bama, Mississippi, Louisiana, Florida und
Texas (die Baumwollen=Staaten). Abgeordnete dieser
Staaten traten am 4. Febr. 1861 zu Montgomery zu
einer Convention zusammen, nahmen mit wenigen Aenderun=
gen die Constitution der Ver. St. für den neuen Bund an
und gaben ihm den Namen: „Konföderirte Staaten von
Amerika" (Confederate States of America); zu ihrem Prä=
sidenten erwählten sie den frühern Kriegsminister Jefferson
Davis. Die übrigen Sklavenstaaten zögerten, dem ge=
gebenen Beispiele zu folgen, und der Winter verfloß in frucht=
losen Versuchen zum Ausgleiche.

Am 12. April 1861 begann Süd=Carolina den Kampf mit
der Bombardirung von Fort Sumter im Hafen von

Charleston. Diese That entflammte die Gemüther hüben und drüben. Jetzt schlossen sich auch **Virginien, Tennessee, Nord-Carolina** und **Arkansas** der neuen Konföderation an, oder wurden vielmehr hineingezogen von den politischen Leitern; denn das Volk im allgemeinen wurde nicht befragt. **Die Rebellion war das Werk der Aristokratie, und nicht das des Volkes des Südens.** **Missouri, Kentucky** und **Maryland** blieben bei der Union, lieferten indeß dem Süden viele Tausend Freiwillige. — Die Beschießung von Fort Sumter verursachte im Norden eine ungeheure Erregung. Präsident Lincoln rief 75,000 Mann Freiwillige unter die Waffen, und begeistert strömten die Männer den Fahnen zu. **Baltimore** und **Washington** wurden für die Union gesichert, wie auch einige von den vielen Arsenalen, Schiffswerften und Festungen im Süden. Die Unionstruppen drangen von drei verschiedenen Punkten in Virginien ein. Zu **Bull Run** erlitten die nördlichen Truppen am 21. Juli 1861 die erste Niederlage von den Südlichen unter General Beauregard. McClellan, welcher unter den nördlichen Generälen bis dahin die einzigen Erfolge errungen hatte, wurde Oberbefehlshaber. Zur See bewies der Norden seine Ueberlegenheit von Beginn an. Die südlichen Häfen wurden blockirt, die Verschanzungen auf **Hatteras Inlet** und zu **Hilton Head** genommen. Von England und Frankreich wurde der Süden mit unziemlicher Hast als kriegführende Macht anerkannt, wenn sie auch nicht, wie derselbe gehofft hatte, offen auf seine Seite traten. Dennoch wäre es bald zum Kriege der Union mit England gekommen, als der Kapitän **Wilkes** von der Unionsflotte ein englisches Passagierschiff anhielt und die südstaatlichen Kommissäre **Mason** und **Slidell** auf demselben gefangen nahm. Durch die Nachgiebigkeit der Unionsregierung, die die Gefangenen später an England auslieferte, ward Englands Theilnahme am Kriege verhindert. Das Jahr 1861 ging zu Ende, ohne daß es irgend eine Entscheidung gebracht hätte.

Erst im nächsten Jahre setzten Nord und Süd ihre volle Kraft gegen einander ein. Im Süden herrschte eine militärische Schreckenswirthschaft; die Anhänger der Union wurden auf's schärfste verfolgt; fast die gesammte männliche Bevölkerung wurde unter die Waffen gezwungen. Das Jahr begann günstig für die Unionswaffen im Westen. Fort **Henry** und **Donelson** wurden genommen, und damit wurden die Nördlichen Herren von **Mittel-Tennessee**. Die Schlacht bei **Shiloh** wurde, nachdem sie schon verloren schien, am 7. April gewonnen. Am 6. Juni nahmen sie **Memphis**, wodurch **West-Tennessee** gesichert ward. Im Osten belagerte McClellan **Richmond**, mußte sich aber nach der „siebentägigen Schlacht" vom 25. Juni bis 1. Juli mit großem Verluste zurückziehen. Der südliche Obergeneral **Lee** drang jetzt in **Maryland** ein, erlitt jedoch am 17. Sept. eine Niederlage zu **Antietam**. Am 7. Nov. wurde an Stelle McClellan's General **Burnside** zum Oberbefehlshaber ernannt, welcher in dem Versuche, das stark befestigte **Fredericksburg** zu nehmen, mit ungeheurem Verluste an Mannschaft am 13. Dec. geschlagen ward. Im Westen wurde die nördliche Armee aus Tennessee heraus bis Louisville getrieben; umgekehrt jedoch trieb dieselbe die südliche Armee nach Tennessee wieder hinein und schlug sie vom 30. Dec. 1862 bis 2. Jan. 1863 zu **Murfreesboro**. In allen diesen Operationen hatten die **Föderirten** (Nördlichen) mehr verloren als die „**Conföderirten**" (Südlichen); allein ihr Verlust wurde aufgewogen durch die Einnahme von **New-Orleans** am 25. April durch Admiral **Farragut** und General **Butler**, der wichtigsten südlichen Stadt, wodurch sie den Mississippi bis Vicksburg beherrschten. Zum erstenmal fand eine Seeschlacht zwischen eisengepanzerten Schiffen (iron-clad ships) statt, als der südliche Merrimac und der nördliche Monitor aufeinander losgingen.

Zu Anfange des Krieges hatte der Norden ausschließlich dafür gefochten, die Union zu erhalten, und die Sklaverei, die eigentliche Ursache des Krieges, außer Frage gelassen. Allein allmählich brach sich auch unter denjenigen Anhängern der Union, die nicht gerade Gegner der Sklaverei gewesen waren, die Ueberzeugung Bahn, daß kein dauernder Friede zwischen Norden und Süden gesichert werden könne, solange diese störende Ursache bestehe. Schon hatte der Congreß die

Sklaverei im Distrikt von Columbia, sowie in den Territorien verboten, und denjenigen Staaten Erleichterungen zugesagt, die ihre Sklaven freigäben. Da erließ Präsident Lincoln im Sept. 1862 eine Proklamation, daß in allen Staaten, die am 1. Januar 1863 sich noch in Rebellion befänden, die Sklaven ohne jeglichen Ersatz für ihre Besitzer frei sein sollten. Dies änderte die Lage der Parteien; jetzt war der Norden der angreifende Theil geworden. Auf militärischem Gebiete hatte der Norden noch immer nicht den rechten Mann gefunden; Hooker löf'te Burnside im Oberbefehl über die Potomac-Armee ab; auch er wurde bei Chancellorsville geschlagen. Lee drang mit den besten Truppen, die die Südbundischen bis jetzt aufgestellt hatten, in Pennsylvanien ein, so daß Washington zum zweitenmal bedroht war; aber er wurde von General Meade in der dreitägigen heißen Schlacht bei Gettysburg (1.—3. Juli 1863) geschlagen, und mußte zurückweichen. Am 4. Juli ergab sich auch das lange belagert gewesene Vicksburg an General Grant, wodurch die Schiffahrt auf dem ganzen Mississippi hergestellt ward und die südwestlichen von den übrigen Staaten der Konföderation getrennt wurden.

Der Süden hatte um diese Zeit jeden Mann, der Waffen tragen konnte, in sein Heer eingereiht; der Handel mit der übrigen Welt war abgeschnitten, sein Papiergeld fast gänzlich werthlos; die meisten der Pflanzungen lagen unbebaut, oder waren verwüstet. Aber auch im Norden stockten Handel und Gewerbthätigkeit; die vermehrten Steuerlasten drückten schwer; das Papiergeld sank für eine Zeitlang auf beinahe ein Drittel seines Nennwerthes. Auf beiden Seiten fühlte man die Folgen des Krieges tief. Dennoch ging das Jahr 1863 ohne Aussicht auf Frieden zu Ende. 1864 standen sich die Feinde stärker als je gerüstet gegenüber. Der Norden allein stellte in diesem einen Jahre 1,300,000 neuer Mannschaft in's Feld, dem der Süden etwas über die Hälfte entgegenstellen konnte. General Grant, der Held von Vicksburg, wurde am 3. März 1864 zum Generalleutenant und somit zum Oberbefehlshaber der gesammten Armeen der V. St. ernannt. Er übertrug den Befehl im

§ 91. Vereinigte Staaten von Nord-Amerika.

Westen an General Sherman. Dieser trieb die Konföderirten in einer Reihe scharfer Kämpfe, die von Mai bis September dauerten, durch die Berge von Nord-Georgien vor sich her, und nahm am 2. Sept. Atlanta. Von hier aus setzte er seinen berühmten Marsch durch Georgien fort, und eroberte am 20. Dec. Savannah. Mittlerweile wandte sich Grant gegen Lee, schlug ihn in den mörderischen Schlachten der Wilderneß (5.—7. Mai), und belagerte ihn in Richmond und Petersburg während des übrigen Theils des Jahres. Im Nov. 1864 wurde Lincoln mit großer Mehrheit zum Präsidenten wiedererwählt, gegen McClellan, den Kandidaten der Demokraten.

Zu Beginn des Jahres 1865 war es augenscheinlich, daß die Rebellion sich nicht lange mehr halten konnte. Ihre Hauptmacht war in Richmond eingeschlossen; Sherman ging auf seinem Marsche weiter und verwüstete den größten Theil des Staates Süd-Carolina, während Wilmington, der letzte Hafen der Konföderirten, wo so mancher Blockadebrecher eingelaufen war, dem Angriff der vereinten Land- und Seemacht gleichfalls erlag und den Föderalen in die Hände fiel. General Sheridan reinigte das Shenandoah-Thal von Konföderirten, schnitt die Verbindungen der Eisenbahnen und Kanäle nördlich und westlich von Richmond ab, und vereinigte sich mit Grant. Nach einigen harten Gefechten räumte Lee Richmond am 2. April, und war genöthigt, sich mit seiner ganzen Armee am 9. April zu Appomatox Court House an Grant zu ergeben. Ebenso zwang Sherman am 26. April den südbündischen General Johnston in Nord-Carolina zur Uebergabe; die Rebellenarmeen des Südwestens folgten im Mai, womit der bewaffnete Widerstand des Südens gegen die Bundesregierung sein Ende fand.

Die Freude im Norden über den Fall von Richmond verkehrte sich in Gram durch die Nachricht von der Ermordung Lincoln's am 14. April 1865 durch den Schauspieler Wilkes Booth. Sein Tod erweckte allgemeine Trauer nicht nur in Amerika, sondern auch in Europa. Nach den Bestimmungen der Verfassung wurde jetzt der bisherige Vicepräsident Andrew Johnson Präsident.

Zwischen ihm und dem Congreß entstand bald Uneinigkeit in Betreff der Wiederaufnahme der besiegten Staaten in die Union. Er behauptete, daß sie, da sie nie gesetzlich aus der Union ausgeschieden seien, ein Recht hätten, ihre Plätze unter den übrigen Staaten derselben wieder einzunehmen, sobald sie den Zusatz zur Constitution, die Abschaffung der Sklaverei betreffend, anerkennten. Dies thaten sie. Nachdem dieser Zusatz (amendment) zur Constitution von den meisten nördlichen Staaten bestätigt war, wurde er im Dec. 1865 als Theil der Constitution erklärt. Das Volk der besiegten Staaten erwählte seine Staatsbeamten und auch seine Mitglieder für den Congreß, die um ihre Zulassung nachsuchten. Allein der Congreß beanspruchte für sich selbst das Recht, die Bedingungen für den Wiedereintritt der fraglichen Staaten festzustellen, und forderte außer dem, was Präsident Johnson verlangt hatte, Beweise von Treue (loyalty) gegen die Bundesregierung und Gehorsam gegen Gesetz und Ordnung. Blutige Tumulte zu Memphis und New Orleans, die Art, wie sie neue Gesetze machten und Neger und nördliche Männer in ihren Gerichtshöfen behandelten, zeigten, daß der alte Geist, der nur Herren und Sklaven kannte, noch nicht erstorben war. Der Congreß versuchte die Neger durch das Bürger-Rechts-Gesetz (Civil Rights Bill) zu schützen, welches ihnen alle Rechte der Bürger, mit Ausnahme des Stimmrechts, gab. Die Wahlen im Herbst 1866 bewiesen durch ihren Ausfall, daß die Politik des Congresses von der Masse des Volks unterstützt wurde. Im Februar 1867 ging im Congreß die militärische Rekonstruktions-Bill durch. Diese Bill erklärte die Regierungen in den frühern Rebellenstaaten für bloß vorläufige, stellte sie unter Oberaufsicht von militärischen Befehlshabern und ordnete eine Revision ihrer Verfassungen an, wobei alle Einwohner, auch die Neger, durch Abstimmung mitwirken sollten, während die Leiter der Rebellion ausgeschlossen wurden. So wurde die politische Macht im Süden in die Hände der weißen Unionisten und der Farbigen gelegt, ein Zustand, der später noch zu erbitterten politischen Parteikämpfen und an vielen Orten selbst zu Blutvergießen führte.

Unter der Verwaltung des Präsidenten Johnson wurde das Territorium Alaska von der russischen Regierung durch Kauf erworben. Der treffliche Staatssekretär William H. Seward hatte die betreffenden Verhandlungen geführt. Die Ver. Staaten bezahlten dafür die Summe von $7,200,000 in Gold.

Im Jahre 1868 fand eine neue Präsidentenwahl statt. Unter der unionstreuen Bevölkerung wurde der Wunsch laut, den General Ulysses S. Grant, den erfolgreichsten Führer der Unionsheere, den Besieger der Rebellion mit dem höchsten vom Volke zu vergebenden Ehrenamt zu betrauen. Und so erhielt denn Grant die Nomination der republikanischen Partei. Als Vicepräsident wurde Schuyler Colfax von Indiana aufgestellt. Die Kandidaten der demokratischen Partei waren Horatio Seymour von New York und Frank P. Blair von Missouri. Grant und Colfax wurden mit großer Mehrheit gewählt. Von den ehemaligen Rebellenstaaten durften nur Virginien, Mississippi und Texas bei der Präsidentenwahl nicht mitstimmen.

Unter Grants Verwaltung wurde im Jahre 1870 der 15. Zusatz zur Bundesverfassung, nachdem derselbe von der Mehrheit der Staatsgesetzgebungen gutgeheißen worden, amtlich verkündet. Dieser Zusatz gewährt allen Bürgern ohne Unterschied der Rasse, Hautfarbe oder des früheren Zustandes der Sklaverei das Stimmrecht.

Das Land erholte sich schnell von den Folgen des blutigen Krieges und setzte namentlich das Ausland in Erstaunen durch die Schnelligkeit, mit der es die ungeheure Kriegsschuld abzutragen begann. Der Census von 1870 wies eine Bevölkerung von mehr als 38 Millionen nach; die industriellen Unternehmungen hatten sich in dem letzten Jahrzehnt fast verdoppelt. Zur Entwickelung der unermeßlichen Hülfsquellen des Landes trug nicht wenig die Vollendung der großen Pacificbahn bei, die den Osten mit San Francisko und dadurch mit der Küste des Stillen Oceans verbindet. Diese Bahn wurde im Jahre 1869 eröffnet und dem Verkehr übergeben. In den siebziger und achtziger Jahren wurden zwei weitere Pacificbahnen, die südliche und die nördliche vollendet.

Obwohl die Grantsche Verwaltung nicht ohne Grund der Gegenstand vieler Angriffe war, blieb die persönliche Beliebtheit des Präsidenten doch so groß, daß alle Versuche, seine Wiederwahl im Jahre 1872 zu hintertreiben, fehlschlugen.

Eine unabhängige Partei, der namentlich viele deutsche Republikaner beitraten, stellte zwar den persönlich braven und ehrenwerthen Horace Greeley von New York als Kandidaten auf, der sich vom armen Druckerjungen zum Chefredakteur und Eigenthümer einer großen New Yorker Zeitung (der N. Y. Tribune) aufgeschwungen hatte, und auch die Demokraten unterstützten Greeley, aber Grant wurde mit großer Mehrheit wiedergewählt. Die Aufregung des Wahlkampfes, zu der noch der Tod seiner treuen Lebensgefährtin kam, umnachtete den Geist des armen Greeley. Er mußte in eine Irrenanstalt gebracht werden und starb dort im Jahre 1872.

Grants zweiter Amtstermin gab nicht weniger zu Klagen Anlaß als der erste. Der riesenhafte Aufschwung des ganzen Landes verleitete überall zu den gewagtesten Unternehmungen, namentlich aber zum Börsenspiel. So war zum Zweck des Baus der oben schon erwähnten Pacificbahn eine Gesellschaft, der sogenannte Credit Mobilier, gegründet worden, die ganz ungeheuren Nutzen abwarf. Es stellte sich nun heraus, daß viele hohe Regierungsbeamte, Senatoren und Abgeordnete Aktien dieser Gesellschaft erworben oder gar zum Geschenk erhalten hatten, während doch der Werth dieser Papiere gerade von den Amtshandlungen dieser Personen abhängig war. Es muß aber hierbei gesagt werden, daß bei aller Korruption in den Regierungskreisen und selbst in der nächsten Umgebung des Präsidenten nie ein Zweifel an Grants persönlicher Ehrenhaftigkeit und Unantastbarkeit laut geworden ist. Die unglaublich und weit über den Bedarf gesteigerte Unternehmungslust, Börsenspiel und Ueberproduktion auf allen Gebieten führten im Jahre 1873 zu einer Handelskrisis, die in den weitesten Kreisen sich fühlbar machte und namentlich die Arbeiter in Noth brachte.

Während der Verwaltung Grants wurde der im Bürgerkriege begonnene Streit mit England glücklich geschlichtet. England hätte es bekanntlich gern gesehen, wenn die mächtige amerikanische Union wieder zerfallen wäre und hatte darum den Rebellen allerhand Vorschub geleistet, so z. B. die Ausrüstung des Rebellen-Kreuzers „Alabama" in einem englischen Hafen gestattet. Das war gegen das Völkerrecht wie gegen das englische Gesetz und die Ver. Staaten verlangten

§ 91. Vereinigte Staaten von Nord-Amerika.

mit Recht, daß England den Schaden, den die in England ausgerüsteten Rebellenschiffe dem amerikanischen Handel zugefügt hatten, ersetze. Just schien es, als solle es darüber zum Kriege kommen. Endlich aber traten zu Genf in der Schweiz Bevollmächtigte beider Länder zusammen und brachten ein Uebereinkommen zu Stande, wonach England den Ver. Staaten eine Entschädigung von 15½ Millionen Dollars zahlte. Eine Streitfrage, die in Bezug auf die Grenze zwischen den Ver. Staaten und den britischen Besitzungen am Stillen Meere entstanden war, wurde dem deutschen Kaiser zur Entscheidung vorgelegt und von diesem zu Gunsten der Ver. Staaten entschieden.

Im Innern wurden mehrere Kriege mit feindlichen Indianern siegreich zu Ende geführt. Sehr blutig waren die Kämpfe mit den vom Häuptling Sitting Bull geführten Sioux, welche der Besiedelung der nordwestlichen Territorien durch Weiße sich widersetzten. In einem dieser Kämpfe fiel am 25. Juni 1877 der tapfere Reitergeneral Custer.

Das Jahr 1876 brachte die hundertjährige Feier der Unabhängigkeits-Erklärung. Diese Feier konnte nicht besser begangen werden, als indem die Ver. Staaten der Welt zeigten, was in den hundert Jahren des Bestehens der Republik aus den dreizehn unbedeutenden Kolonien, deren Vertreter am 4. Juli 1776 die Unabhängigkeitserklärung unterschrieben hatten, geworden war. Das geschah durch eine große Weltausstellung, die am 10. Mai 1876 im herrlichen Fairmount Park zu Philadelphia eröffnet wurde. Alle gesitteten Nationen der Erde waren vertreten. Mit Stolz aber durften die Amerikaner auf die Erzeugnisse ihres Gewerbefleißes hinweisen, die denen der ältesten Kulturstaaten nicht nur nicht nachstanden, sondern sie zum Theil — z. B. im Maschinenwesen — weit überflügelten. Im Jubiläumsjahre wurde das Territorium Colorado, dessen reiche Minen eine schnelle Besiedelung desselben herbeigeführt hatten, als Staat in die Union aufgenommen. Man nannte den neuen Staat den Centennial-Staat.

Unter Grants Verwaltung traf die Stadt Chicago ein schreckliches Unglück. Am 8. Oktober 1871 brach dort ein Feuer aus, das trotz aller Anstrengungen der Bürgerschaft ungeheure Verhältnisse annahm. 25,000 Häuser wurden zerstört, an 100,000 Personen waren obdachlos, der angerichtete Schaden überstieg 200 Millionen Dollars. Die Energie, mit der die so schwer heimgesuchte Bevölkerung an den Wiederaufbau ihrer Stadt ging, nicht minder aber die großartige Unterstützung, die das ganze Land den Abgebrannten zu Theil werden ließ, zogen die Bewunderung der ganzen Welt auf sich.

Im Centennial=Jahre (1876) schritt man zu einer neuen Präsidentenwahl. Der Präsidentschaftskandidat der republikanischen Partei war Rutherford B. Hayes von Ohio, ein Mann, der sich als Gouverneur seines Heimathstaates bewährt hatte. Als Vicepräsident war Wm. A. Wheeler von New York aufgestellt worden. Die demokratische Partei nominirte Samuel J. Tilden von New York und Th. A. Hendricks von Indiana. Tilden genoß den Ruf eines reformfreundlichen Mannes, er hatte mitgewirkt, um in der Stadt New York die schamlosen Betrügereien eines demokratischen Beamtenringes aufzudecken und als Gouverneur von New York hatte er einen guten Einfluß auf die Staatsverwaltung ausgeübt. Der Wahlkampf wurde von beiden Seiten mit großer Erbitterung geführt. Auf republikanischer Seite wurde namentlich die Nothwendigkeit der Rückkehr zur Goldwährung („ehrliches Geld") betont, während die Demokraten in vielen Staaten eine unbeschränkte Ausgabe von Papiergeld („Papierschwindel") verlangten. Im Allgemeinen aber ging die Strömung nach der demokratischen Seite und die Unzufriedenheit weiter Kreise mit der Grant'schen Verwaltung schien den Demokraten den Sieg zu verbürgen. Aber das Wahlergebniß war zweifelhaft. Zur Wahl waren 185 Stimmen erforderlich und davon hatte Tilden zunächst nur 184 sicher erhalten. In Louisiana, Süd=Carolina, Florida und Oregon war das Resultat zweifelhaft. In den drei genannten Südstaaten namentlich war es bei den Wahlen ganz außerordentlich unruhig hergegangen und es wurde festgestellt, daß dort die Farbigen, die meist der republikanischen Partei angehörten und zweifellos in den meisten Bezirken die Mehrheit hatten, in der gewaltthätigsten Weise am Stimmen gehindert worden waren und daß Neger, die dennoch an den Wahlplätzen zu erscheinen gewagt hatten, von den

§ 91. Vereinigte Staaten von Nord-Amerika.

weißen Demokraten niedergeschossen worden waren. Unter diesen Umständen gaben die von den betreffenden Staaten eingesetzten und in den Händen der republikanischen Partei befindlichen Zählungsbehörden (Returning boards) die erforderlichen Wahlbescheinigungen den von den Republikanern aufgestellten Präsidentenwählern. Um das zu können, mußten sie freilich eine große Anzahl von demokratischen Stimmen für ungültig erklären. Ob sie dabei nach Recht und Billigkeit verfuhren, d. h. ob sie nur zweifellos ungesetzlich abgegebene Stimmen hinauswarfen (hinauszählten), das ließ sich in dem Streite, der nun über das Wahlergebniß entbrannte, nicht feststellen und wird auch von der Geschichtsschreibung der Zukunft schwerlich je festgestellt werden. Die Aufregung im Lande hatte aber, als der Kongreß zusammentrat und die endgültige Zählung der Stimmen vornehmen sollte, einen so hohen Grad erreicht, daß ein neuer Bürgerkrieg mindestens innerhalb der Grenzen der Möglichkeit lag. Die Schwierigkeit wurde noch dadurch vermehrt, daß der Senat eine republikanische, das Abgeordnetenhaus aber eine demokratische Mehrheit hatte. Unter diesen Umständen wird es den Männern, die damals an der Spitze der Parteien im Kongreß standen, für alle Zeiten zu unvergänglichem Ruhme gereichen, daß sie den Streit durch Einsetzung eines Schiedsgerichts zu schlichten unternahmen. Der Kongreß setzte ein Schiedsgericht ein, das aus fünf Senatoren, fünf Abgeordneten und fünf Richtern des Obersten Gerichtshofes bestehen und endgültig über die Stimmen der streitigen Staaten entscheiden sollte.*) Von den Senatoren sollten drei Republikaner und zwei Demokraten sein, während bei den Abgeordneten das umgekehrte Verhältniß bestehen sollte. Von den Richtern wählte man zwei Republikaner und zwei Demokraten aus und bestimmte, daß diese vier das fünfte richterliche Mitglied des Schiedsgerichts wählen sollten. So hatte man 7 Republikaner und 7 Demokraten. Als fünfzehntes Mitglied

---

*) Mitglieder dieses Schiedsgerichts waren die Senatoren Bayard, Edmunds, Frelinghuysen, Morton und Thurman; die Abgeordneten Abbott, Garfield, Hoar, Hunton und Payne; endlich die Mitglieder des Obergerichts Bradley, Clifford, Field, Miller und Strong.

wurde dann Richter Bradley gewählt. Dieser galt als politisch unabhängig, stimmte aber bei den nun folgenden Verhandlungen stets mit den Republikanern und so kam mit 8 gegen 7 Stimmen die Entscheidung zu Stande, daß die Wahlstimmen der streitigen Staaten für Hayes zu zählen seien. Dieser Entscheidung gemäß erklärte dann der Kongreß, daß von den abgegebenen Stimmen Hayes 185, Tilden aber nur 184 erhalten habe und so wurde Hayes am 4. März 1877 in das Präsidentenamt eingeführt. Das Volk unterwarf sich willig dieser Entscheidung und zeigte dadurch der Welt, daß freie Nationen sehr wohl im Stande sind, ihre inneren Zwistigkeiten auf friedlichem Wege zu schlichten.

Präsident Hayes, der den Deutschamerikaner Karl Schurz als Sekretär des Innern in sein Kabinet berief, war ehrlich bestrebt, die zwischen Nord und Süd noch bestehenden Gegensätze auszugleichen. Er zog die noch in einzelnen Südstaaten stehenden Bundestruppen zurück und legte der Organisation demokratischer Staatsregierungen kein Hinderniß mehr in den Weg. Als er darauf persönlich einen Theil des Südens bereiste, wurde er überall mit großer Herzlichkeit aufgenommen. Leider war er aber genöthigt, noch im Sommer 1877 Bundestruppen im Norden einschreiten zu lassen. Die traurigen Arbeitsverhältnisse hatten in weiten Kreisen Unzufriedenheit hervorgerufen, sozialdemokratische und kommunistische Hetzer suchten daraus Vortheil zu ziehen und als mehrere große Eisenbahnen eine Lohnherabsetzung eintreten ließen, war auch der äußere Anlaß zu Unruhen gegeben. Es kam zu einer allgemeinen Arbeitseinstellung der Eisenbahnarbeiter und in Folge dessen in verschiedenen Städten, z. B. in Baltimore, Martinsburg, W. Va., Hornellsville, N. Y., Chicago, Louisville, Reading, Pa., und Pittsburg zu Unruhen und zum Theil zu offener Empörung. In Pittsburg gingen die Bahnhöfe der Pennsylvania-Eisenbahn in Flammen auf und der angerichtete Schaden bezifferte sich auf Millionen. Die Wiederherstellung der Ruhe wurde durch einen Verlust von hundert Menschenleben erkauft.

Die Präsidentenwahl von 1880 fand die republikanische Partei im ganzen Lande gekräftigt. Die Wiederaufnahme der Hartgeldwährung und die damit verbundene Besserung in der Geschäftslage des Landes, trug dazu bei, der herrschenden Partei die Wege zu ebnen. Freilich in sich war diese Partei nichts weniger als einig. Das zeigte sich auf der republikanischen Partei-Konvention, die im Sommer des Jahres 1880 in Chicago zusammentrat. Drei Kandidaten stritten dort um den Sieg. Zunächst General Grant, der erst kürzlich von einer großen Reise um die Erde zurückgekehrt und überall mit großartigen Ehrenbezeigungen empfangen worden war, dann Senator Blaine, der schon vor vier Jahren um die Präsidentschaft sich beworben hatte, endlich Herr Sherman, der Finanzminister der Hayes'schen Verwaltung. Mehrere Tage lang war der Kampf unentschieden, bis es sich endlich herausstellte, daß keiner der genannten Kandidaten eine Mehrheit aller Stimmen auf sich vereinigen konnte. Man mußte sich also nach einem neuen Manne umsehen und die Wahl fiel endlich unter dem brausenden Jubel einer nach Tausenden zählenden Zuschauermenge auf General James Abraham Garfield von Ohio. Als Vicepräsident wurde Herr Chester A. Arthur von New York nominirt.

Die Nomination Garfields wurde von der großen Mehrheit des amerikanischen Volkes — im Norden wenigstens — mit Begeisterung aufgenommen und selbst die bittern Angriffe, die später in der Hitze des Wahlkampfes gegen Garfield geschleudert wurden, waren nicht im Stande, dessen Beliebtheit bei der Masse des Volkes abzuschwächen. Einer guten, aber nichts weniger als wohlhabenden Familie entsprossen, hatte Garfield frühzeitig schon die Entbehrungen des Lebens, aber auch den Segen der Arbeit kennen lernen. Aber während er arbeitete und auch vor der härtesten Arbeit nicht zurückschreckte, war er stets bemüht zu lernen. Bücher waren seine unzertrennlichen Begleiter. So brachte er es zum Lehrer an einer bescheidenen Dorfschule, vervollständigte dann aber seine Ausbildung auf höheren Schulen. Nach Ohio zurückgekehrt, wurde Garfield Professor am Hiram College und bald dessen Präsident. Als der Krieg ausbrach, trat er als Oberst an die Spitze eines Regiments und zeichnete sich in dieser Stellung derart aus, daß er zum Generalstabschefs der Cumberland-Armee aufstieg. Noch während des Krieges wurde er in das nationale Repräsentantenhaus gewählt, dessen Mitglied er bis zu seiner Nomination zum Präsidenten geblieben ist. Im Winter 1880 hatte ihn die Gesetzgebung von Ohio zum Bundessenator gewählt, er hat dieses Amt aber nie angetreten, da er inzwischen zum Präsidenten gewählt worden war.

Es kann nicht überraschen, wenn einem solchen unmittelbar aus dem Volke hervorgegangenen Manne, einem so glänzenden Vertreter des durch Fleiß und Thatkraft, nicht aber durch Geburt oder Vermögen emporsteigenden Amerikanerthums die Massen des Volkes im Norden zufielen. Zwar hatte die demokratische Partei einen nicht minder tüchtigen Kandidaten in der Person des Generalmajors Hancock von der Bundesarmee aufgestellt, einen Mann von untadelhaftem Charakter, der bei mehr als einer Gelegenheit im Bürgerkriege sich glänzend hervorgethan hatte, aber das Volk entschied sich für Garfield. Mit 217 gegen nur 155 Stimmen (die fast ausschließlich die Südstaaten abgaben) wurde General Garfield zum Präsidenten gewählt und übernahm am 4. März 1881 die Verwaltung. Bei der Einführung des Präsidenten nahm einen der Ehrenplätze die achtzigjährige Mutter Garfields ein. Sie hatte ihren Jüngsten in Armuth und Dürftigkeit großgezogen und sah ihn nun als das Oberhaupt der mächtigsten Republik des Erdballs vor sich.

Die tiefen Spaltungen, die seit längerer Zeit schon durch die republikanische Partei gingen und während der Präsidentenwahl nur oberflächlich sich ausgeglichen hatten, traten unter der Verwaltung Garfields sofort wieder zu Tage. Zum Staatssekretär war James G. Blaine von Maine ernannt worden und dessen alte Feindschaft gegen den New Yorker Bundessenator Conkling führte zu ernsten Streitigkeiten über Beamten-Anstellungen, die der Präsident auf den Rath Blaines in New York vorgenommen hatte. Die New Yorker Senatoren Conkling und Platt traten deswegen aus dem Bundessenat und als die New Yorker Gesetzgebung zur Wahl ihrer Nachfolger schritt, schien die republikanische Partei im ganzen Lande in zwei feindliche Lager getheilt, in die Stalwarts, die Standfesten, wie die Anhänger Grants und Conklings sich nannten, und in die Halfbreeds, die Halbblütigen, wie Garfields und Blaines Freunde bezeichnet

§ 91. Vereinigte Staaten von Nord-Amerika. 273

wurden. Bei der New Yorker Senatorwahl siegten schließlich die Halfbreeds, aber freilich erst nachdem Präsident Garfield durch die Hand eines elenden Meuchelmörders gefallen war.

Präsident Garfield wollte am 2. Juli 1881 von Washington nach Massachusetts reisen, um dem berühmten Williams-College, auf dem er selbst seine Studien vollendet hatte und wo zur Zeit seine Söhne studirten, einen Besuch abzustatten. Mehrere Minister sollten ihn begleiten. Gegen neun Uhr Morgens fuhr der Präsident in Begleitung des Staatssekretärs Blaine zum Bahnhofe. Im Gespräch mit Blaine wollte er gerade das Wartezimmer durchschreiten, als ein Mann sich ihm von hinten näherte und schnell hintereinander zwei Schüsse aus einem Revolver auf ihn abfeuerte. Mit einem lauten Aufruf stürzte Garfield zu Boden. Eine furchtbare Bestürzung bemächtigte sich der Umstehenden. Man trug den Schwerverwundeten in das Zimmer eines Bahnbeamten und schickte nach Aerzten. Diese fanden, daß die Kugel des Mörders unweit des Rückgrates in den Körper des Präsidenten gedrungen war. Vorsichtig brachte man nun den Leidenden nach dem Weißen Hause. Was ärztliche Kunst und treue Pflege vermochten, wurde hier aufgeboten. Elf lange Wochen trug Garfield sein Leiden mit christlicher Geduld. „Doktor, Sie kennen mich und wissen, daß ich mich vor dem Tode nicht fürchte," sagte er einst zum Doktor Bliß, der die Behandlung leitete, „sagen Sie mir ehrlich, wie es mit mir steht." „Herr Präsident," lautete die Antwort, „ich fürchte, daß Sie nur noch wenige Stunden zu leben haben." Worauf Garfield: „Wohlan, Gottes Wille geschehe; ich bin bereit zu sterben, wenn meine Zeit gekommen ist." Die Zeit war damals freilich noch nicht gekommen. Durch elf lange und bange Wochen schwankte das Züngelein der Wage zwischen Furcht und Hoffnung. Mit außerordentlicher Theilnahme verfolgte man im ganzen Lande die Krankheit des Präsidenten, das Volk griff eifrig nach jedem Hoffnungsstrahl, der vom Krankenzimmer des Dulders ausging und schaute namentlich bewundernd auf zu der Gattin des Präsidenten, die mit unvergleichlicher Hingabe den Verwundeten pflegte. Im September schaffte man den Präsidenten nach dem im Staate New Jersey gelegenen Seebade Elboron bei Long Branch.

Fast schien es, als solle die frische Seeluft einen belebenden Einfluß auf die Kräfte des Präsidenten haben, aber die Täuschung war kurz, am Abend des 19. September hauchte Garfield seinen Geist aus.

Die Trauer des Landes war aufrichtig und allgemein. Davon legte das Leichenbegängniß Garfields Zeugniß ab. Die Leiche des verewigten Präsidenten wurde zuerst nach Washington gebracht, wo in der großen Halle des Kapitols ein feierlicher Trauergottesdienst stattfand. Dann führten zwei Extrazüge die Leiche, die Familie Garfield, die Minister, Senatoren und Abgeordneten, höhere Offiziere der Armee und der Flotte und die sonstigen Leidtragenden nach Cleveland. Dort war auf einem großen öffentlichen Platze ein besonderer Bau zur Aufnahme des Sarges hergerichtet worden und mehr als hunderttausend Menschen zogen am 26. September entblößten Hauptes an dem Sarge des zweiten durch Meuchelmord gefallenen Präsidenten vorüber. Am 27. September erfolgte dann die feierliche Beisetzung auf dem prachtvoll gelegenen Friedhofe von Cleveland.

Der Mörder des Präsidenten war unmittelbar nach der That von Beamten des Bahnhofes ergriffen worden. Nur mit Mühe vermochte man ihn der Volkswuth zu entziehen und in das Gefängniß zu bringen. Er hieß Charles Guiteau und war aus Freeport in Illinois gebürtig. Der Mensch hatte ein Leben geführt, wie es, Gott sei's geklagt, in Amerika schon viele Leute führten. Ohne etwas Rechtes gelernt zu haben, ohne Lust zu ehrlicher Arbeit, hatte er durch Beschwindelung gutmüthiger und leichtgläubiger Leute sein Leben gefristet. Endlich sollte die Politik ihn ernähren. Er drängte sich an hervoragende Politiker und sprach denen von seinem Einfluß, während er zu Leuten in untergeordneter Lebensstellung mit seinen einflußreichen Bekanntschaften prahlte. Mit der Einführung Garfields fiel er den Washingtoner Beamten durch Aemterbettelei lästig. Als er kein Amt erhielt, griff er zum Revolver. Nach dem Tode Garfields machte man dem Mörder den Prozeß. Die Verhandlungen dieses Prozesses zogen sich schrecklich in die Länge, erst nach wochenlangen Verhandlungen erfolgte das Todesurtheil, das dann am 30. Juni 1882 vollstreckt wurde.

Unmittelbar nach dem Ableben Garfields hatte der Verfassung gemäß der bisherige Vicepräsident, Herr Chester A. Arthur die Präsidentschaft übernommen und den Amtseid geleistet. Der neue Präsident gehörte zu den sogenannten Stalwarts und stieß darum vielfach auf Mißtrauen. Aber die würdige Zurückhaltung, die er während der Krankheit Garfields beobachtet hatte, verließ ihn auch nicht nach seinem Amtsantritte und gewann ihm schnell die allgemeine Achtung. Während seiner Amtszeit wurde im Herbst 1882 zu Yorktown ein nationales Fest gefeiert, eine Erinnerungsfeier an die dort vor hundert Jahren erfolgte Kapitulation der britischen Armee unter Lord Cornwallis. Zu dieser Feier hatten die Vereinigten Staaten auch die Nachkommen der Generäle Lafayette und Steuben eingeladen, die beide tapfer für die Sache der amerikanischen Unabhängigkeit gekämpft hatten. Von den Nachkommen Steubens waren sieben — lauter Offiziere der deutschen Armee — der Einladung gefolgt. Im Jahre 1883 wurde die sogenannte East River-Brücke, welche die Städte New York und Brooklyn verbindet, eins der großartigsten Bauwerke der Welt, eröffnet. Die nördliche Pacificbahn wurde ebenfalls dem Verkehr übergeben.

Die Vereinigten Staaten hatten nach der Volkszählung von 1880 150 Millionen Einwohner. Diese Zahl hat sich in den folgenden Jahren noch ganz außerordentlich vermehrt, namentlich durch die Einwanderung aus Europa. Denn was das alternde Europa vielen seiner Kinder versagt: Freiheit und Brod, hier in der neuen Welt, wo noch unermeßliche Strecken fruchtbaren Landes der fleißigen Hände harren, die sie der Kultur erschließen sollen, ist es Jedem, der die Arme rühren will, geboten. Gebe Gott, daß es noch lange so bleibe.

§ 92. Die Staaten der Union und ihre Aufnahme in den Bund.

Die dreizehn ursprünglichen Staaten, deren Vertreter die Unabhängigkeits-Erklärung unterzeichneten, waren: 1. Delaware, 2. Pennsylvania, 3. New Jersey, 4. Georgia, 5. Connecticut, 6. Massachusetts, 7. Maryland, 8. Süd Carolina, 9. New Hampshire, 10. Virginia, 11. New York, 12. Nord

§ 92. Die Staaten der Union ꝛc.

Carolina und 13. Rhode Island. — Diese Staaten nahmen indessen die Bundesverfassung zu sehr verschiedenen Zeiten an. Die drei zuerstgenannten schon im Jahre 1787. Die übrigen im Jahre 1788. Nur Nord Carolina folgte erst im Jahre 1789 und Rhode Island sogar erst im Jahre 1790.

Die übrigen Staaten wurden in den hier hinter den Namen derselben angegebenen Jahren aufgenommen und zwar:

14. Vermont	im Jahre	....	1791
15. Kentucky	"	"	1792
16. Tennessee	"	"	1796
17. Ohio	"	"	1802
18. Louisiana	"	"	1812
19. Indiana	"	"	1816
20. Mississippi	"	"	1817
21. Illinois	"	"	1818
22. Alabama	"	"	1819
23. Maine	"	"	1820
24. Missouri	"	"	1821
25. Arkansas	"	"	1836
26. Michigan	"	"	1837
27. Florida	"	"	1845
28. Texas	"	"	1845
29. Iowa	"	"	1846
30. Wisconsin	"	"	1848
31. California	"	"	1850
32. Minnesota	"	"	1858
33. Oregon	"	"	1859
34. Kansas	"	"	1861
35. West Virginia	"	"	1863
36. Nevada	"	"	1864
37. Nebraska	"	"	1867
38. Colorado	"	"	1876

Außerdem umfassen die Ver. Staaten noch die nachstehend benannten Territorien: Arizona, Dakota, Idaho, Montana, New Mexico, Utah, Washington, Wyoming und Alaska. Letzteres hatte bis 1884 noch keine eigentliche Territorial-Verwaltung.

§ 93. Die Präsidenten der Ver. Staaten mit Angabe ihrer Amtszeit.

1. George Washinton von Virginia......1789—1797
2. John Adams von Massachusetts .....1797—1801
3. Thomas Jefferson von Virginia.....1801—1809
4. James Madison von Virginia........1809—1817
5. James Monroe von Virginia........1817—1825
6. John Quincy Adams von Mass.....1825—1829
7. Andrew Jackson von Tennessee ......1829—1837
8. Martin Van Buren von New York..1837—1841
9. William H. Harrison von Ohio......1841—1841 (starb)
10. John Tyler von Virginia............1841—1845
11. James K. Polk von Tennessee........1845—1849
12. Zachary Taylor von Louisiana......1849—1850 (starb)
13. Millard Fillmore von New York ...1850—1853
14. Franklin Pierce von New Hampshire..1853—1857
15. James Buchanan von Pennsylvania..1857—1861
16. Abraham Lincoln von Illinois ......1861—1865 (starb)
17. Andrew Johnson von Tennessee......1865—1869
18. Ulysses S. Grant von Illionois .....1869—1877
19. Rutherford B. Hayes von Ohio......1877—1881
20. James A. Garfield von Ohio........1881—1881 (starb)
21. Chester A. Arthur von New York...1881—1885

§ 94. Mittel- und Süd-Amerika.

Bot uns die große nordamerikanische Republik das Bild eines großartigen in reicher Entwickelung begriffenen Gemeinwesens, so zeigen die meisten Länder Mittel- und Süd-Amerikas ein Bild des Gegentheils. Zwar sind diese Länder von Gott mit reichen Schätzen ausgestattet, sie waren zum Theil (wie Mexiko und Peru) vor der Entdeckung Amerikas durch die Europäer schon von vergleichsweise vorgeschrittenen Völkern bewohnt, sie sind meist früher von Europa aus besiedelt worden als Nordamerika und dennoch sind sie weit zurückgeblieben hinter den Vereinigten Staaten. Einmal scheint die romanische Rasse weniger Geschick zur Kolonisation zu haben als die germanische, die in Nordamerika vorherrscht, dann aber standen die mittel= und südamerikanischen Staaten Jahrhunderte lang unter der Herrschaft der römischen Kirche. Während der Norden Amerikas von englischen und deutschen Protestanten, von energischen, freiheitsliebenden Männern besiedelt wurde, die zum Theil ihres Glaubens wegen Europa verlassen hatten, lagen Mittel= und Südamerika durch Jahr= hunderte in den Fesseln des römischen Papstthums. Das erklärt die geringen Kulturfortschritte, die jene Länder — auch nachdem sie ihre politische Freiheit errungen — gemacht haben, und erklärt auch die fortwährenden inneren Zwistig= keiten, die blutigen Revolutionen und Kriege, deren Schau= platz fast alle jene Länder gewesen sind und zum Theil heutigen Tages noch sind.

Uns zunächst liegt Mexiko. Es stand bis zum Anfang dieses Jahrhunderts unter spanischer Herrschaft, riß sich aber nach manchen Kämpfen im Jahre 1821 von seinem Mutter= lande los und wählte sich den Kreolen Iturbide zum Kaiser. Aber schon nach zwei Jahren rief der General Santa Anna die Republik aus und Iturbide wurde im Jahre 1824 er= schossen. Von da an verging kaum ein Jahr ohne eine blutige Revolution und Präsident wurde der General, der Anhänger genug zu sammeln vermochte, um seinen Gegner zu verjagen. Endlich wurde im Jahre 1861 der tüchtige Juarez Präsident. Er regierte streng nach der Verfassung, proklamirte Religions= freiheit, hob die Mönchsklöster auf und zog das Vermögen der römischen Kirche ein. Da er aber gleichzeitig auch ge= zwungen war, die Zahlungen an die europäischen Gläubiger Mexikos einzustellen, so gab er damit Frankreich, England und Spanien Veranlassung, Truppen nach Mexico zu schicken, um die Interessen ihrer Landesangehörigen wahrzunehmen. England und Spanien zogen sich indessen bald von dem Un= ternehmen zurück; Kaiser Napoleon aber, der seinem eigenen Ausspruch nach der lateinischen Rasse einen Halt in Amerika schaffen wollte, begann ernstlich den Krieg und vermochte im Laufe desselben den Erzherzog Maximilian von Oesterreich, die ihm von sogenannten Notabeln angebotene Kaiserkrone von Mexiko anzunehmen.

Maximilian zog im Jahre 1864 in die Hauptstadt Mexico ein und wurde vom mexikanischen Volke Anfangs gut auf=

genommen. Er hatte zweifellos den besten Willen, Gutes zu thun, aber er war nicht der Mann, der dem unglücklichen Lande bessere Zustände hätte schaffen können. Hauptsächlich aber scheiterte sein Unternehmen an der entschiedenen Weigerung der Vereinigten Staaten, sein Kaiserreich anzuerkennen. Die Vereinigten Staaten hatten soeben die Rebellion im eigenen Lande niedergeworfen, ihre siegreichen Heere standen bereit, die Franzosen auf den ersten Wink aus Mexiko zu fegen und den rechtmäßigen Präsidenten Juarez wieder einzusetzen. Auf einen Krieg mit den Ver. Staaten konnte es aber Napoleon nicht ankommen lassen. Er gab daher seinem in Mexiko befehligenden General Bazaine — demselben, der 1870 in Metz kapitulirte — den Befehl, das Land zu räumen. Maximilian setzte nun allein den Kampf gegen Juarez fort, erlitt aber Niederlage auf Niederlage und wurde endlich nach tapferem Widerstande in Queretaro, nicht ohne daß Verrath im Spiele gewesen wäre, gefangen. Er wurde als Empörer vor ein Kriegsgericht gestellt, zum Tode verurtheilt und am 19. Mai 1867 mit den Generalen Miramon und Mejia in Queretaro erschossen.

Das Schicksal des wohlmeinenden Mannes rief allgemeine Theilnahme hervor, aber die Gerechtigkeit erheischt das Zugeständniß, daß Juarez und seine Regierung vollkommen im Recht waren, wenn sie die volle Strenge des Gesetzes walten ließen und dadurch den monarchischen Umtrieben europäischer Mächte in Mexiko und Amerika überhaupt ein Ende machten. Dazu kam noch, daß Maximilian selbst gegen verschiedene Führer der Juaristen die Todesstrafe hatte vollstrecken lassen.

Juarez und seine Nachfolger in der Präsidentschaft sind nach Kräften bemüht gewesen, die Zustände des Landes zu bessern. Und zum Theil ist ihnen das auch gelungen. Viel zur Entwickelung Mexikos werden die Eisenbahnen beitragen, die dort in neuester Zeit mit Hülfe amerikanischen Kapitals entstanden sind.

Die Zustände in den übrigen Staaten Mittel=Amerikas sind ein getreuer Abklatsch der mexikanischen. Es treten dort überall dieselben Parteien gegen einander kämpfend auf, und nur die Namen der Führer sind andere. Die Staaten nennen sich Republiken und sind es in Nachahmung der Ver. Staaten und Mexikos auch dem Aeußeren nach, allein sie kommen sehr selten zum Genuß der Freiheit, weil die sich bekämpfenden Parteiführer Gewalt für nöthig halten, sich zu behaupten. Mexikos Beispiel wurde auch von den andern Gemeinwesen Mittel=Amerikas nachgeahmt. Sie erklärten sich unabhängig und die Staaten Guatemala, San Salvador, Honduras, Nicaragua und Costa Rica, traten unter dem Namen „Vereinigte Staaten von Central=Amerika" zu einer Republik zusammen (1823). Es gab aber fortwährende blutige Parteikämpfe und Revolutionen und der Bund ging schließlich auseinander. Die fünf kleinen Staaten bestehen seitdem unabhängig nebeneinander. Ihre Geschichte ist von gar keiner Bedeutung. Von Interesse ist nur die Rolle, die ein amerikanischer Abenteurer, William Walker, zeitweilig dort gespielt hat. Walker, der 1824 in Nashville, Tenn., geboren war, hatte Medizin studirt, Europa bereist und war dann Advokat und Zeitungsredakteur geworden. In dieser Eigenschaft lebte er seit 1850 in Californien, als er 1853 die Idee faßte, die mexikanischen Provinzen Sonora und Untercalifornien zu erobern. Er kam auch mit einer Expedition dorthin und ließ sich zum Präsidenten ausrufen, mußte aber schließlich doch das Land wieder verlassen. Nun ging er nach Nicaragua, wo alles drüber und drunter ging und zwei große New Yorker Handelshäuser sich zu Herren des Landes machen wollten. Das Haus Vanderbilt veranlaßte die Liberalen, Walker zu Hülfe zu rufen. Dieser landete im Sommer 1853 in Realejo, nahm mit seinen Abenteurern die Stadt Granada, schloß dann aber einen Vergleich mit seinem Gegner Corral, durch welchen dieser Präsident, Walker aber Obergeneral wurde. Als Letzterer 1856 Verstärkungen erhielt, ließ er Corral ohne Umstände erschießen und machte sich selbst zum Präsidenten. Walker wurde indessen auch bald vertrieben — Vanderbilt selbst erklärte sich gegen ihn — machte wiederholte Versuche, sich der Herrschaft wieder zu bemächtigen und fiel 1860 in Honduras ein. Dort wurde er gefangen, vor ein Kriegsgericht gestellt und erschossen.

Aehnlich wie in Mittel=Amerika hatten sich im nördlichen Süd=Amerika die drei Staaten Venezuela, Neu Granada und Ecuador zu einer Republik Columbia

§ 94. Mittel- und Süd-Amerika.

vereinigt. Dieselben Zustände wie in Mittel-Amerika herrschten auch in Columbia und verursachten dieselben Resultate. Ein Jahr nach dem Tode des Präsidenten Simon Bolivar, eines in jeder Hinsicht ausgezeichneten Mannes, der seit 1810 für die Freiheit der Süd-Amerikaner wirkte und kämpfte, löste sich auch die Republik Columbia auf. Seitdem haben im Jahre 1861 die 36 Provinzen, aus denen Neu Granada bestand, zu einer Republik unter dem Namen „Vereinigte Staaten von Columbia" sich zusammengeschlossen.

Die Geschichte von Peru ist eine Wiederholung von Empörungen und Bürgerkriegen. Erst 1845, als General Castillo Präsident wurde, traten einigermaßen geordnete Zustände ein. In Gemeinschaft mit Chile, Ecuador und Bolivia wurde Peru 1860 in einen Krieg mit Spanien verwickelt, während dessen die spanische Flotte die Hafenstädte Valparaiso und Callao bombardirte. Callao wurde von dem tapferen Obersten Prado so gut vertheidigt, daß die spanische Flotte abziehen mußte. Prado aber wurde zum Präsidenten von Peru gewählt. Er fand indessen traurige Zustände. Der Handel lag gänzlich darnieder, die Hülfsquellen des Staates waren vollständig erschöpft. Dazu betraf das Land eine Reihe von Unglücksfällen. Ein Erdbeben zerstörte blühende Städte an der Küste und das gelbe Fieber raffte im Jahre 1869 Tausende hinweg. Ende der siebziger Jahre wurde Peru in einen Krieg mit Chile verwickelt, bei dem ihm Bolivia zur Seite stand. Dieser Krieg, in dem die trefflich geführten Chilenen stets Sieger blieben, richtete Peru vollends zu Grunde. Die Chilenen eroberten die Hauptstadt Lima und hielten das Land lange besetzt.

Die Geschichte von Bolivia, der Argentinischen Republik, von Uruguay und Paraguay ist nicht minder verwickelt als die der vorstehend besprochenen Länder. Ein Bürgerkrieg folgte dem andern, ein Präsident stürzte den andern. Eine merkwürdige Entwickelung hat das schöne und fruchtbare Binnenland Paraguay durchgemacht. Länger als hundert Jahre stand es vollständig unter der Regierung der 1608 dort eingewanderten Jesuiten. 1768 wurden aber alle Jesuiten in allen spanisch-amerikanischen Besitzungen festgenommen, aus dem Lande gejagt und ihre Anstalten eingezogen. 1811 brach in Paraguay die Revolution gegen Spanien aus und John Gaspar Rodriguez Francia wurde Diktator auf Lebenszeit. Er regierte mit äußerster Strenge und sperrte das Land gegen alle Fremde ebenso sorgfältig ab, wie es ehemals in China oder Japan geschah. Als Francia 1840 starb, wurde sein Neffe Don Carlos Lopez Präsident. Diesem folgte im Jahre 1862 sein Sohn Francisco Solano Lopez und dieser ist es, der sich in der neueren Geschichte durch seine unerhörte Grausamkeit, aber auch durch einen heldenmüthig geführten Krieg gegen Brasilien, Uruguay und die Argentinische Republik einen Namen gemacht hat. Der Krieg begann im Jahre 1865 und verlief zuerst sehr glücklich für Lopez. Als aber der brasilianische Marschall Caxias den Oberbefehl über die Verbündeten übernahm, wendete sich das Glück. Im Jahre 1869 zog Caxias in die Hauptstadt Asuncion ein und am 1. März 1870 fand Lopez, der sich in die Gebirge zurückgezogen hatte, in einem Gefecht seinen Tod. Damit endete der fünfjährige Krieg, der im Verein mit der durch ihn eingeschleppten Cholera vier Fünftel der ganzen Bevölkerung von Paraguay hinweggerafft hatte. Das Land, welches außerordentlich fruchtbar ist, erholte sich aber nach dem Kriege bald wieder.

Chile ist von allen südamerikanischen Republiken die geordnetste und verhältnißmäßig wohlhabendste. Es hat eine energische, arbeitsame Bevölkerung, eine gute Verwaltung und treffliche Schulen. In Bezug auf Religion herrscht Freiheit und Duldsamkeit. Man hat das Land wohl mit Preußen verglichen und daran die Hoffnung geknüpft, daß unter Chiles Führung dereinst ein Bund aller südamerikanischen Länder zu Stande kommen möge. Chile machte sich 1820 von Spanien frei, wurde aber erst 1844 als unabhängiger Freistaat anerkannt. Ueber den siegreichen Krieg, den es gegen Peru und Bolivia führte, haben wir schon an anderer Stelle gesprochen.

Das Kaiserthum Brasilien ist die einzige Monarchie in Amerika. Auch hier herrschten, nachdem Portugal das Land im Jahre 1661 von den Niederlanden erworben hatte, die Jesuiten. Die Könige von Portugal aus dem Hause

§ 94. Mittel- und Süd-Amerika.

Braganza verlegten ihren Hof nach Rio de Janeiro, der Hauptstadt von Brasilien, allein König Johann VI. wurde dieser Residenz müde und kehrte 1821 nach Lissabon zurück. Sein Sohn Dom Pedro blieb in Brasilien als Regent. Dieser erklärte 1822 die Trennung Brasiliens von Portugal und machte sich unter dem Namen Pedro I. zum Kaiser von Brasilien. Er war ein wohlwollender, freisinniger Mann, allein seine Regierung wurde durch Kriege mit der Argentinischen Republik und Parteikämpfe im Innern zu einer sehr unruhigen. 1831 dankte er zu Gunsten seines Sohnes Dom Pedro II. ab und kehrte nach Europa zurück. Dom Pedro II., der damals noch ein neunjähriger Knabe war, stand bis zu seiner Großjährigkeit unter einer vielfach wechselnden Regentschaft. Später hat er durch Straßen- und Eisenbahnbau viel für die Entwickelung des Landes gethan, auch europäische Einwanderer — namentlich Deutsche — nach Brasilien gezogen.

Zeittafel.

J. v. Chr.

- 4000. Adam, Seth, Henoch.
- 2300. Sündfluth. Noah und seine Söhne: Sem, Ham, Japhet.
- 2200. Thurmbau.—Nimrod.
- 2000. **Abraham.** } Aegypten unter Königen, Pharaonen.
- 1700. Joseph.
- 1500. **Moses.**—Auszug der Kinder Israel aus Aegypten. Einwanderungen in Griechenland: Kekrops, Danaus, Kadmus, Tyrus und Sydon blühend.
- 1460. Eroberung Kanaans unter Josua.
- 1400—1100. Die Richter: Athniel bis Samuel.
- 1100. Saul.
- 1050. **David.** Hyram, König in Phönicien.
- 1000. Salomo — Homer, großer Dichter der Griechen.
- 975. Theilung des jüdischen Reiches in Juda und Israel.
- 888. **Lykurg,** Gesetzgeber in Sparta.—Josaphat, König in Juda. Dido gründet Karthago.
- 754. **Roms Erbauung.** Romulus und Remus. Usia, König in Juda.
- 722. Salmanassar, König von Neuassyrien, zerstört das Reich Israel.
- 715. Numa Pompilius.—Hiskias, König in Juda, der Prophet Jesaias.
- 600. Nebucadnezar erobert Jerusalem, zerstört Tyrus und Sydon. Babylonische Gefangenschaft 605—536.
- 594. Solon, der Gesetzgeber Athens.
- 588. Zerstörung des Reiches Juda, Jeremias. Servius Tullius, König von Rom. 578.
- 555. Cyrus, König von Persien, Krösus, Belsazer.
- 536. Rückkehr der Juden aus der Gefangenschaft. Tarquinius Superbus in Rom. Vollendung des zweiten Tempels zu Jerusalem.
- 500—449. Kriege zwischen Persien und Griechenland. Darius. Themistokles Leonidas. Schlacht bei Salamis 480. Esra, Nehemia, Maleachi.
- 400. Sokrates.
- 333. **Alexander der Große.** Hoherpriester Jaddua.
- 330. Ptolemäus, König von Aegypten.—Bibelübersetzung. Judäa bald unter Aegypten, bald unter Syrien. 320—175.
- 280. Pyrrhus.—Fabricius.
- 264. **Erster Punischer Krieg.** Regulus.
- 218. **Zweiter Punischer Krieg.** Hannibal. Scipio.

Zeittafel.

J. v. Chr.

- 200. Antiochus der Große, König von Syrien. Hannibal †.
- 146. **Dritter Punischer Krieg.** Karthago und Korinth zerstört.
- 113. **Cimbern und Teutonen.**
- 88. Sulla und Marius. — Bürgerkriege.
- 60. Pompejus. — Crassus. — Cäsar.
- 44. Cäsar ermordet.
- 31. Schlacht bei Actium.
- 27. Augustus, erster römischer Kaiser. Herodes der Große. **Virgil** Horaz.

Jesus Christus.

J. n. Chr.

- 9. Herrmann befreit Deutschland. Varus.
- 14. Kaiser Augustus stirbt. Tiberius.
- 68. Nero.
- 70. Zerstörung Jerusalems. Vespasian. Titus.
- 305—337. Constantin der Große, Christ.
- 361. Julian der Abtrünnige.
- 375. **Die Völkerwanderung.**
- 395. **Theodosius theilt das römische Reich.**
- 410. Alarich, König der Westgothen.
- 450. Attila, der Hunnenkönig.
- 476. Romulus Augustulus, letzter römischer Kaiser. **Odoaker.**
- 555. **Kaiser Justinian.**
- 568. Longobarden in Italien.
- 622. **Muhamed.**
- 755. Christenthum in Deutschland. Bonifacius.
- 769—814. Karl der Große.
- 919—936. Heinrich der Vogelsteller.
- 1075. Heinrich IV. und Gregor VII.
- 1095—1250. Kreuzzüge.
- 1300. **Schießpulver. Magnetnadel.**
- 1415. Friedrich von Hohenzollern wird Churfurst von **Brandenburg** Huß verbrannt.
- 1440. **Buchdruckerkunst.**
- 1453. Constantinopel von den Türken erobert.
- 1477. Karl der Kühne und die Schweizer.
- 1492. Kolumbus entdeckt Amerika.
- 1498. Entdeckung des Weges nach Ostindien.
- 1517. **Reformation. Luther.**
- 1519—1556. Karl V., Philipp, sein Sohn.
- 1618—1648. **Dreißigjähriger Krieg**
- 1630. Gustav Adolph.
- 1643—1715. Ludwig XIV.
- 1649. Oliver Cromwell.
- 1683. Türken vor Wien.
- 1697—1718. Karl XII. König von Schweden.

J. n. Chr.

- 1682—1725. Peter der Große, Kaiser von Rußland.
- 1740—1786. Friedrich der Große.
- 1756—1763. Der siebenjährige Krieg.
- 1789. Die französische Revolution.
- 1804. Napoleon, Kaiser der Franzosen.
- 1812. Brand von Moskau.
- 1813. Völkerschlacht bei Leipzig.
- 1814. Einzug der Deutschen in Paris. Napoleon auf Elba.
- 1815. Zweiter Pariser Frieden. Wellington, Blücher.
- 1830. **Revolution in Paris.** Thronbesteigung Ludwig Philipp's von Orleans. Revolutionäre Unruhen in fast ganz Europa.
- 1837. Victoria, Königin von England.
- 1840—1861. Friedrich Wilhelm der IV., König von Preußen.
- 1848. Februar=Revolution in Paris. Frankreich wird eine Republik. Zug der Revolution durch Deutschland und fast ganz Europa. Louis Napoleon Präsident.
- 1850. Rückkehr aller Regierungen zu ihrer alten Bedeutung und Macht.
- 1852. Napoleon III., Kaiser von Frankreich.
- 1853—55. Krieg im Orient zwischen Rußland und der Türkei nebst England und Frankreich. 1856 Frieden in Paris.
- 1857—1862. Kriege in Afrika, Persien, China, Indien und Amerika.
- 1859. Italienischer Krieg zwischen Oesterreich und Frankreich. Friede von Villafranca und Zürich.
- 1860. Garibaldi verjagt König Franz II. von Neapel.
- 1861. Wilhelm I., König von Preußen.
- 1864 Befreiung Schleswig=Holsteins von Dänemark.
- 1864—65. Die deutschen Großmächte und Schleswig=Holstein nach dem dänischen Kriege.
- 1866. Preußen und Oesterreich im Kriege: — Vorbereitungen. — Der Krieg selbst. — Das Ende des Krieges und der Friede.
- 1866. Gründung des Norddeutschen Bundes.
- 1869. Konzil zu Rom; 1870 Verkündigung des Unfehlbarkeits=Dogmas.
- 1868. Vertreibung der Königin Isabella aus Spanien.
- 1870—71. Deutsch=französischer Krieg.
- 1870. 16. und 18. August, Schlachten bei Mars la Tour und Gravelotte.
- „ 2. September, Kapitulation von Sedan.
- 1871. 18. Januar, Wilhelm I., deutscher Kaiser.
- „ 1. März, Einzug der deutschen Truppen in Paris.
- „ 18. März, Aufstand der Pariser Kommunisten.
- „ 10. Mai, Abschluß des Friedens in Frankfurt a. Main.
- 1872 und folgende: Kämpfe gegen die Uebergriffe Roms und der internationalen Umsturz=Parteien.
- 1877. Adolf Thiers †.

Zeittafel.

1877—78. Russisch-türkischer Krieg.
1878. Pius IX., römischer Papst †.
1880. Vollendung des Kölner Domes.
1881. Kaiser Alexander II. von Rußland ermordet.
1881. Krieg Englands mit den Boers in Südafrika.
1882. Aufstand des Arabi Pascha in Aegypten, Beschießung von Alexandrien, Schlacht bei Tell-el-Kebir.
1883 u. 84. Kämpfe gegen den Mahdi im Sudan.
1883 u. 84. Krieg Frankreichs in Tonking.

Amerika.

1774. 14. September. Kongreß zu Philadelphia.
1775. 19. April. Treffen bei Lexington und Concord.
   " 17. Juni. Schlacht von Bunter Hill.
1776. 17. März. Die Engländer räumen Boston.
   " 4. Juli. Unabhängigkeitserklärung.
   " Die Engländer besetzen New York.
1777. 17. Oktober. Der engl. General Bourgoine ergibt sich mit seiner Armee den Amerikanern.
1780. 19. Oktober. Kapitulation von Yorktown.
1783. 3. September. Friede zu Paris.
1847. Krieg mit Mexiko.
1861. Abraham Lincoln Präsident.
   " Juarez wird Präsident der Republik Mexiko.
1861. 12. April. Beschießung von Fort Sumter. Beginn des Bürgerkrieges.
1863. Befreiung der Sklaven durch Lincoln.
1864. General Grant Oberbefehlshaber.
1865. 9. April. Gen. Lee kapitulirt. Ende des Krieges.
   " 14. April. Präsident Lincoln ermordet.
1867. Erzherzog Maximilian von Oesterreich (Kaiser von Mexiko) wird zu Queretaro erschossen.
1876. Hundertjährige Feier der Unabhängigkeitserklärung; Weltausstellung in Philadelphia.
1881. 2. Juni. Attentat auf den Präsidenten Garfield.
   " 19. September. James A. Garfield †.

www.ingramcontent.com/pod-product-compliance
Lightning Source LLC
Chambersburg PA
CBHW031340230426
43670CB00006B/399